Grosjean
Geld sicher anlegen – aber wie?

WRS-Ratgeber

Geld sicher anlegen — aber wie?

von
Dipl.-Kfm. René Klaus Grosjean
Nürnberg

WRS VERLAG WIRTSCHAFT, RECHT UND STEUERN

CIP-Titelaufnahme der Deutschen Bibliothek

Grosjean, René Klaus:
Geld sicher anlegen — aber wie? / Von René Klaus Grosjean. —
Planegg/München : WRS, Verl. Wirtschaft, Recht u. Steuern, 1988
   (WRS-Ratgeber)
   ISBN 3-8092-0488-9

ISBN 3-8092-0488-9   Bestell-Nr. 46.03

© 1988, WRS Verlag Wirtschaft, Recht und Steuern, GmbH & Co., Fachverlag, 8033 Planegg/München, Fraunhoferstraße 5, Postfach 13 63, Tel. (0 89) 8 57 79 44

Alle Rechte, auch die des auszugsweisen Nachdrucks, der fotomechanischen Wiedergabe (einschließlich Mikrokopie) sowie der Auswertung durch Datenbanken oder ähnliche Einrichtungen, vorbehalten.

Herstellung: J. P. Himmer GmbH & Co KG, Augsburg.

Inhaltsverzeichnis

1 **Einführung**........................... 7
1.1 Am Anfang die Warnung....................... 7
1.2 Gewissenserforschung und Anlageziele 10
1.3 Verschiedene Anlageformen im Vergleich 13
1.4 Wie das Vermögen verteilen? 21
1.5 Die Besteuerung der Erträge 22

2 **Lexikonteil**............................. 27
Wegweiser zur schnellen Orientierung

Abgezinste Wertpapiere	27	Depotstimmrecht	72
Abschreibungsobjekte	29	Devisen	72
Agio	30	Devisentermingeschäfte	73
Aktien	30	Disagio	75
Aktienanalyse	33	Dividende	76
Aktiengesellschaft	36	DM-Auslandsanleihen	77
Aktienindex	37	Dollar-Wertpapiere	78
Amtlicher Markt	38	Doppelwährungsanleihen ...	79
Anlageberatung	39	ECU-Anleihen	80
Anleihen	42	Edelmetallanlagen.......	81
Ausländische Wertpapiere ...	46	Edelsteine	82
Baisse	48	Effektenkommissionsgeschäft .	84
Bankgeheimnis	49	Effektenlombardkredit	84
Bauherrenmodell	51	Effektive Stücke	85
Bausparen	51	Effektivzins	85
Belegschaftsaktien.......	54	Einkommensteuer	88
Berlin-Darlehen	55	Einlagen	89
Berufshandel	57	Emission	90
Bezugsrecht	58	Euro-Anleihen	91
Börse	60	Euromarkt	92
Börsenprospekt	63	Festgeld	93
„Brief"	65	Festverzinsliche Wertpapiere .	94
Broker	65	Finanzierungs-Schätze	95
Bundesobligationen	66	Floating Rate Notes	95
Bundesschatzbriefe	67	Fondsgebundene Lebensversicherung	96
Cash Flow	68		
Certificates of Deposit	68	Freiverkehr	97
Daueremittent	70	„Geld"	98
Depot	70	Geldmarkt	98

Geldmarktfonds	99	Order	136
Genußscheine	99	Pfandbriefe	137
Geregelter Markt	100	Platin	138
Girokonto	100	Plazierung	139
Gold	101	Price-Earnings-Ratio	139
Hauptversammlung	103	Prospekthaftung	139
Hausse	104	Quellensteuer	140
Immobilien	105	Rentabilität	142
Immobilienfonds	106	Rentenmarkt	142
Inflation	108		
Investment-Club	109	Sachwertanlage	143
Investmentfonds	110	Safe	143
Kapitalerhöhung	112	Schuldverschreibungen	144
Kapitalertragsteuer	113	Silber	145
Körperschaftsteuergutschrift	115	Sparbriefe	147
Konkurs	115	Spareinlagen	148
Kontensparen	116	Sparpläne	150
Konvertibilität	117	Spekulation	151
Konzern	117	Spesen von Wertpapieren	152
Kupon	118	Steuerbegünstigte Kapitalanlagen	154
Kurs	118	Stückzinsen	156
Kursbildung	119		
Kursmakler	119	Termingeschäfte	158
Kurszusätze	120	Venture Capital	161
Lebensversicherung	122	Vermögensbildung	161
Leibrente	124	Vermögensteuer	163
Limit	125	Vermögensverwaltung	165
Minderheitsaktionär	126	Währungsanleihen	166
Mündelsicherheit	127	Wandelanleihen	167
Münzen	127	Wertgegenstände	168
		Wertpapiere	170
Namenspapiere	128	Zeichen, Zeichnung	170
Nennwert	128	Zero-Bonds	171
NV-Bescheinigung	130	Zins	172
Optionsanleihen	131	Zulassung	173
Optionsgeschäfte	132	Zusatzaktien	174
Optionsscheine	134		

3 Gesamtstichwortverzeichnis 175

1 Einführung

Fast jeder kommt irgendwann einmal zu Geld. Es muß nicht viel sein. Aber es reicht wahrscheinlich, um Kopfzerbrechen zu bereiten. 10 000 DM richtig anzulegen ist dann mindestens so wichtig, wie die richtige Plazierung von 100 000 DM oder 1 Million DM.

Wo fängt man an? Wie informiert man sich? Ist diese oder jene Anlage die beste? Kann ich mich auf meine Berater verlassen?

Auch wenn man gar nichts von Geldanlage versteht, ist es wichtig, nicht alles der Bank, dem Zufall oder einem guten Bekannten zu überlassen. Es ist immer besser, sich selbst zu vergewissern, daß alle Möglichkeiten bedacht wurden.

Lassen Sie sich also von Ihren Beratern nicht nur „beraten", sondern wirklich überzeugen. Hören Sie sich alles in Ruhe an. Ein wirklich guter Berater kann alles so erklären, daß auch jeder Laie es genau versteht.

Das vorliegende Buch soll dazu beitragen, daß Sie alles, was Ihnen vorgeschlagen und erklärt wird, leichter begreifen, damit Sie sich ein eigenes kritisches Urteil bilden können. Letzten Endes sollen Sie selbst entscheiden, was zu tun ist.

Denn die solide Geldanlage ist kein Buch mit sieben Siegeln. Je besser und sicherer Ihr Geld angelegt werden soll, um so leichter leuchten auch die Zusammenhänge ein. Dies trifft im doppelten Sinn den Nagel auf den Kopf. Wenn Sie nicht begreifen, was der Berater Ihnen erklärt, ist Vorsicht geboten. Denn alles läßt sich plausibel darstellen. Mit der Geldanlage ist es wie mit einer Erfindung. Hinterher kommt einem alles wie selbstverständlich vor.

1.1 Am Anfang die Warnung

Entscheidend ist aber nicht nur, für welche Anlageformen Sie sich entscheiden, sondern Sie müssen auch wissen, **mit wem Sie es zu tun** haben. Vertrauen Sie keinem „Berater", den Sie nicht genau kennen. Lassen Sie sich schon gar nicht etwas am Telefon oder an der Haustür verkaufen. Hunderttausende sind auf diese Weise schon geschädigt worden. Das ganze „fliegende" Beratergewerbe ist verdächtig. Alle wollen nur auf Kosten des dummen Anlegers schnell reich werden. Sämtliche Formen sog. steuersparender Objekte, vom Schiffscontainer bis zur Bohrinsel, vom Ferien-Immobil in Spanien bis zur Abschreibungsgesellschaft, von der stillen bis zur offenen Firmenbeteiligung, sind abzulehnen, solange Sie nicht von der Seriosität der dahinterstehenden Adressen restlos überzeugt sind. Überzeugen lassen sollten Sie sich aber nur von nachgewiesenermaßen großen, bekannten Gesellschaften wie bekannten Kreditinstituten, Versicherungsgesellschaften, Investmentgesellschaften oder internationalen Konzernen. Prüfen Sie aber auch diesen Hintergrund auf seinen wirklichen Bestand. Denn schon oft haben sich Anbieter mit großen, z. B. Schweizer Banken geschmückt, was sich anschließend als Täuschung erwies.

Warnung

Lassen Sie sich auch nicht von Prospekten auf Hochglanzpapier beeindrucken. Zigtausende von geschröpften Ärzten, Anwälten, Künstler- und Fußballstars wissen hier von leidvollen Erfahrungen zu berichten. Prospekte müssen von Fachleuten sorgfältig geprüft werden. Sie sollten in keinem Fall als Entscheidungsgrundlage dienen. Denn was Sie eigentlich über eine Anlage wissen müssen, ist in einem volkstümlich aufgemachten Werbeprospekt nicht abgedruckt.

Auch am Telefon wird oft mit Tricks gearbeitet. Sie zahlen zunächst eine relativ bescheidene Summe ein, die sofort einen enormen Ertrag abwirft. Dieser Gewinn veranlaßt Sie dann vielleicht, tiefer in die Tasche zu greifen und eine größere Summe nachzuschießen. Tun Sie das nicht. Sie sehen Ihr Geld nie wieder. Immer wieder gelingt es raffiniert aufgezogenen Organisationen über ein ganzes Netz von aggressiven Verkäufern in kürzester Zeit Millionenbeträge einzusammeln und damit, sobald die Staatsanwaltschaft hierauf aufmerksam wird, auf Nimmerwiedersehen zu verschwinden. Da werden goldene Berge versprochen und Garantien übernommen, daß sich die Balken biegen. Je unwahrscheinlicher alles klingt und je brillanter es vorgetragen wird, um so sicherer ist der Reinfall. Denken Sie auch daran, daß die Betrüger in diesem Gewerbe nur selten geschnappt werden. Sie sind auch, selbst wenn man sie belangen kann, nach kurzer Zeit wieder auf freiem Fuß – und denken sich dann mit Sicherheit etwas Neues aus.

Immer wieder und jedes Jahr werden über betrügerische Kanäle Millionen verspielt. Dies läßt darauf schließen, daß die Betrüger nicht weniger, die Anleger nur wenig schlauer, aber die Methoden der Gauner immer ausgeklügelter werden.

Wie können Sie sich also schützen? Dazu muß als erstes festgestellt werden, daß die, die ihr Geld bei solchen Machenschaften einbüßen, im Grunde immer selbst Schuld daran tragen. Denn mit etwas Überlegung kann man eine Pleite dieser Art vermeiden. Zu dieser traurigen Zeiterscheinung gesellt sich aber auch ein psychologischer Faktor: Je leichter jemand sein Geld verdient, um so schneller verspielt er es auch.

Aus dieser Erkenntnis muß man sich damit abfinden: Es gibt eben nur eine begrenzte Menge Möglichkeiten, sein Geld so anzulegen, daß es nicht verlorengehen kann. Windige Geldanlagen dürfen für den besonnenen Anleger überhaupt gar nicht existieren. Wie erkennt man diese aber? Und wie vermag man dunkle von sicheren Geschäften zu unterscheiden?

Hier gibt es nur einen sicheren Weg: Den Gang zur Hausbank. Unternehmen Sie nichts, ohne hierüber **vorher** mit ihrem Bankberater gesprochen zu haben. Sollten Sie noch keinen persönlichen Berater in der Bank – wohlgemerkt: in einer Sparkasse, einer Volksbank, Privatbank oder in einem angesehenen ausländischen Brokerhaus (muß immer ein „Kreditinstitut" im Sinne unseres Kreditwesengesetzes sein) – gefunden haben, dann suchen Sie sich ihn. Keine

Warnung

Deutsche Mark sollte ohne den fachmännischen Rat eines professionellen Bankberaters angelegt werden.

Also: Weder ein guter Freund noch ein langjähriger Kollege, weder ein Rechtsanwalt noch ein Steuerberater sollten Ihre alleinigen Helfer sein. Alle können Ihnen jede Menge Empfehlungen geben. Das ist alles in Ordnung. Aber gehen Sie dann damit zur Bank oder Sparkasse und hören Sie sich deren Meinung an. Noch besser: Fragen Sie zwei oder mehr Geldinstitute, d. h. Kreditinstitute.

Hinter diesem Vorschlag steckt ein tieferer Sinn. Wenn Ihnen Ihre Bank etwas empfiehlt, dann begibt sie sich quasi ins Obligo. Ist für die Bank zugleich erkennbar, daß Sie sich auf den Rat des Beraters verlassen (möglichst unter Zeugen), dann haftet diese Bank – je nach Sachlage – für ihre Empfehlung, falls Sie nun doch noch mit Ihrer Anlage Schiffbruch erleiden sollten. Inzwischen gibt es eine Reihe von Gerichtsurteilen, nach denen Kreditinstitute für danebengegangene Anlageempfehlungen geradestehen mußten. Dabei beziehen sich die Urteile durchweg auf Empfehlungen, bei denen die Initiative vom verkaufenden Kreditinstitut ausging. Eine Fahrlässigkeit, eine Sorgfaltspflichtverletzung wie das ungenaue Studium der Unterlagen oder die nicht ausreichende eigene Information muß allerdings vorliegen. Ohne deren Verschulden kann man die Bank natürlich nicht haftbar machen.

Bei der Bank oder Sparkasse müssen Sie allerdings einen Nachteil in Kauf nehmen. Die Bank empfiehlt vor allem ihre eigenen Produkte. Die müssen nicht die schlechtesten sein, aber Sie erhalten auf diese Weise keinen kompletten Überblick. Auch kommt es sehr auf die Person des Beraters an. Hier gibt es gute und schlechte. Und so ist zu raten, sich bei größeren Investments auf jeden Fall mit mehreren Kreditinstituten zu unterhalten. Vergleichen Sie dann die Meinungen und ziehen Sie daraus Ihre Schlüsse. Wenn alle derselben Meinung sind, muß etwas daran sein. Vieles kann man dabei sogar am Telefon erledigen.

Wenn es Ihnen aber auf noch weitergehende Informationsbreite und Objektivität ankommt, dann sollten Sie einen guten Vermögens- bzw. professionellen Anlageberater einschalten. Der kostet dann zwar sein Geld, er kann dieses Geld aber auch durchaus wert sein. Das müssen Sie selbst entscheiden.

Vielleicht sollten Sie erst einmal mit Ihrem Anliegen zur Bank gehen. Und wenn Sie dann trotz mehrfacher Versuche und Gespräche den Eindruck gewinnen, nicht gut beraten zu sein, dann lassen Sie sich einen guten Berater außerhalb der Bank empfehlen. Ihr Steuerberater kann Ihnen vermutlich auch jemanden benennen.

Kreditinstitute haben einen Ruf zu verlieren. Sie können es sich also überhaupt nicht leisten, Anlagen an ihre Kundschaft weiterzureichen, die nicht auf Herz und Nieren geprüft sind. Auf mögliche Risiken müssen sie unbedingt hinweisen. Allein im Repertoire einer guten großen Bank oder Sparkasse (Hauptstelle) finden Sie aber so viel Auswahl, daß Sie als „Normalverbraucher" damit ohne

Warnung

weiteres zurechtkommen. Bei jeder auf die Anlageberatung eingerichteten Bank stehen Ihnen 20 bis 30 verschiedene Anlagemedien offen. Die dürften für den Anfang reichen. Und diese sind alle insofern sicher, als Sie dort nicht Ihr Geld verlieren. Bei der Bank werden Sie weder mit Warenterminkontrakten noch mit Bohrlizenzen, weder mit Bauland am Ontario-See noch mit Ferieninseln im Pazifik konfrontiert.

Leider enthält, wie man mit Bedauern feststellen muß, auch das neue Vermögensbildungsgesetz einige Haken und Ösen. Auch mit der staatlich subventionierten Vermögensbildung können Sie heute Geld verlieren. Die Möglichkeit der Einbringung Ihrer vermögenswirksamen Leistungen in zum Teil undefinierbare Risikoanlagen hat nun auch die Anlagehaie auf den Plan gerufen. Liebevoll nehmen sie sich jetzt sogar des „kleinen Mannes" an und werben für mehr oder weniger dunkle Beteiligungen, Darlehen u. ä. Lassen Sie sich als Arbeitnehmer auf keinen Fall hierauf ein. Wählen Sie nur erstklassige Anlagen, die Ihnen Ihre Bank oder Sparkasse empfiehlt. Die Sparkassen haben z. B. eigene Gewinnschuldverschreibungen herausgebracht, in die Sie Ihre vermögenswirksamen Leistungen einbringen können, wenn Ihnen Aktienkäufe oder gute Venture Capital-Anlagen – natürlich auch diese bankempfohlen – zu gewagt erscheinen.

Nachdem Sie nun hinreichend gewarnt worden sind: Welche Anlagegrundsätze sind zu beherzigen und worauf kommt es bei der Anlage grundsätzlich an?

1.2 Gewissenserforschung und Anlageziele

Bevor Sie sich für eine bestimmte Anlageform entscheiden, sollten Sie sich zunächst einmal folgende Fragen stellen:

- Wie bin ich überhaupt veranlagt und was will ich eigentlich erreichen?
- Wie wichtig ist mir die Sicherheit?
- Wie wichtig ist mir die Rentabilität?
- In welcher Altersstufe befinde ich mich und welche Strecke und welche Ziele liegen noch vor mir?
- Was ist ökonomisch mein Lebensziel?
- Wie wohlhabend bin ich heute?
- Wie lange steht mir das Geld zur Verfügung?

Am Anfang steht also eine Art Gewissenserforschung. Was will ich eigentlich bezwecken?

Mit der Beantwortung der vorstehenden Fragen wird bereits eine weitgehende Auswahl der zur Verfügung stehenden Anlagemittel getroffen.

Die Frage nach der **eigenen Mentalität,** die übrigens ja auch der Anlageberater der Bank zunächst zu erforschen versucht, steht in engem Zusammenhang mit den Komplexen „Sicherheit" und „Rentabilität".

Anlageziele

- Bin ich ein spekulativ veranlagter Mensch mit guten Nerven?
- Oder möchte ich ganz einfach meine Ruhe haben und mich um nichts kümmern müssen?

Im ersten Fall wird von mir Aktivität verlangt, im zweiten kann ich mich passiv verhalten. Im ersten Fall besteht mit großer Wahrscheinlichkeit eine größere Risikobereitschaft, im zweiten geht der Anleger auf „Nummer sicher".

Wie wichtig ist mir außerdem das Ergebnis meiner Anlagebemühungen? Bin ich ein Pfennigfuchser oder kommt es mir auf die Mark nicht an? Im ersten Fall ist es besser, Anleihen zu kaufen, im zweiten können Sie sich an Aktien wagen.

„Sicherheit" und „Rentabilität" aber sind sich umgekehrt proportional. Je höher die Sicherheit, um so geringer der Ertrag. Verlangt der Anleger einen hohen Zins, muß er dabei ein hohes Risiko in Kauf nehmen. Unter „Risiko" ist klar zu verstehen: das Verlustrisiko, das heißt, die Gefahr, sein Geld, also die Substanz zu verlieren, oder mindestens Teile davon.

Ein empfindsamer Mensch mit schwachen Nerven wird vermutlich kein Auge mehr zutun, wenn er eine risikoreiche, im Wert stark schwankende Anlage eingeht. Jammern und Wehleidigkeit als Ausdruck unserer Zeit sind hier im Weg. Jüngere Leute werden sich in diesem Fall dennoch leichter tun als ältere. Ist der Anleger dagegen robust und draufgängerisch veranlagt, wird er die Sicherheit geringer schätzen und statt dessen einen höheren Ertrag bevorzugen. Es gibt Spieler-Naturen, die mit Leichtigkeit ein Wagnis eingehen. Ihnen kann man ein Risiko eher zumuten. Diesen Typ wird man weit häufiger unter jüngeren Menschen antreffen als bei älteren. Auch Selbstvertrauen und Zuversicht, typisch unternehmerische Eigenschaften, spielen hier hinein.

Im Alter dominieren aber nicht nur Erfahrung und Vorsicht, auch die Lebenserwartungen und die persönlichen Zielsetzungen sind hier wichtig. Wollen Sie Ihren Kindern und Angehörigen ein wohlgeordnetes Erbe hinterlassen? Oder sind vielleicht gar keine nahestehenden Personen vorhanden? Möchten Sie lieber Ihren Lebensabend voll genießen? In diesem Fall wird man auf eine gewisse Risikobereitschaft stoßen, eher als bei solchen, die beizeiten „ihr Haus bestellen" und Verantwortung für andere tragen.

Ganz wichtig ist auch die Einstufung:

- Wie notwendig ist der Hinzuverdienst?

Mit Gütern weniger Gesegnete müssen Wert auf gute Verzinsung legen, denn sie sind auf Zinseinkünfte angewiesen. Sie haben die Zinsen in ihre Ausgabenstruktur eingeplant. Vermögenden Anlegern ist der Zins zweitrangig – oder könnte es doch zumindest sein.

Wie man sieht, stehen die anfänglichen Fragen alle in einem gewissen inneren Zusammenhang. Eine psychologische und soziologische Erforschung ist nützlich, um die richtige Kapitalanlage zu finden und um spätere Enttäuschungen, Sorgen und Ängste zu vermeiden.

Anlageziele

Erst wenn Sie sich hier in das eine oder in das andere Lager „geschlagen" haben, können Sie die nächsten Gedanken anschließen. Wohlgemerkt: Erst dann!

Sind Sie jung, gesund, robust, tatendurstig, risikofreudig, und leben Sie in besten Einkommensverhältnissen, dann können Sie sich ein hohes Risiko leisten und Vermögenseinbußen leichter verkraften.

Schätzen Sie sich dagegen eher zaghaft, bequem, genügsam und ängstlich ein, und verfügen Sie nur über sehr bescheidene Mittel, dann sollten Sie das Risiko meiden, zugleich aber auf einen angemessenen, kontinuierlichen Ertrag achten. Sie müssen deswegen keineswegs weniger erfolgreich operieren als der aggressive Stratege und Hammerwerfer.

Wie oft hat auch die Erfahrung gezeigt, daß das viele Hin und Her in Aktien, Optionsscheinen und Termingeschäften auf langen Strecken gar nichts bringt. Oft ist der Spekulant froh, wenn er eine halbwegs vorzeigbare Rendite erwirtschaftet.

Sind diese Punkte geklärt, dann können Sie sich den **ökonomischen Überlegungen** zuwenden:

Ein Unternehmer hat sich z. B. als erstes zu fragen: Investiere ich mein Geld besser im Unternehmen, oder erziele ich außerhalb meines Betriebes einen größeren Ertrag? Andererseits haben für den Unternehmer selbstverständlich betriebliche Belange Vorrang, denn sonst könnte er ja seine Tätigkeit aufgeben.

Dennoch sind kritische Überlegungen am Platz, wenn der Firmeninhaber mit der Geldanlage außerhalb seines Betriebes eine höhere Rendite erwirtschaften würde. Dann ergäbe sich nämlich die Frage, ob er nicht besser privatisiert.

Als nächstes ist die **Liquiditätsfrage** zu entscheiden: Binden Sie Ihr Geld längerfristig, oder halten Sie es für überraschende Einsätze möglichst flüssig?

So wie ein Unternehmer sich hier seinen betrieblichen Erfordernissen anpassen muß, unterliegt der Privatmann seinen privaten finanziellen Dispositionen und Verpflichtungen. Müssen Sie Geld für die Steuer bereit halten, können in Kürze größere Zahlungen auf Sie zukommen, etwa aus Prozessen, aus Gewährleistungen, aus Bürgschaften, aus Währungs- oder anderen Verlustrisiken, aus Unterhaltsleistungen, für die Ausbildung der Kinder, eine große Reise usw.?

Oder können Sie als Anleger langfristige Bindungen eingehen? Können Sie bei größeren Kursschwankungen abwarten, bis sich die Verhältnisse wieder bessern?

Oft wird sich eine **Staffelung** nach kurzen und langen Laufzeiten anbieten. So bekommen Sie nach und nach Teile Ihres Vermögens wieder frei. Mit diesen Rückflüssen können Sie dann Ausschau nach günstigeren als den bisherigen Anlagen halten. Dies gilt erst recht für Zeiten steigender Zinsen.

Überhaupt ist bei der zeitlichen Staffelung Ihrer Anlagen ein Grundsatz nützlich: Orientieren Sie Ihre jeweilige Neuanlage zunächst immer an den vorhandenen Beständen. Wenn Sie durch Verstärkung einer bereits vorhandenen Position Ihren Gesamtertrag oder Einstandspreis verbessern können, sollten Sie dies überlegen, bevor Sie sich einer neuen Anlageform zuwenden. Maßstab für die Neuanlage ist also das bereits vorhandene Portefeuille. Sie verringern Ihre Postenzahl und verbessern neben Ihrem Gesamtergebnis auch die Übersichtlichkeit. Erst wenn Sie nur zu ungünstigeren Bedingungen eine Altanlage aufstocken könnten, ist es oft ratsam, sich nach einer anderen Anlageform umzuschauen.

Viele kleine Posten im Anlagekonzept streuen das Risiko zwar breiter, verursachen Ihnen aber mehr Arbeit und erhöhen bisweilen die Kosten. Ein Portefeuille von 100 000 DM sollte aus nicht mehr als fünf bis sieben Einzelposten bestehen.

1.3 Verschiedene Anlageformen im Vergleich

● Bei ganz kurzfristiger Verfügbarkeit der Mittel müssen Sie das Geld zwangsläufig auf dem **Bankkonto** stehen lassen. Hier bieten sich Guthaben in laufender Rechnung, Tagesgelder und Festgelder an. Das Geld bleibt praktisch Geld, nämlich Buchgeld. Das Bankkonto verkörpert eine Forderung an die Bank, sofort oder kurzfristig abrufbar (Mindestfrist bei der Termineinlage 1 Monat).

Das **Kontokorrentguthaben** verzinst sich meist gar nicht oder sehr gering. Neben solchen Kreditinstituten, die z. B. ½% pro Jahr Zinsen zahlen, gibt es einige, die in laufender Rechnung 1% Zinsen vergüten.

Der **Tagesgeld**satz richtet sich nach dem Geldmarkt unter Banken; er kann täglich schwanken oder für einige Tage fest sein. Das Geld bleibt wie auf dem laufenden Konto täglich verfügbar. Der Zins liegt bei wenigen Prozent, immer jedoch unter dem Diskontsatz der Deutschen Bundesbank.

Auch der **Festgeld**zins richtet sich nach dem Bankengeldmarkt. Er bewegt sich um den Bundesbankdiskontsatz herum. Das Geld ist indessen mindestens auf einen, zwei oder drei Monate gebunden. Es kann länger angelegt bleiben. Der Zins ist für diese Zeit fest.

Kontoguthaben bei den Kreditinstituten in Deutschland sind sicher angelegt. Praktisch alle Kreditinstitute im Bundesgebiet und Berlin sind der Einlagensicherung angeschlossen. Die Einlagen bei Banken sind dadurch praktisch in unbegrenzter Höhe (nämlich bis zu 30% der haftenden Mittel des Kreditinstituts) garantiert.

Also: Niedriger Zins, hohe Flüssigkeit, große Sicherheit

● Von kurzer, wenn auch fester Laufzeit sind die **Finanzierungs-Schätze des Bundes, Bundesschatzbriefe** und **Kurzläufer** vom Anleihemarkt. Hier müssen Sie sich aber mindestens auf ein Jahr binden. Unter den Kurzläufern sind zwar

Anlageformen im Vergleich

auch kürzere als einjährige Laufzeiten zu haben, doch machen die Ankaufs- und Verkaufsspesen diese Anlage auf so kurze Sicht durchweg unrentabel.

Finanzierungs-Schätze und **Bundesschatzbriefe** sind Bundespapiere und damit sicher. Der Staat garantiert, Kursschwankungen gibt es keine. Anders bei **Kurzläufern.** Hier unterliegt der Anleger eingeschränkt dem Kursschwankungsrisiko des Rentenmarktes. Sie schalten aber das Kursrisiko aus, wenn Sie das Papier bis zur Endfälligkeit behalten, was bei Kurzläufern ja keine große Leistung ist.

Die Qualität der Anleiheschuldner ist unterschiedlich. In Abhängigkeit davon schwankt der Zins. Geringere Bonität, d. h. höheres Verlustrisiko bringt bessere Zinsen. Unter deutschen Titeln sind die Abweichungen jedoch gering. Eine größere Schwankungsbreite findet sich unter den ausländischen Werten, so z. B. bei DM-Auslandsanleihen.

Also: Steigender Zins mit wachsendem Risiko

● Mutige können auch „todsichere" **Aktien, Optionsscheine, Genußscheine** u. ä. kaufen in der Hoffnung auf schnellen Gewinn. Das Typische dieser Situation: Ihnen winkt die Aussicht auf Kursgewinn und hohen Ertrag. Damit aber erkaufen Sie sich zugleich das Risiko, einen Kursverlust zu erleiden, wenn Ihre Spekulation nicht aufgeht. Ihre Anlage geht ja von Annahmen, Vermutungen aus, also nicht von gesicherten Erkenntnissen.

Demnach: Hohes (Kurs-)Risiko bei hoher Gewinnchance

● Können Sie das Geld auf mehrere Jahre entbehren, so bieten sich eine Reihe von Anlagen in illiquideren Medien an:
– Sparguthaben mit längeren Kündigungsfristen,
– Sparpläne,
– Sparbriefe,
– Bank-Teilschuldverschreibungen,
– börsengängige Anleihen,
– Wandelschuldverschreibungen,
– Aktien,
– Genußscheine,
– Optionsscheine,
um nur die wichtigsten zu nennen.

● **Sparguthaben** können Sie sicher und risikofrei bei jeder Bank oder Sparkasse anlegen. Sie vereinbaren eine **Kündigungsfrist.** Erst mit Ablauf der Frist wird, sofern Sie kündigen, das Guthaben wieder verfügbar. Der Zins, der variabel ist, liegt unter dem Rentenmarktniveau. Der Zins wird um so höher, je länger die Bindungsfrist des Guthabens ist.

Also: Steigender Zins bei längeren Kündigungsfristen

Anlageformen im Vergleich

- Einen ähnlichen Zweck, aber höhere Zinsen erreichen Sie mit **Sparplänen** über zehn oder fünfzehn Jahre. Hier wird ein mit der Laufzeit steigender Bonus am Schluß der Anlage vergütet. Nach sechs bis acht Jahren besteht meist ein Kündigungsrecht, das in der Regel keinen Zinsverlust zur Folge hat. Alle Sparguthaben sind einlagenfondsgesichert.

Also: Relativ hoher Zins bei langer Bindungsfrist

- Auch das **Bausparen** ist eine langfristige Anlage. Dabei kann der Spareffekt durchaus im Vordergrund stehen. Es gibt heute attraktive Bauspartarife, die berücksichtigen, daß Sie später möglicherweise gar nicht bauen.

Sie können also gute Zinsen erreichen, wenn Sie als Arbeitnehmer dazu noch Ihre vermögenswirksamen Leistungen sowie die Arbeitnehmer-Sparzulage einbeziehen können.

Somit: Guter Zins bei langer Bindungsfrist

- Mit **Sparbriefen** und **Sparobligationen** verhält es sich ähnlich wie mit dem Kündigungssparkonto. Das Guthaben, über das Urkunden ausgefertigt werden, ist für die Laufzeit dieser Titel blockiert. Vier Jahre können da eine lange Zeit sein.

Doch gibt es Sparbriefe praktisch für alle Laufzeiten von einem bis zu zehn Jahren. Die Zinsen steigen mit den Jahren der Festlegung. Sie sind während der Laufzeit fest. Auch reichen sie bei längeren Laufzeiten bis an das Anleihemarktniveau heran. Auf den Namen lautende Sparbriefe werden wie die Bankguthaben von der Einlagensicherung erfaßt.

Also: Hohe Sicherheit, geringes Risiko, keine Kursschwankungen und mittelguter Zins, bei langen Laufzeiten guter Zins; der Zins ist fest.

- Unter die Kategorie der **Anleihen** im weitesten Sinn (Schuldverschreibungen) fallen die verschiedensten Typen:
  - Bundesobligationen,
  - Bundesanleihen,
  - Industrieanleihen,
  - Pfandbriefe,
  - Kommunalobligationen,
  - DM-Auslandsanleihen,
  - Optionsanleihen ohne Optionsschein,
  - Euroanleihen und anderes mehr.

Allen diesen festverzinslichen Wertpapieren gemeinsam ist die Notierung an der Börse, die dementsprechenden Kursschwankungen und die feste Verzinsung nach dem Rentenmarktniveau. Hier erreichen Sie im allgemeinen die bestmögliche Verzinsung überhaupt.

Dem Anleger werden bei festverzinslichen Wertpapieren mit langer Laufzeit in der Regel höhere Zinsen zugestanden als bei Anleihen mit kurzer Laufzeit. Parallel dazu schwanken die Börsenkurse als Folge von Marktzinsveränderungen und in Abhängigkeit von der Laufzeit, bei Langläufern stärker als bei Kurzläufern.

Ebenso müssen schlechtere Schuldner am Markt höhere Zinsen bezahlen als gute.

Regel: Höhere Zinsen, höheres Risiko, und zwar Kursrisiko und Bonitätsrisiko; außerdem höhere Zinsen bei längerer Laufzeit.

Im einzelnen:
● Die **Bundesobligationen** laufen von der Emission bis zur Fälligkeit fünf Jahre. Ihr Kursrisiko ist damit begrenzt.

Andere Anleihen haben dagegen eine Lebensdauer bis zu zehn Jahren und länger. Sie sollten Ihr Geld also schon einige Zeit zur Verfügung haben, bevor Sie in festverzinsliche Wertpapiere dieser Art einsteigen. Um so besser wird möglicherweise die Verzinsung.

● Auch **Pfandbriefe** und **Kommunalobligationen** der Hypothekenbanken, der öffentlichen Realkreditinstitute sowie Landesbanken können als sicher gelten.

● Die Sicherheit ist auch bei den **Anleihen von Bund, Bahn und Post** ganz groß geschrieben.

● Bisweilen können Sie mit **DM-Auslandsanleihen** etwas höhere Zinsen erzielen, wenn der ausländische Schuldner nicht zu den ersten Adressen zählt. Angesichts der erklärten Absicht, DM-Auslandsanleihen nicht mit der Quellensteuer zu belegen, sind die Renditen erstklassiger DM-Auslandsanleihen seit einiger Zeit unter die Renditen inländischer Anleihen gefallen.

● Eine seit einigen Jahren neu entdeckte Besonderheit des deutschen Marktes sind **Optionsanleihen** mit und ohne Optionsschein. Als festverzinsliche Anlage sind Optionsanleihen ohne Optionsschein zu empfehlen, zum Teil besonders bei hoher Steuerprogression, wenn nämlich die Anleihe mit niedrigem Nominalzins ausgestattet ist.

● Im weiteren Sinn zählen zu den Anleihen auch **Nullkupon-Anleihen (Zero-Bonds)** und **Anleihen mit variablem Zinssatz (Floating Rate Notes)**. Bei Nullkupon-Anleihen wird der Zins durch einen im Laufe der Zeit steigenden Kurs vergütet. Man erhält also – wie bei den Bundesschatzbriefen Typ B, bei abgezinsten Sparbriefen und bei Finanzierungs-Schätzen – während der Laufzeit der Anlage keine Zinsgutschriften. Die Rendite entspricht dem Rentenmarktniveau beim Kauf bzw. bei Emission.

Anlageformen im Vergleich

Wollen Sie sich von größeren Kursschwankungen freihalten, dann können Sie auf Anleihen ausweichen, deren Zinssatz laufend, meist halbjährlich, der Marktlage angepaßt wird. Der Zins richtet sich nach dem Zinsniveau am Geldmarkt. Damit liegt dann der Zinsertrag meist unter dem Kapitalmarktzins, doch dafür ist das Kursrisiko fast Null.

Sie erwerben damit zugleich aber eine „Option" auf steigende Zinsen, wenn das Zinsniveau allgemein nach oben strebt.

Somit: Niedriger Zins bei fehlendem Kursrisiko

● Ein klassisches Beispiel für eine längerfristig orientierte Anlage mit niedrigem Kursrisiko und dafür mäßigem Zins sind **Investmentzertifikate.** Die Mischung aus vielen Aktien oder Anleihen bringt eine Streuung des Risikos und verzehrt auf diese Weise einen kleinen Teil der möglichen Zinsen. Dafür aber brauchen Sie Investmentanteile nicht zu beaufsichtigen; diese Aufgabe übernimmt das Fondsmanagement.

Also wieder: Mäßiger Zins bei hoher Sicherheit

● Sind Sie an einer sicheren stetigen und guten Verzinsung interessiert, dann werden Sie Rentenwerte bevorzugen. **Aktien** sind in diesem Fall weniger verlockend. Doch bieten dafür Aktien andere Chancen, nämlich die Aussicht auf Kursgewinne und einen gewissen Substanzerhalt bei Geldentwertung, doch immer auch mit den nicht auszuschließenden Gefahren von Verlusten.

Wenn Sie also längere Zeit auf Ihr Geld verzichten und warten können, dann haben Sie bei günstigem Einstieg aber auf längere Sicht eine Chance, an Kurssteigerungen zu verdienen. Denn die reine Dividende ist bezogen auf den Kurswert meist mager, im Durchschnitt etwa 3%. Der Dividendensatz kann zudem schwanken oder in schlechten Jahren ganz ausfallen.

Also: Gewinnchancen bei hohem Risiko

Für den, der ruhig schlafen will und der außerdem – nicht reich – auf eine regelmäßige Zinseinnahme angewiesen ist, sind Aktien also kaum das Richtige. Zum Aktiengeschäft gehören Beweglichkeit, persönliches Interesse und Mut zum Risiko.

● Unter diesem Gesichtspunkt sind auch die **vermögenswirksamen Leistungen** von Arbeitnehmern zu betrachten. Ein Risiko sollte hier möglichst nicht eingegangen werden. Von GmbH-Anteilen, stillen Beteiligungen und Darlehen an den Arbeitgeber ist, wie schon erwähnt, im Prinzip abzuraten.

Zu befürworten sind lediglich **Belegschaftsaktien** großer Publikumsgesellschaften, denn die können Sie meist zu sehr günstigen Kursen erwerben. Das Risiko

Anlageformen im Vergleich

ist damit gering, zumal sich auch die Zahl der angebotenen Aktien in Grenzen hält.

Auch Darlehen an den Arbeitgeber sind unter Risikogesichtspunkten grundsätzlich abzulehnen.

● Wenn Sie schon Darlehen in Erwägung ziehen, dann können allenfalls die **Berlin-Darlehen** empfohlen werden, bei denen Sie gleichzeitig gewisse Steuervorteile neben durchschnittlichen Zinsen wahrnehmen können.

Also wieder: Geringes Risiko, dafür mäßige Zinsen

● Größere Depotkunden können indessen allen Tagessorgen mit Aktien und anderen risikobehafteten Anlagen aus dem Weg gehen, indem sie die Wertpapierdispositionen einer seriösen **Vermögensverwaltung** anvertrauen. Dann brauchen Sie sich als Anleger selbst um nichts zu kümmern. Sie streichen nur das Ergebnis ein.

Diese Dienstleistung müssen Sie indessen der Bank oder dem Broker extra vergüten. Und das Risiko von Kursverlusten wird Ihnen auch nicht abgenommen.

In die professionelle Vermögensverwaltung können Sie alle nur denkbaren Anlagearten einbeziehen. Konzept und Art der Verwaltung werden zu Beginn eines solchen Treuhandverhältnisses entworfen und vertraglich festgelegt.

● Beredter Ausdruck des Widerstreits zwischen Zins und Sicherheit sind **Wertpapieranlagen in fremder Währung**. Mit Anleihen in US-Dollars, kanadischen Dollars, in ECU und Dänenkronen sind zwar zum Teil erheblich höhere Zinsen zu erwirtschaften als mit D-Mark-Anleihen. Doch mit dieser Anlage ist regelmäßig das Risiko des Kursverfalls der anderen Währung verbunden. Die Erfahrung lehrt, daß die Zinsvorteile über die Jahre hinweg durch Verluste in der betreffenden Währung mehr als aufgezehrt werden. Schließlich ist ja die Höhe des Landeszinses ein Ausdruck der Stärke oder Schwäche einer Valuta, siehe Yen und Schweizer Franken.

Diese Überlegungen treffen gleichermaßen auch auf Anlagen in Aktien, Investmentanteilen, Grundstücken und anderen Vermögenswerten dieses Landes zu.

Also: Hoher Zins bei hohem Risiko

● Bei **Immobilien** ist jedermann klar, daß es sich stets um eine extrem langfristige Anlage handelt. Die Grundstücksrendite fällt mäßig aus. Man kann von einer Durchschnittsverzinsung des eingesetzten Kapitals von allenfalls 3% pro Jahr ausgehen.

Dafür erweist sich diese Anlage aber als wertbeständig und absolut krisenfest. Wertsteigerungen sind auf Dauer nicht ausgeschlossen, Wertverluste dürften dagegen weniger die Regel sein. Doch kommt es immer ganz besonders auf die jeweilige Lage des Grundstücks an. Auch spielt die Bauweise eine Rolle.

Verluste bei Grundstücken sind dann allerdings vorprogrammiert, wenn Sie unter Zeitdruck oder gar aus einer Zwangslage heraus verkaufen müssen. Immobilien können dann sogar gefährlich sein. So wie Sie mit Immobilienbesitz über Jahrzehnte ein Vermögen aufbauen können, so können Sie es auch zerstören. Man denke dabei nur an die vielen Tausend Zwangsversteigerungen, die Hausbesitzer alljährlich ins Unglück stürzen. Schlechte Beratung und Unvernunft stehen hier meist Pate.

Die richtige Auswahl des Grundstücks und die solide Finanzierung bei angemessenen und stabilen Einkommensverhältnissen sind hier entscheidend. Dann sichert Ihnen ein Grundstück eine sichere, wenn auch bescheidene Rendite auf Lebenszeit.

Also: Die Sicherheit rangiert weit vor dem Ertrag

● Wer weniger wohlhabend ist, so daß ein Einfamilienhaus oder eine Eigentumswohnung nicht in Betracht kommt, der kann Anteile an **Immobilienfonds** erwerben. Sie haben dann ebenfalls am Immobilienbesitz teil, ohne die damit verbundenen Risiken voll zu übernehmen, denn Immobilienfonds werden von Fachleuten gemanagt. Die Verzinsung liegt durchweg über der Rendite von Immobilien schlechthin. 4% bis 5% pro Jahr an Ertrag sind keine Seltenheit. Zudem ist die Anlage ebenfalls wertbeständig und krisensicher.

Wiederum: Gemessener Ertrag bei sehr hoher Sicherheit

● **Lebensversicherungen** haben zwei wesentliche Aspekte: Den Versicherungsschutz und die Kapitalansammlung. Entweder der Vermögenszuwachs entsteht durch den Todesfall oder ein laufend gespartes Kapital dient zur materiellen Bereicherung des Lebensabends.

Der Versicherungsschutz ist kaum wägbar; jeder wird ihn anders einschätzen. Denn das Geld geht im Todesfall an die Erben. Bei der Auszahlung der Ablaufleistung im Erlebensfall wird eine größere Summe verfügbar. Die Sparbeträge haben sich bis dahin mit 5% bis 6% verzinst. Sie vermeiden weitgehend die Zinsschwankungen des Marktes. Hierin liegt eine erhebliche Beständigkeit. Man kann im Grunde vorausberechnen, was Sie in zehn oder zwanzig Jahren ausgezahlt bekommen.

Im Alter erscheint auch die Auszahlung einer **Leibrente** statt eines Barbetrages erwägenswert.

Also: Wenig Risiko, Versicherungsschutz und mäßiger Ertrag

Anlageformen im Vergleich

● Ein Zwiespalt besonderer Art tut sich auf, wenn Sie vor der Frage stehen, Ihr Geld in zinslose Anlagen zu investieren: **Gold, Silber, Edelsteine, Edelmetallkonten oder -zertifikate, Schmuck, Münzen** oder **Kunst**. Sie laufen dabei Gefahr, über viele Jahre hinweg ohne Ertrag zu bleiben. Wohlgemerkt, immer unter dem Blickwinkel einer ökonomischen Geldanlage.

Dafür aber haben Sie es mit einer ebenfalls krisensicheren Kapitalanlage zu tun. Andererseits unterliegen Anlagen dieser Art unter Umständen erheblichen Wertschwankungen. Sie haben aber berechtigte Aussicht, hierin einen Ausgleich für die Geldentwertung zu finden. Tendenziell sind also auf lange Sicht hier eher nominale Wertsteigerungen zu erwarten als Wertverfall. Dennoch, Kursrisiken sind nicht zu übersehen.

Gold eignet sich z. B. ideal als eiserne Reserve in Kriegs- und Depressionszeiten. Doch es muß handlich sein. Am besten sie kaufen es in Münzen oder kleinen Barren. Auch müssen Sie es ständig verfügbar halten. Goldzertifikate in der Schweiz oder ein Edelmetallkonto in Luxemburg nützen Ihnen im Ernstfall wenig. Denn wer wird dann als Ausländer noch freien Zugang über die Grenzen hinweg haben?

Auch sind Edelmetalle und Antiquitäten keine Anlage des „kleinen Mannes". Eine zinslose Geldanlage kann sich wiederum nur leisten, wer auf Zinserträge leicht verzichten kann. Und wenn Sie sich ein paar Goldstücke dennoch wünschen, dann bitte zum Vergnügen. So wie ja auch Sammlungen von Briefmarken, historischen Wertpapieren, Silbermünzen, Büchern, Uhren, Schmuck, Puppen oder archäologischen Gegenständen unter einem ganz anderen Aspekt aufgebaut zu werden pflegen. In gleicher Weise sollten Sie auch Kunst im weitesten Sinn unter Liebhaberei einreihen. Hier sind es vor allem die außerordentlich großen Spannen zwischen Ankauf und Veräußerung, die den materiell orientierten Kapitalisten abschrecken sollten.

Gold, Diamanten, Platin, Silber usw. haben aber auch längst den Nimbus einer preisbeständigen Anlage eingebüßt. Welche Preisschwankungen haben wir in der Vergangenheit bei den Edelmetallen und auch bei Diamanten schon erlebt? Wer garantiert eine Preisentwicklung nach oben? Alle diese Gegenstände sind vermehrbar. Ihr industrieller Verbrauch ist begrenzt. Preisrisiken stecken im Verhalten der an solchen Rohstoffen reichen Staaten. Bewußt wurde das Gold als Reservewährung politisch abqualifiziert. Gold, Silber usw. sind zu höchst spekulativen Anlagen geworden, deren Wertentwicklung heute niemand vorauszusagen wagt. Man darf auch nicht vergessen, zu welchen Preisen die Edelmetalle früher einmal zu kaufen waren, nämlich zu einem Bruchteil der heutigen Notierungen. Spekulative Gewinnchancen sind andererseits nicht auszuschließen.

Noch ein wichtiger Gesichtspunkt scheint erwähnenswert. Diamanten, Silbermünzen, Antiquitäten, Bilder, alte Möbel usw. erfordern profunden Sachverstand. Wer sich hier nicht wirklich auskennt, wird selten ein gutes Geschäft machen. Er zahlt eher drauf. Zur Kunst gehören Begabung und vor allem guter Geschmack.

Also: Typische Risikoanlage mit ungewisser Zukunft, aber Krisensicherheit bei völliger Ertraglosigkeit.

1.4 Wie das Vermögen verteilen?

Wenn Sie diese kleine Anlagepalette betrachten, stellt sich die Frage, in welchen Formen und zu welchen Anteilen Sie Ihr Geld einbringen sollen.

Im Mittelpunkt und am Anfang jeder Vermögensanlage stehen dabei zunächst einmal **Bankguthaben** und **festverzinsliche Wertpapiere**. Hiermit wird sozusagen der Grundstock gelegt.

● Erreicht Ihr Vermögen **100 000 DM bis 200 000 DM**, dann sollte mindestens die Hälfte in DM-Anleihen jeder Art engagiert sein. Dies sichert die bestmögliche Verzinsung. Dazwischen können Sie Investmentanteile und Immobilienzertifikate mit einem Anteil von 10% bis 20% mischen.

Sind hierin schon Aktienfonds enthalten, haben Sie damit Ihr Soll in Aktien bereits erfüllt. Ansonsten können Sie auch ein Engagement in Aktien bis zu 10% eingehen.

Lebensversicherungen können weitere 10% bis 15% in Anspruch nehmen. Dies alles zusammen sollte aber 80% des verfügbaren Vermögens nicht überschreiten. Die restlichen 20% nämlich benötigen Sie für Bankguthaben aller Art.

Eine Goldreserve sollte, wenn Sie sie schon für nötig halten, 3% bis 5% des Vermögens nicht überschreiten.

● **Ab 300 000 DM** können Sie sowohl den Versicherungsanteil als auch den Anteil an Aktien zu Lasten der festverzinslichen Wertpapiere erhöhen. Außerdem benötigen Sie mit steigendem Vermögen einen prozentual sinkenden Anteil an Einlagen auf Spar- und Festgeldkonten. 10% reichen da aus; als Daueranlage vielleicht sogar noch weniger. Jedenfalls muß mit zunehmendem Vermögen das Anlagespektrum breiter werden.

● Übersteigt Ihr Gesamtvermögen **500 000 DM**, dann erscheint die Immobilienanlage unumgänglich. 20% bis 30% sind durchaus vertretbar, manchmal sogar mehr. Vor allem beim Einstieg in den Hauskauf oder wenn Sie bauen, können zunächst die überwiegenden Mittel gebunden werden. Längerfristig aber sollte die oben genannte Relation wieder hergestellt werden. Die direkte Immobilienanlage ergibt sich schon allein aus steuerlichen Erwägungen (s. unten).

Aktien können nun auch einen Anteil von 10% bis 20% erreichen. 30% bis 40% sollten Sie aber auch hier wieder in festverzinslichen Werten binden, weitere 5%

in Investmentanteilen und eventuell bis 5% in Gold, Goldzertifikaten oder in Münzen. Der Versicherungsanteil kann jetzt bis auf 5% sinken, während Kunstgegenstände, alte Möbel, Antiquitäten, Bilder u. ä. mit 5% bis 10% hinzutreten sollten.

Ihre liquide Reserve kann vorübergehend auch 10% überschreiten. Sie ist ratsam, um günstige Gelegenheiten nutzen zu können.

- Je **höher das Vermögen** steigt, um so wichtiger wird die Anlage in Grundstükken und Gebäuden (bis 40%), in Gold, Platin, Edelsteinen usw. (zusammen 5%), in Kunstgegenständen, Sammlungen und Antiquitäten (bis 15%) sowie in Anlagen im Ausland. Im Ausland können Sie Immobilien oder Wertpapiere kaufen. Das Währungsrisiko kann dabei gering gehalten werden. Denken Sie dabei z. B. an Länder wie die Schweiz, Österreich, Luxemburg, Holland, Japan, eventuell auch Spanien usw.

Natürlich können Sie hier dann außer in Aktien auch in risikoreichere Anlagen wie Venture Capital (bis 5%) investieren. Ebenso sollten Sie es sich leisten, Optionsgeschäfte abzuschließen und Terminkontrakte einzugehen. Auch ist es erlaubt, einmal auf Hoffnungswerte zu setzen und Penny Stocks zu kaufen.

1.5 Die Besteuerung der Erträge

Allen zinstragenden Anlagen ist gemeinsam: Die Zinsausschüttungen sind als **Einkünfte aus Kapitalvermögen** der Einkommensteuer zu unterwerfen. Dabei bleiben in dieser Einkunftsart bis zu 400 DM pro Steuerpflichtigen im Kalenderjahr frei, bei Ehegatten also 800 DM.

Die Steuerpflicht entsteht im Jahr des Zuflusses. Kursgewinne bleiben, soweit sie zum Privatvermögen gehören, unter bestimmten Voraussetzungen außer Ansatz. Ebenso unterliegen die Zinsgutschriften auf Bankkonten der Einkommensteuer, nicht zu vergessen die Zinsen aus Bausparguthaben.

Bei Investmentanteilen und Immobilienzertifikaten bleiben Teile der Ausschüttung in der Regel steuerfrei, nämlich die Anteile, die auf Kursgewinne und Bezugsrechte entfallen. Diesen steuerfreien Anteil geben die Investmentgesellschaften jährlich in ihren Berichten neu bekannt.

Für Anleger, die von der Einkommensteuerprogression stärker betroffen sind, spielen die steuerlichen Überlegungen bei der Kapitalanlage naturgemäß eine große Rolle. Für betuchte Anleger ist daher wichtig zu wissen, daß **Kursgewinne** überwiegend nicht der Einkommensteuer unterliegen. Eine Ausnahme gilt nur für **Spekulationsgewinne.** Das sind Gewinne, die Sie bei Aktien innerhalb der Spekulationsfrist von sechs Monaten, bei Grundstücken innerhalb von zwei Jahren seit dem Kauf realisieren. Als Anleger in Aktien sollten Sie bei Kursgewinnen also Ihre Papiere möglichst sechs Monate halten. Dies gilt vor allem für die Verkaufsabsicht kurz vor der Sechs-Monats-Frist.

Besteuerung der Erträge

Die Spekulationsfrist gilt nicht für Rentenwerte, mit Ausnahme von Wandelschuldverschreibungen und Anleihen ausländischer Emittenten. Diese Tatsache macht die Kursgewinne für Anleihekäufer besonders attraktiv.

Wählen Sie als steuerbewußter Anleger bei der Anlage eher niedrig verzinsliche Titel, bei denen Sie bis zur Fälligkeit mit einem Kurswertzuwachs rechnen können. Sie kaufen also vorzugsweise Anleihen, die weit unter 100% notieren.

Dieser Vorteil beim Kursgewinn gereicht Ihnen bei Kursverlusten zum Nachteil. Kaufen Sie nämlich hochverzinsliche Papiere, an denen Sie bis zur Fälligkeit einen Kursverlust erleiden, dann können Sie diesen Verlust nicht von der Steuer absetzen. Die überhöhte Zinseinnahme müssen Sie dagegen voll versteuern.

Hierzu ein einfacher **Vergleich:**

Sie haben zur Anlage von 10 000 DM die Wahl zwischen zwei Anleihen mit jeweils zehnjähriger Laufzeit (Renditeniveau 6,5% p. a.; jährliche Zinszahlung):

Anleihe A: 5% zum Kurs von 89%

Anleihe B: 8% zum Kurs von 111%

Sie entscheiden sich für Anleihe A und kaufen von ihr nominal 11 000 DM.

Ihre Abrechnung:
11 x 890 = 9 790 DM plus Spesen.

Sie versteuern 10 Jahre lang jährlich 550 DM. Am Ende bekommen Sie 10 000 DM zurück. Den Kursgewinn von 1 100 DM vereinnahmen Sie steuerfrei.

Hätten Sie statt dessen Anleihe B gekauft, dann hätten Sie sich für 10 000 DM Einsatz nur 9 000 DM nominal leisten können (wegen des hohen Kurses).

Ihre Abrechnung:
9 x 1 100 = 9 900 DM plus Spesen.

Sie hätten dann zehn Jahre lang pro Jahr 720 DM Zinsen erhalten. Diese 720 DM hätten Sie jährlich versteuern müssen. Zugleich aber verlieren Sie 1 100 DM. Denn am Ende bekommen Sie nur 10 000 DM zurück.

Bei einem Steuersatz von 35% – erst recht bei höheren Sätzen – spricht die Rechnung eindeutig für Anleihe A:

Anleihe A

	550 x 10	5 500 DM
./. 35% Einkommensteuer		1 925 DM
netto		3 575 DM
+ Kursgewinn steuerfrei		1 100 DM
Nettoergebnis Anleihe A		4 675 DM

Besteuerung der Erträge

Anleihe B

	720 x 10	7 200 DM
./. 35% Einkommensteuer		2 520 DM
netto		4 680 DM
./. Kursverlust		1 100 DM

Nettoergebnis Anleihe B　　　　　　　　　　　　3 580 DM

Besonders interessant unter diesem Aspekt sind einige **Optionsanleihen ohne Optionsschein.** Sie notieren bei sehr niedrigem Zins weit unter pari. Trotz des niedrigen Zinssatzes ergibt sich eine marktnahe Rendite. Denn bis zur Fälligkeit winken hohe Kursgewinne. Von der Rendite dieser Anleihen bleibt der größte Teil steuerfrei.

Für den kapitalkräftigen Anleger können auch **Investment-** und **Immobilienanteile** durchaus interessant sein. Denn auch hier fließt ein Teil der Einnahme gewöhnlich steuerfrei zu.

Von der Quellensteuer betroffen sind hauptsächlich Kontoerträge außer Spareinlagen mit gesetzlicher Kündigungsfrist sowie Erträge aus inländischen Anleihen. Bei jeder Zinsgutschrift werden von der Bank „an der Quelle" 10% Quellensteuer einbehalten. Dies gilt auch für Personen, die die Kupons am Schalter der Bank einreichen und sich in bar auszahlen lassen. Dieser Quellensteuerabzug wird bei der Ermittlung der Einkommensteuer später berücksichtigt. Nur der Steuersünder wird durch die Quellensteuer nun zusätzlich zur Kasse gebeten.

Auf **DM-Auslandsanleihen** wird vorerst keine Quellensteuer erhoben. Wer also sein Geld in DM-Auslandsanleihen anlegt, erhält seine Kupons zu 100% gutgeschrieben. Dies gilt auch für selbst verwahrte Papiere; die Auszahlung der Kupons erfolgt ohne Abzug. Die Verschonung der DM-Auslandsanleihen von der Quellensteuer hat dazu geführt, daß DM-Auslandsanleihen heute niedriger rentieren als Inlandsanleihen.

Die gleiche Erscheinung des Quellensteuerabzugs gibt es auch bei **Aktien**; sie heißt dort Kapitalertragsteuer. Der Steuersatz beträgt 25%. Sie erhalten also seit eh und je Ihre Dividendenerträge jeweils nur zu 75% gutgeschrieben (Nettodividende).

Wichtig für die Anlageentscheidung erscheint auch, daß nicht alle Zinserträge pro Kalenderjahr zu versteuern sind. Bei **Sparplänen** mit Bonussystem wird der Bonus z. B. am Ende der Vertragslaufzeit vergütet. Entsprechend dem Zuflußprinzip ist dieser Bonus auch erst am Ende zu versteuern.

Bei auf- und abgezinsten **Sparbriefen** verhält es sich ähnlich. Die Zinsen fließen dem Anleger mit der Fälligkeit des Sparbriefs zu. Der Anleger hat die Zinseinnahme also erst am Schluß der Anlage zu versteuern. Dies gibt Ihnen die Möglichkeit, den Sparbriefkauf so zu wählen, daß die Fälligkeit in ein Jahr niedriger Steuerprogression fällt.

Ähnliches gilt für **Finanzierungs-Schätze**. Auch hier entsteht die Steuerpflicht bei Rückzahlung der Finanzierungs-Schätze nach einem oder nach zwei Jahren.

Beim **Bundesschatzbrief Typ B** verhält es sich dagegen anders, obwohl auch hier die Zinsen nicht ausgeschüttet werden. Sie werden aber gutgeschrieben und sind nach Ablauf des ersten Jahres verfügbar bzw. werden mitverzinst. Folglich fließen die Zinsen im Kalenderjahr nach Ablauf der einjährigen Sperrfrist zu.

Erst recht interessant wird die steuerliche Situation bei **Nullkupon-Anleihen**. Hier fließt Ihnen der Ertrag erst bei der Einlösung oder beim Verkauf der Papiere zu. Der gesamte Zinsertrag – und zwar nur die rechnerischen Zinsanteile, nicht eventuelle Kursgewinne – ist dementsprechend auf einmal zu versteuern.

Diese Tatsache ermöglicht es Ihnen, sich über viele Jahre von der Steuerpflicht freizuhalten. Die Versteuerung der dann zufließenden Erträge verschieben Sie in eine Zeit, in der Ihr Steuersatz möglichst niedrig liegt, also z. B. in Ihr Rentenalter. So kann es Ihnen gelingen, Ihre Steuer auf die Zinserträge über zehn Jahre und länger vor sich herzuschieben, bis die Papiere fällig werden. Eine vorzeitige Kündigung brauchen Sie bei Zero-Bonds nicht zu befürchten. Kursgewinne, die Sie etwa bei vorzeitigem Verkauf realisieren, unterliegen nicht der Steuer.

Als Aktionär nehmen Sie außer der Nettodividende noch das später durch das Finanzamt zu vergütende Körperschaftsteuerguthaben ein. Damit erhöht sich Ihre Bruttodividendeneinnahme um $9/16$. Den Gesamtbetrag müssen Sie dann allerdings versteuern, wobei der Kapitalertragsteuerabzug (s. oben) angerechnet wird.

Spekulationsgewinne auf Aktien, die Sie versteuern müssen, können Sie aber dann von Ihren Einnahmen wieder kürzen, wenn Sie entsprechende Verluste dagegenstellen können. **Spekulationsverluste** werden steuermindernd aber nur anerkannt, wenn sie ebenfalls innerhalb der Frist von sechs Monaten seit dem Kauf durch Verkauf der Papiere realisiert werden.

Bei **Gold, Edelmetallen, Edelsteinen** usw. ist zu bedenken, daß Sie als Käufer hierauf Mehrwertsteuer zu entrichten haben. Lediglich wenn Sie in mehrwertsteuerfreien Ländern wie z. B. Luxemburg kaufen, können Sie diese Kosten umgehen. Doch können Sie das Edelmetall nicht nach Deutschland einführen, ohne an der Grenze umsatzsteuerpflichtig zu werden. Also nur die Aufbewahrung im Ausland selbst verschafft Ihnen die Mehrwertsteuerersparnis. Diese Form des Goldbesitzes ist dann eher als Spekulationsmittel gedacht. Als Krisenanlage für den Notfall ist der Goldbesitz im Ausland weniger geeignet (s. oben).

Steuerfrei bleiben Sie weitgehend als **Versicherungssparer**, denn die Versicherungssumme fließt Ihnen ohne Steuerabzug zu. Sie haben zudem noch den Steuervorteil der Abzugsfähigkeit der Versicherungsbeiträge im Rahmen der

Vorsorgeaufwendungen. Die Vorsorgeaufwendungen sollten Sie also auf jeden Fall voll ausschöpfen. Sollten Sie Beträge frei haben, kann eine Lebensversicherung empfohlen werden.

Steuerüberlegungen gewinnen zentrale Bedeutung bei **Immobilien** und anderen steuersparenden Kapitalanlagen. Ein Grundstückskauf wird oft geradezu erst durch die Steuerersparnis inspiriert. Das gilt besonders für Besserverdiener. Sei es, daß Sie die Grundförderung nach § 10e EStG mit jährlicher Abschreibung von 5% (Sonderausgabenabzug vom Gebäudewert + dem halben Grundstücksanteil) wahrzunehmen gedenken; dieser Gedanke steht bei Selbstnutzern ganz im Vordergrund. Oder sei es, daß Sie als Kapitalanleger, der Sie das Objekt selbst nicht nutzen, dieses vermieten und (zusätzlich) Schuldzinsen geltend machen wollen. Auch die Aufwendungen vor dem Einzug, wie etwa ein Disagio auf ein Darlehen, können speziell bei eigengenutzten Objekten von Belang sein.

Solche steuerlichen Überlegungen führen bei den Beziehern höherer Einkommen fast zwangsläufig zu dem Ergebnis, wenigstens ein Haus, bei Ehepaaren zwei Häuser im Leben zu erwerben, um die Einsparungsmöglichkeiten voll auszuschöpfen. Sie können so bedeutende Beträge bei der Steuer kürzen. Diese summieren sich über die Jahre und wachsen der Vermögenssubstanz zu. Die Verzinsung einer Immobilie wird damit erheblich aufgebessert. Für viele reduziert sich die monatliche Belastung durch die Steuerersparnis überhaupt erst auf das zumutbare Maß.

In die Kategorie der seriösen Steuersparanlagen fallen auch die **geschlossenen Immobilienfonds**. Zum Zweck der Verlustzuweisung werden hier Bauherrengemeinschaften gebildet und Einkünfte aus Vermietung und Verpachtung erzielt. Bei geschlossenen Immobilienfonds überwiegen am Anfang die Verluste gegenüber den Erträgen. So sparen Sie Steuern. Erst im Laufe der Jahre kommen Sie dann in die Gewinnzone. Allerdings haben geschlossene Immobilienfonds in den letzten Jahren erheblich an Reiz verloren. Nur noch wenig ertragreiche Objekte sind hier am Markt.

2 Lexikonteil

Im folgenden werden in alphabetischer Reihenfolge alle mit der Geldanlage zusammenhängenden Begriffe unter dem entsprechenden Stichwort abgehandelt. Auf weitere *Stichwörter* wird im Text durch → verwiesen.

Abgeld → *Disagio*

Abgezinste Wertpapiere

Das sind Wertpapiere, die zu einem Preis erworben werden, der um den Betrag der Zinsen für die vereinbarte Laufzeit niedriger ist als der spätere Einlösungswert. Die Zinsen werden – wie bei sog. Diskontpapieren, z. B. Wechseln – formell im voraus vergütet. Obwohl dies natürlich praktisch nicht der Fall ist. Die Zinsen fließen Ihnen ja nicht zu Beginn der Anlage zu.

Diese Tatsache berücksichtigt auch das Steuerrecht: Der Zufluß der Zinsen wird erst angenommen, wenn die Papiere eingelöst, also zurückgezahlt werden, oder wenn Sie sie verkaufen.

Von **abgezinsten** Wertpapieren spricht man dann, wenn der spätere Einlösungswert dem Nominalwert *(→ Nennwert)* des Wertpapiers entspricht. Hiervon unterscheidet man die **aufgezinsten** Wertpapiere. Diese werden zum Nennwert ausgegeben. Der Anleger erhält später bei der Einlösung den Nennwert zuzüglich Zinsen in einer Summe zurück. Dabei kann sich die Laufzeit über weniger als ein Jahr, oder aber auch über mehrere Jahre erstrecken.

Zu den abgezinsten Wertpapieren zählen → *Sparbriefe,* → *Finanzierungs-Schätze, Nullkupon-Anleihen (→ Zero-Bonds)* und die unverzinslichen Schatzanweisungen, auch „U-Schätze" genannt. Bei U-Schätzen und Finanzierungs-Schätzen handelt es sich um reine „Abzinser". Sparbriefe und Nullkupon-Anleihen treten sowohl in abgezinster als auch in aufgezinster Form auf.

Beim **„Abzinser"** wird das Papier also z. B. zu 960 DM gekauft und mit 1 000 DM, also zu pari zurückgezahlt. Der vergütete Zins beträgt 40 DM. Läuft das Papier genau ein Jahr, dann bedeutet das in diesem Fall jedoch nicht exakt 4% Zinsen pro Jahr, denn Sie haben ja nur 960 DM eingesetzt. Folglich sind die 40 DM Zinsen auf Ihren Einsatz von 960 DM zu beziehen. Die Verzinsung beträgt dann effektiv genau 4⅙% pro Jahr *(→ Effektivzins).*

Man kann dies auch anders ausdrücken: Dadurch, daß Ihnen der Zins formell am Anfang vergütet wird, Sie also in Höhe des Zinses Kapitaleinsatz sparen, entsteht ein Zinseszinseffekt.

Abgezinste Wertpapiere ─────────────────────────────

Beim **„Aufzinser"** erwerben Sie einen Sparbrief z. B. zu 1 000 DM. Nach vier Jahren erhalten Sie 1 192,52 DM zurück. Der Zinssatz beträgt in diesem Fall 4,5% pro Jahr. Ihre jährliche Wertsteigerung aber beläuft sich auf 4,81%. In diesem gleichen Fall einer Verzinsung von 4,5% und einer jährlichen Wertsteigerung von 4,81% müßten Sie für einen abgezinsten Sparbrief 838,56 DM zahlen. Nach vier Jahren bekämen Sie 1 000 DM zurück. In diesem Fall summiert sich Ihr Zinsertrag auf 161,44 DM. Beim „Aufzinser" dagegen erhalten Sie 192,52 DM an Zinsen. Die Differenz erklärt sich einfach daraus, daß Sie unterschiedliche hohe Beträge am Anfang eingesetzt haben.

Der Unterschied zum normal verzinslichen→ *Sparbrief* liegt darin, daß Sie beim ab- und aufgezinsten Sparbrief den am Jahresende aufgelaufenen Zins nicht ausgezahlt, sondern im nächsten Jahr mitverzinst bekommen. Beim normalen Sparbrief wird der Zins jährlich ausgeschüttet.

Eine einfache Zinsstaffel eines aufgezinsten Sparbriefs soll dies verdeutlichen (Sparbrief 1 000 DM; 4,5% Zinsen pro Jahr; 4 Jahre Laufzeit):

1. Jahr	1 000,00 DM
Zins 4,5%	45,00 DM
2. Jahr	1 045,00 DM
Zins 4,5%	47,025 DM
3. Jahr	1 092,025 DM
Zins 4,5%	49,141 DM
4. Jahr	1 141,166 DM
Zins 4,5%	51,352 DM
	1 192,52 DM

Der Zinsertrag von 192,52 DM in vier Jahren bedeutet auf das Jahr umgerechnet 48,13 DM; dies entspricht einer jährlichen Werterhöhung von 4,81%.

Die Zinserträge aus Auf- und Abzinsungspapieren sind jeweils bei Zufluß, also am Ende der Laufzeit zum Zeitpunkt der Rückzahlung oder zum Zeitpunkt des vorzeitigen Verkaufs (sofern dies möglich ist) der Einkommensteuer zu unterwerfen.

Tip

Dies eröffnet Ihnen die Möglichkeit, die Versteuerung von Kapitaleinkünften in solche Jahre zu verlegen, in denen Sie mit einer niedrigen Einkommensteuer rechnen. Es kann also durchaus sinnvoll sein, sich vier oder sechs Jahre vor dem Rentenalter mit auf- und abgezinsten Wertpapieren einzudecken, um den Gesamtertrag erst nach Eintritt in den Ruhestand zu versteuern.

Abschlag → *Kursabschlag*

Abschreibungsobjekte

Sammelbegriff für alle die Geldanlagen, bei denen Sie über Abschreibungen, Sollzinsen, Geldbeschaffungskosten u. ä. „Verlustzuweisungen" erhalten und Steuern „sparen" können. In Wirklichkeit aber sparen Sie meist keine Steuern, sondern Sie verschieben die Steuerpflicht nur in zukünftige Jahre. Es handelt sich also eher um Steuerstundung als um echtes Steuersparen.

Der Geldgeber gründet zusammen mit anderen Unternehmern Gewerbebetriebe, hauptsächlich in der Rechtsform der KG. Gegenstand solcher Unternehmen sind Bauherrengemeinschaften, Erdölexplorationen, Schiffahrt- und Transportbetriebe und andere Branchen, in denen gerade zu Beginn der Tätigkeit hohe Investitionen notwendig sind und Verluste entstehen. Diese Verluste können Sie – in vom Finanzamt zugelassenen Grenzen, höchstens aber bis zur Höhe des eingezahlten Kommanditanteils – in den Jahren ihrer Entstehung steuermindernd von Ihrem zu versteuernden Einkommen absetzen.

Im weiteren Sinne fallen unter die Abschreibungsobjekte auch Anteile an geschlossenen → *Immobilienfonds*. Auch die Anlagen in → *Venture Capital* kann man hierzu rechnen.

Typisch für Abschreibungsobjekte ist der Zusammenschluß mehrerer Personen, die jeweils allein die Vorteile der Steuerersparnis bzw. -stundung nicht nutzen könnten. Auch erfordern solche Abschreibungsobjekte Kapitalsummen, die einer allein kaum aufzubringen vermag. Auf diese Weise ist es auch den Beziehern mittlerer Einkommen möglich, entsprechende Steuervorteile für sich in Anspruch zu nehmen.

Abschreibungsobjekte haben in den letzten Jahren allerdings erheblich an Bedeutung verloren, weil die Maßstäbe der Finanzämter zur Zulassung von Verlustzuweisungen immer enger gesetzt worden sind.

Die angebotenen Abschreibungsobjekte tragen im allgemeinen außer der Ungewißheit über die steuerliche Behandlung noch andere, zum Teil erhebliche Risiken in sich. Zum einen sind gerade in diesem Bereich nicht nur seriöse Anbieter tätig, zum anderen wird oft in Projekte investiert, deren Schicksal ungewiß und deren Management unfähig ist. Auch sind die Objekte allein wegen ihrer geographischen Entfernung oft schwer kontrollierbar. Häufig werden verlockende Renditen versprochen, die einer kritischen Untersuchung nicht standhalten.

Tip

Sie sollten Ihr Geld nur in solche Abschreibungsobjekte stecken, die Sie vorher auf Herz und Nieren geprüft haben bzw. haben prüfen lassen!

Abzinsungspapiere → *Abgezinste Wertpapiere*

ADR's → *American Depository Receipts*

AG → *Aktiengesellschaft*

Agio

wird auch „Aufgeld" genannt; der Aufschlag auf den → *Nennwert* eines Wertpapiers. Der Aufschlag, den Sie zusätzlich zum Nominalwert beim Kauf eines Wertpapiers bezahlen müssen. Über-pari-Emissionen, also Emissionen mit Agio, sind heute an der Tagesordnung. Die Emittenten verschaffen sich damit eine zusätzliche Einnahme. Besonders auch bei → *Kapitalerhöhungen* werden die jungen Aktien zu Kursen über dem Nennwert ausgegeben. Das Agio kann um so höher angesetzt werden, je weiter der Kurs der Altaktie über dem Nennwert notiert. Gegensatz: → *Disagio*.

Aktien

Das sind Wertpapiere, Anteilscheine am Kapital einer → *Aktiengesellschaft*. Form der Geldanlage mit Kursrisiko, mit Ertragsschwankungen, aber auch mit Anteil am Substanzwert der AG.

Der Besitzer von Aktien ist der **Aktionär**. Die Aktie verbrieft das Miteigentum an der AG. Sie stellt somit einen Vermögenswert dar, der durchaus auch Geldentwertungen und Währungsreformen überdauern kann, wie die Geschichte gezeigt hat.

Die Aktie ist so gut und so teuer wie das Unternehmen, das dahintersteht. Wertschwankungen des Unternehmens drücken sich demgemäß in Kursschwankungen aus. Diese sind (subjektiver) Ausdruck der Erwartungen, die die → *Börse* und deren Teilnehmer an den Wert knüpfen. Ändern sich die Erwartungen, ändern sich auch die Kurse. Dabei spielen vor allem die Erträge eine Rolle. Steigen die Gewinnerwartungen, wird dies den Kurs nach oben ziehen – und umgekehrt. Die → *Kurse* hängen aber noch von anderen Faktoren ab. Hierzu → *Börse*, → *Kursbildung*.

Die AG finanziert sich mit Eigenkapital durch die Ausgabe von Aktien.

Aktien sind börsennotiert und somit handelbar. Die Aktien großer, erstklassiger Publikumsgesellschaften, sog. Standardwerte oder „Blue chips", besitzen einen breiten Markt und sind börsentäglich auch in größeren Beträgen an der Börse käuflich und verkäuflich.

Aktien sind somit als liquide Anlagen einzustufen. Ausnahmen gelten nur für sog. **Spezialwerte.** Dabei handelt es sich um kleinere Gesellschaften mit lokaler Bedeutung. Ihre Aktien werden oft nicht amtlich, sondern entweder im → *Geregelten Markt* oder im → *Freiverkehr*, teilweise auch nur telefonisch (→ *Telefonverkehr)* gehandelt. Die Kursbewegungen solcher Papiere sind häufig zufällig oder größeren Schwankungen unterworfen. Material ist manchmal nur schwer aufzutreiben. Die Börsenumsätze sind gering. Solche Aktien sind dann unter Umständen auch nicht leicht zu veräußern, eventuell nur unter größeren Kurseinbußen. Beim Handel mit Spezial- und Lokalwerten sollten Sie daher ausschließlich mit → *Limiten* arbeiten.

Aktien lauten bei uns über einen bestimmten Nominalwert, meist über 50 DM; dies ist zugleich die kleinste zulässige → *Stückelung*. Notiert die Aktie darüber, also über pari, dann kommt hierin ein zusätzlicher Wert zum Ausdruck. Dieser Wert entspricht dann sozusagen den offenen und stillen Reserven. Je ertragsstärker und zukunftsträchtiger die Aktie ist, um so höher wird sie an der Börse bewertet (Wachstumswerte).

Neben nennwertbezogenen Aktien sind in anderen Ländern auch **nennwertlose Aktien** verbreitet. Hier kann man als Wertmaßstab dann lediglich die Anzahl der ausgegebenen Aktien durch das ausgewiesene Grundkapital dividieren.

Wenn das Aktienkapital einer AG nicht mehr ausreicht, dann wird von der → *Hauptversammlung* der Gesellschaft eine → *Kapitalerhöhung* beschlossen. Die Aktionäre zahlen neues Kapital in die Gesellschaft ein und erhalten dafür **junge Aktien**. Die Altaktionäre sind beim Bezug junger Aktien bevorrechtigt *(→ Bezugsrecht).*

Junge Aktien sind von ihrer Ausgabe an dividendenberechtigt. Dies bedeutet in der Regel einen vorübergehenden Dividendennachteil gegenüber den **alten Aktien**, denn die Altaktien haben sich aus der Vergangenheit bereits einen gewissen Dividendenanspruch erworben. Solange aber die bevorstehende Vergütung auf die Altaktie höher ausfällt als die auf die jungen Aktien, werden beide Aktienarten zu unterschiedlichen Kursen gehandelt. Die jungen Aktien notieren um die Dividendendifferenz zu den Altaktien niedriger als die alten Aktien. Erst wenn die nächste Dividende nach der nächsten Hauptversammlung bezahlt worden ist, besteht Gleichberechtigung. Dann fällt der Kursunterschied weg, und es gibt nur noch eine einzige Notiz.

Tip

Da die Kursdifferenz zwischen alten und jungen Aktien häufig größer ist, als es der unterschiedliche Dividendenanspruch rechtfertigt, können Sie die jungen Aktien oft billiger kaufen als die Altaktien dieses Unternehmens. Diese Chance bietet sich aber immer nur vorübergehend, nämlich von der Kapitalerhöhung bis zur nächsten Hauptversammlung. Hier sollten Sie aber vorsichtshalber mit Kurslimit arbeiten.

Das Aktienrecht unterscheidet **Stamm-Aktien** und **Vorzugs-Aktien**. Stammaktien, sog. „**Stämme**", sind die reguläre Form der Aktie; sie gewähren dem Aktionär die normalen Anteils- und Stimmrechte. Vorzugsaktien, sog. „Vorzüge", billigen dem Inhaber besondere Rechte zu. Er kann z. B. eine → *Dividende* **vor** den anderen Aktionären erhalten (Vorzugsdividende) oder auch ein Anrecht auf Nachzahlung einer Dividende haben. Auch befinden sich **Mehrstimmrechtsaktien** im Verkehr, die mehr Stimmrechte als die Stammaktien gewähren. Mehrstimmrechtsaktien dürfen heute nicht mehr ausgegeben werden. Andererseits kann der Vorzugsaktionär aber auch ganz auf sein Stimmrecht verzichten; dies kommt bei Vorzugsaktien sogar sehr häufig vor.

Aktien zählen einerseits zu den krisensicheren Sachwertanlagen. Gegen Inflation sind sie einigermaßen resistent. Andererseits aber tragen sie das Kursverlustrisiko in sich. Sie können als Anleger also auch erheblich an Substanz einbüßen. Und auch das Ertragsrisiko ist nicht zu unterschätzen. Papiere, die über Jahre dividendenlos bleiben, können im Kurs auf einen Bruchteil ihres früheren Wertes verfallen.

Im Durchschnitt erzielen Sie mit deutschen Aktien kaum mehr als 2% bis 3% Zinsen auf Ihren Kapitaleinsatz.

Wer also auf Zinseinnahmen, z. B. als Altersversorgung, angewiesen ist und über kein hohes Einkommen verfügt, für den sind Aktien ungeeignet. Außerdem kann, wie gesagt, die → *Dividende* ganz ausbleiben.

Es gibt aber auch einige Aktienwerte, z. B. die **Versorgungswerte**, die regelmäßig gute Erträge abwerfen, so daß der Anleger auf eine zufriedenstellende Verzinsung seines Kapitals kommt. Ähnliches gilt im allgemeinen auch für **Chemiewerte**.

Allerdings haben Aktien eine gewisse Popularität dadurch erhalten, daß der Staat schon früh mit seinen Privatisierungsaktionen Aktien aus seinen Beständen dem breiten Publikum zu Vorzugsbedingungen zur Zeichnung anbot. Hieraus entstand der Begriff der „**Volksaktien**" (Veba, Volkswagen, Preußag). Aber auch die Vermögensbildung in Arbeitnehmerhand hat der Aktie eine weitere Verbreitung gesichert. Große Publikumsgesellschaften bieten ihren Mitarbeitern seit vielen Jahren sog. → *Belegschaftsaktien* zu günstigen Kaufpreisen an.

Auch wenn die Aktien sich der allgemeinen Kurstendenz (Tendenz) an der → *Börse* durchweg nicht entziehen können, gibt es in der Aktienkursentwicklung einzelner Werte über längere Zeiträume doch deutliche Abweichungen. Das Interesse des Anlegers gilt vor allem den **Wachstumswerten, High-Tech-Werten** und Werten mit Zukunftstechnologie. Zu den zukunftsorientierten Branchen zählen weite Bereiche der Elektronik, der Biochemie, Gentechnologie, Computer-Software, Dienstleistungs- und Freizeitindustrie, Umweltschutztechnik und anderes mehr. Montanwerte (Kohle- und Stahlindustrie), Brauereien, Rohstoffwerte, Bauwerte u. a. liegen dagegen mehr auf der Schattenseite der Entwicklung.

Daneben gibt es stark konjunkturabhängige Sektoren wie Konsum- und Automobilwerte sowie die damit verbundenen Industriezweige. Empfindlich auf Zins-, Kredit-, Wirtschafts- und Finanzpolitik reagieren Banken und Versicherungen.

Aktienanalyse

Vor dem Aktienkauf steht die Analyse des Aktienwertes und des Marktes. Diese Analyse kann der Geldanleger selbst durchführen, wenn er hierzu über die nötigen Informationen und Instrumente verfügt. Häufiger aber wird er dazu auf die Untersuchungen der Banken und Broker zurückgreifen, die solche Aktienanalyse von Berufs wegen anstellen. Sie dienen der Bank als Grundlage für ihre → *Anlageberatung*. Erst auf der Basis solcher fundierter Erkenntnisse und Recherchen (Research) sollten Sie einen Aktienwert zu Anlagezwecken kaufen.

Die Hauptkomponenten der Aktienanalyse sind:

● die Fundamentalanalyse und

● die Chartanalyse oder technische Analyse.

Beide Analysemethoden unterscheiden sich grundsätzlich. Während sich die Fundamentalanalyse auf die fundamentalen Unternehmensdaten stützt, ähnlich wie ein Kreditsachbearbeiter einer Bank oder Sparkasse die Bonität des Kreditnehmers beleuchtet, so erforscht demgegenüber der Chartist die Kursbewegungen der Vergangenheit und schreibt diese in die Zukunft fort. Beide sammeln also die bis heute verfügbaren Daten und Erkenntnisse und versuchen dann, daraus Schlüsse für die weitere Kursentwicklung dieses Aktienwertes zu ziehen.

Gegenstand jeder Analyse ist also zunächst einmal der einzelne Aktienwert. Sinn und Zweck der Analyse ist es, aus den vielen möglichen → *Aktien* die herauszufinden, die den eigenen Anlagewünschen am meisten entsprechen und die die beste Aussicht auf Werterhaltung und Wertsteigerung bieten.

Aktienanalyse

Die **Fundamentalanalyse** konzentriert ihre Aufmerksamkeit auf die „inneren Werte" der Unternehmung. Sie untersucht die Bilanz und Ertragslage, Auftragsbestand, Liquidität und Finanzkraft, das Management, die Marktstellung, das Produktsortiment und andere Schlüsseldaten, die den Börsenkurs in irgendeiner Weise beeinflussen könnten.

Ganz im Vordergrund steht der Gewinn. Denn die Ertragskraft und ihre Einflußfaktoren bilden den entscheidenden Anhaltspunkt für den „richtigen" Aktienkurs. Das Verhältnis von Aktienkurs und Gewinn spielt für jeden Analytiker eine entscheidende Rolle.

Der externe Betrachter ermittelt den Gewinn aus der Bilanz und dem Geschäftsbericht (Lagebericht). Doch der Bilanzgewinn spiegelt in aller Regel nicht die wahre Ertragslage wider. Denn als Gewinn wird in der Bilanz immer nur der Betrag ausgewiesen, den man für die Zahlung der → *Dividende* braucht. Der Rest wird „versteckt", in die offenen Rücklagen gestellt oder zur Stärkung der stillen Reserven verwendet.

Zuerst müssen außerordentliche Einflüsse ausgeklammert werden, um zum Betriebsergebnis vorzustoßen. Sodann sind die Gewinnsteuern zu betrachten; Veränderungen deuten auf Anstieg oder Rückgang des wahren Gewinns hin. Auch haben die Analytiker einen – heute weitgehend objektivierten – Gewinnbegriff entwickelt, der über die Jahre hinweg und von einem zum anderen Unternehmen vergleichbar ist, das sog. → *DVFA-Ergebnis*. Das so ermittelte „Ergebnis pro Aktie" drückt aus, welcher Gewinn auf die einzelne Aktie entfällt.

Eine wichtige Kennziffer zur Bewertung der Aktie ist auch das Kurs-Gewinn-Verhältnis, der → *Price Earnings Ratio*. Er besagt, mit dem Wievielfachen des Gewinns die Aktie bewertet ist, ob der Wert also hoch oder niedrig steht. Auch aus der Dividende können gewisse Schlüsse auf den Kurs der Aktie gezogen werden. Eine weitere wichtige Kennzahl wird durch den → *Cash Flow* ermittelt. Er spiegelt die Finanzkraft des Unternehmens wider und gibt an, welche laufenden Geldreserven dem Unternehmen zur Verfügung stehen.

Natürlich ergeben sich auch aus der Analyse der Bilanz wichtige Anhaltspunkte für die Bonität der Gesellschaft. Hoher Eigenkapitalanteil und hohe Rücklagen lassen auf einen hohen Kurswert der Aktie schließen. Eine gute Liquiditätssituation erlaubt der Firma die Nutzung besonderer Marktchancen.

Bilanz und Gewinn- und Verlustrechnung allein weisen aber zu wenig in die Zukunft. Damit kann sich der Analytiker nicht begnügen. Branchensituation und Produktpalette sind zu beurteilen. Die daraus zu erwartende Entwicklung ist einzuschätzen. Mit welchen Marktschwierigkeiten muß das Unternehmen gegebenenfalls fertigwerden, wie fähig ist das Management, wie sind die Produkte eingeführt, was ist von der Unternehmenspolitik zu erwarten, welche Beteiligungen bestehen, wie sind die Exportchancen und Währungseinflüsse zu beurteilen, Rohstoffabhängigkeit, und vieles andere mehr.

Während die Fundamentalanalyse die traditionelle Lehre verkörpert, ist die **Charttechnik** jüngeren Datums. Auch ist diese technisch-mathematische Analyse nach wie vor umstritten, wenn sie sich auch bei uns und in aller Welt immer mehr durchgesetzt hat. Sie bedient sich geometrisch-grafischer Darstellungen, der sog. Charts. In einem Koordinatensystem werden Kursverläufe sichtbar gemacht, häufig im Linien- oder Balkendiagramm mit logarithmischer Skala. Die Kurve macht die Kursentwicklung eines Aktienwertes über einen längeren Zeitraum sichtbar. Dabei werden nicht immer alle Kurse fortlaufend eingetragen, sondern nur größere Ausschläge. Am Fuß des Diagramms erscheint oft auch noch der Börsenumsatz des Papiers.

Aus dem Verlauf des Charts werden gewisse Gesetzmäßigkeiten abgeleitet. Es werden Durchschnitte und Trends berechnet und ebenfalls in Linien verdeutlicht. Die Vergangenheit eines Börsenwertes wird auf diese Weise auf einen Blick erfaßt. Gleitende Kursdurchschnitte, z. B. die 200-Tage-Linie, werden dargestellt und in die Zukunft fortgedacht und -gezeichnet. Kursformationen werden gedeutet und daraus eine Prognose abgeleitet. Es werden untere und obere Widerstandslinien eingefügt und damit die Begrenzung des „normalen" Kursverlaufs markiert. Der Chartist vermutet, daß die Kurse an diesen Grenzlinien einen gewissen Widerstand zeigen und eher wieder auf die kanalisierte „Normallage" zurückpendeln. Bricht dann die Kursentwicklung über diese Widerstandsmarke aus, dann entsteht eine neue Lage, eine Trendwende, und der Kurs kann die jetzt eingeschlagene Richtung quasi unbehindert fortsetzen.

Auf diese Weise werden typische Kursformationen gedeutet (Kopf-Schulter-Formation). Unterbrechungen werden durch Keile, Wimpel und Kästchen gekennzeichnet. Die Advance-Decline-Linie spiegelt die Tendenz in verstärkter Form. Das bedeutet, je mehr Aktien gegen die Tendenz steigen, um so steiler zeigt diese Linie nach oben. Das Ausmaß der Kursbewegung wird nicht berücksichtigt. Die Methode der relativen Stärke ermittelt die Werte, die sich im Verhältnis zum Gesamtindex überdurchschnittlich verändern. Sie ist also nicht auf einen Börsenwert beschränkt.

Die Charttechnik unterstellt nicht nur gewisse typische Wiederholungen und Verläufe, sie stützt sich auch stark auf das Verhalten der Anleger. Die Gleichgerichtetheit der Publikumsreaktionen auf bestimmte Kursverläufe hin wird gleichsam unterstellt. Je mehr Anleger sich also auf die Charttechnik verlassen, um so ausgeprägter entsprechen die Kursverläufe der Prognose des Chartisten.

Heute beeinflußt eine Vielzahl von chartgesteuerten, kursverlaufinduzierten Computerprogrammen das Börsengeschehen. Die Charttechnik, die man anfangs belächelt hat, ist aus dem Börsensaal nicht mehr wegzudenken.

Ebenso hat die charttechnische Betrachtung längst auch an den → *Devisenmärkten* Einzug gehalten.

Aktienfonds → *Investmentfonds*

Aktiengesellschaft

abgekürzt AG, ist eine privatwirtschaftliche Kapitalgesellschaft, deren Gesellschafter, die Aktionäre, nur bis zur Höhe ihrer Kapitalanteile (→ *Aktien*) für die Verbindlichkeiten der Gesellschaft haften. Das bedeutet, die Haftung des Aktionärs ist auf seinen Aktienanteil beschränkt.

Das Kapital der AG wird aus den Aktien gebildet. Jeder kann Aktien kaufen. Dazu bedarf es – außer bei vinkulierten Namensaktien (→ *Namenspapiere*) – keiner Zustimmung. Der Kauf findet über die → *Börse* statt, vermittelt durch ein Kreditinstitut. Mit dem Kauf eines Anteils (Aktie) werden Sie Aktionär dieser Gesellschaft. Sie sind dann zwar Miteigentümer „Ihrer" AG, bleiben aber anonym.

Als Aktionär haben Sie bestimmte Rechte, die Sie als Kleinaktionär praktisch nur in der → *Hauptversammlung* ausüben können: Stimmrechte, Mitspracherechte und Antragsrechte (→ *Minderheitsaktionär*).

Das Recht der AG ist im Aktiengesetz niedergelegt. Die AG hat einen **Vorstand** und einen **Aufsichtsrat**. Das dritte Organ bildet die **Hauptversammlung**, die Versammlung der Aktionäre. Die Aktionärsversammlung und die Belegschaft wählen den Aufsichtsrat. Dieser bestimmt und kontrolliert den Vorstand, der seinerseits die Geschäfte der AG führt. Zu besonders wichtigen unternehmerischen Entscheidungen benötigt der Vorstand die Zustimmung des Aufsichtsrats. Der Rahmen hierfür – wie auch so manches andere – ist in der **Satzung** festgelegt.

Die AG ist börsenfähig. Sie kann nicht nur **Aktien** ausgeben, sondern sie kann auch → *Anleihen* emittieren. Sie muß zu diesem Zweck die → *Zulassung* zur Börse beantragen. Diese Zulassung ist an strenge Bedingungen geknüpft, um den weitgehend außenstehenden Aktionär vor Schaden zu bewahren. Der Aktionär kann also auf die eingespielten Regeln und die gesetzlichen Vorschriften vertrauen.

Da aber auch die Gründung einer AG mit erheblichen Auflagen und Kosten verbunden ist, wird diese Rechtsform nur von großen Unternehmen gewählt. Außerdem unterliegt die AG strengen Publizitätsvorschriften. Sie muß jährlich eine Bilanz und Gewinn- und Verlustrechnung veröffentlichen und andere wichtige Veränderungen öffentlich bekanntmachen. Das strenge Recht der AG gewährleistet dem Aktionär weitreichende Information und Entscheidungsfreiheit.

Aktienindex

Kursindex, Aktienkursindex, ist der Durchschnitt mehrerer Aktienkurse zu einem bestimmten Zeitpunkt. Der Aktienindex entsteht dadurch, daß man zunächst bestimmte Aktienwerte nach verschiedenen Kriterien auswählt. Sodann erfaßt man deren Kurse. Dieses Niveau – also die Summe aller Kurse geteilt durch die Anzahl der erfaßten Papiere – setzt man = 100. Anschließend werden dann jeweils zu bestimmten Zeiten die neuen (veränderten) Kurse ermittelt und die prozentuale Abweichung vom Stand 100 errechnet.

Ein Aktienindex kann die → *Aktien* bestimmter Wirtschaftsbereiche und bestimmter Länder enthalten. Er kann sich aus vielen oder wenigen Aktien zusammensetzen. Bekannte Indices sind der Aktienindex des Statistischen Bundesamtes, der FAZ-Index, der Commerzbank-Index, der Index der Börsenzeitung sowie der „Deutsche Aktienindex" (DAX) der Frankfurter Wertpapierbörse. Der DAX wird nicht nur einmal täglich, sondern während der Börsenzeit laufend aus 30 wichtigen deutschen Aktien berechnet; er hat zum 1. 7. 1988 den „Kiss" abgelöst.

Auch bekannte Indices im Ausland können fortlaufend abgefragt werden, so z. B. der bekannteste, der Dow Jones-Index der New Yorker Börse, der Standard & Poors 500, der Dow Jones Tokio usw. Der Dow Jones-Index existiert sogar in verschiedenen Zusammensetzungen. Zu weiteren bekannten Indices zählen der Nikkei-Index der Tokioter Börse und der Hang-Seng-Index von Hongkong.

Aktionär → *Aktiengesellschaft*, → *Aktien*

Aktionärsvereinigung

Sie ist das Organ zur Vertretung von Aktionärsanliegen. Aktionäre können die Aktionärsvereinigung mit der Wahrnehmung ihrer Interessen beauftragen. Dies geschieht meist durch eine Mitgliedschaft in Vereinen. Der Aktionär kann den Verein gleichzeitig bevollmächtigen, seine Rechte in → *Hauptversammlungen*, in Prozessen, in öffentlichen Anhörungen usw. wahrzunehmen. Hauptaktionsfeld der Aktionärsvereinigung sind die Hauptversammlungen.

Eine Aktionärsvereinigung vertritt insbesondere die Interessen der Kleinaktionäre. Bekannteste Aktionärsvereinigung ist die Deutsche Schutzvereinigung für Wertpapierbesitz eV in Düsseldorf.

AKV → *Auslandskassenverein*

Alte Aktien → *Aktien*

American Depository Receipts, kurz ADR's

Das sind Anrechtscheine auf eine → *Aktie*; es sind Aktienzertifikate, nicht die Aktie selbst. Solche Anteilscheine werden ausgegeben, um die Aktie eines Landes im Ausland in dessen Landeswährung handelbar zu machen, ohne die Aktie selbst dabei physisch ins Ausland zu bringen. Man erwirbt auf diese Weise gleichsam die Aktien eines anderen Landes ohne Umstände, ohne zusätzliche Gebühren und ohne lange Verrechnungswege und Lagerungsprobleme.

Amtlicher Markt

ist der Teil der → *Börse*, an dem Wertpapiere amtlich, also unter strenger Aufsicht gehandelt werden. Der amtliche Handel an der Börse umfaßt inländische und ausländische → *Aktien* und → *festverzinsliche Wertpapiere*.

Vom amtlichen Markt zu unterscheiden ist der nicht-amtliche Markt. Darunter versteht man zum einen den → *Geregelten Markt*, der ebenfalls nach strengen Gesetzen abläuft, und zum anderen den → *Freiverkehr* einschließlich Telefonverkehr, der weniger stark kontrolliert wird.

Im amtlichen Markt wird bei uns nur **„zur Kasse"** gehandelt, d. h. die Geschäfte sind sofort (in ein bis zwei Tagen) zu beliefern. Einen Terminhandel gibt es bei uns (noch) nicht. Der bei uns im Bereich der → *Termingeschäfte* einzig und allein zugelassene Optionshandel (→ *Optionsgeschäfte*) findet im → *Freiverkehr* statt.

Dies bietet für den Anleger insofern die höchstmögliche Sicherheit, als zu diesem Markt nur die besten, größten, die bekanntesten und sichersten → *Aktiengesellschaften* zugelassen werden. Bevor die Aktien dieser Gesellschaften amtlich gehandelt werden können, sind sehr weitgehende Anforderungen an Bonität und Publizität zu erfüllen (→ *Zulassung* zur Börse).

Der amtliche Handel wird von Kursmaklern bestritten, die die einzelnen Börsengeschäfte, also den Kauf und Verkauf von Wertpapieren, zwischen den Händlern vermitteln.

Die → *Kursbildung* und Kursfeststellung läuft ebenfalls nach strengen Regeln ab. In der ersten Börsenstunde finden nur laufende, **variable Notierungen** statt, d. h. hier können nur Geschäfte mit 50 Stück Aktien oder ein Vielfaches davon gehandelt werden. Laufende, variable Kurse werden aber nur von den großen Publikumsgesellschaften ermittelt.

Nach einer Stunde stellt dann der Makler die sog. → *Einheitskurse* oder Kassakurse fest. Dies bedeutet, daß jetzt auch alle die kleineren Geschäfte abgewickelt werden, für die es zum variablen Handel nicht gereicht hat. Der **Einheitskurs** ist ein einheitlicher Kurs am Börsentag, zu dem dann alle Käufe und Verkäufe unter 50 Stück in diesem Papier ausgeführt werden. Dies gilt aber nur, wenn ein Kurs „bezahlt" worden ist. „Bezahlt" ist ein Kurs dann, wenn es sowohl Käufer als auch Verkäufer in diesem Papier gegeben hat. Dieser „Bezahltkurs" ist dann auch aus dem Kurszettel ersichtlich.

Im amtlichen Handel herrscht nun die Besonderheit, daß Sie bei solchen „Bezahltkursen" Anspruch auf Ausführung Ihres Börsenauftrags (→ *Order*) haben. Es sei denn, dem steht ein von Ihnen erteiltes → *Limit* entgegen; Ihr Limit wurde dann im Kurs nicht erreicht. Diesen Anspruch auf Auftragsausführung haben Sie nur im amtlichen Handel und im → *Geregelten Markt*. Die Regelung dazu ist in den Allgemeinen Geschäftsbedingungen der Kreditinstitute festgeschrieben.

Der amtliche Markt ist im Börsengesetz, im Börsenzulassungsgesetz und in der Börsenordnung geregelt. Weitere Ausführungsbestimmungen finden Sie in den Bedingungen für den amtlichen Handel an der Börse, den sog. Börsenusancen, niedergelegt. Sie können sich also darauf verlassen, daß mit Ihren Aufträgen sehr sorgfältig umgegangen wird.

Dies bezieht sich sowohl auf Aktien wie auf Rentenwerte. Im amtlichen Handel gilt für den Käufer wie für den Verkäufer derselbe Kurs. Alle amtlich festgestellten Kurse werden im amtlichen Kursblatt bekanntgegeben. Sie können also jeden Kurs nachprüfen.

Anlageberatung

Dies ist eine im Laufe der Jahre stark ausgebaute, sich auf viele Bereiche der Geldanlage erstreckende Dienstleistung der Kreditinstitute und Brokerhäuser. In diesem Bereich sind aber auch gewerbliche Finanz- und Vermögensberater gegen Honorar tätig.

Während die Beratung bei Sparkassen und Banken jeweils durchweg einem mehr oder weniger guten Standard entspricht, ist die gewerbliche Vermögensberatung gegen Geld sehr unterschiedlich zu beurteilen.

Anlageberatung

Tip

Bevor Sie sich also einem gewerblichen Berater gegen entsprechende Vergütung anvertrauen, sollten Sie sich seine Fähigkeiten von Dritten bestätigen oder durch andere Belege, Ausbildungszeugnisse u. ä. nachweisen lassen. Dies gilt vor allem dann, wenn diese Berater auf Sie zukommen und nicht Sie selbst die Initiative zum Gespräch ergreifen. Hier ist schon manch einer hereingefallen, der im Vertrauen auf die Zusicherungen des Beraters sein Geld in unsichere Projekte gesteckt hat.

Es gilt strikt folgende Reihenfolge:

- zuerst den Berater testen und sich Klarheit über seine Kenntnisse verschaffen,

- dann die vorgeschlagenen Geldanlagen prüfen bzw. von einem dritten Sachverständigen begutachten lassen

- und erst dann die Taschen öffnen.

Im allgemeinen können Sie aber heute alle gängigen Beratungsleistungen von der Bank erhalten. Die Bank berät Sie über Kontoanlagen, Wertpapiere aller Art, über Anleihen, Aktien, Optionen, Termingeschäfte, Währungsrisiken und Kurssicherungen, Berlin-Darlehen, Immobilienfonds, Edelmetalle, die Anlage Ihrer vermögenswirksamen Leistungen, Lebensversicherungen und die Geldanlage auf den ausländischen Geld- und Kapitalmärkten. Natürlich übernehmen große Banken auch die → *Vermögensverwaltung*. Nicht bewandert ist die Bank im allgemeinen auf dem Sektor der in- und ausländischen Immobilien (von Ausnahmen abgesehen), der Kunstgegenstände, der Edelsteine, der Antiquitäten und anderer Sachanlagen. Bei sehr vielen Kreditinstituten fehlen auch Versicherungsfachleute.

Trotz eines gewissen Standards ist die Anlageberatung im Kreditgewerbe unterschiedlich qualifiziert. Bei den großen Privatbanken werden Sie im allgemeinen die beste Betreuung erfahren. Sparkassen und Volksbanken, vor allem wenn es sich nicht um die Zentralstellen handelt, sind hier häufig weniger breit angelegt. Einige Kreditinstitute sind besonders auf die Anlage- und Vermögensberatung spezialisiert, so insbesondere Privatbankhäuser; von ihnen werden allerdings oft gewisse Mindestkapitalien erwartet. Es gibt dagegen andere Institute, die sich mit Privatanlagen und Wertpapieren weniger befassen. Hier gilt es, die geeigneten Partner herauszufinden. Große Privatbanken verfügen meist auch über eigene Analyse- und Researchabteilungen. Ihre Beratungen stützen sich auf die Resultate dieser Stabsabteilungen. Hier erfahren Sie auch die am weitesten entwickelte Computerunterstützung.

Intensive Beratung wird Ihnen auch bei ausländischen Kreditinstituten und Brokerhäusern zuteil. → *Broker* sind auf die Geld- und Wertpapieranlage spezialisiert. Am meisten erfahren Sie über solche Länder und Werte, in denen die Gesellschaft beheimatet ist. Ein kanadischer Broker wird Sie am besten über kanadische Werte, ein japanischer am besten über Japanwerte aufklären können. Auch werden Sie gerade von Brokern laufend mit Informationen und Material versorgt.

Den großen inländischen Kreditinstituten kommt jedoch auch zugute, daß sie meist über zahlreiche Stützpunkte im Ausland verfügen. Sie kennen sich nicht nur in diesen Ländern gut aus, es bietet sich Ihnen auch die Möglichkeit, Ihr Geld direkt dort anzulegen und Konten im Ausland zu führen.

Bei Kreditinstituten ist die Beratung umsonst. Dafür sind die Empfehlungen aber auch in der Regel auf das beratende Institut hin orientiert. Jedes Institut bietet zuerst einmal seine eigenen Produkte an. Sie können dann also nicht sicher sein, ob es sich hierbei nun gerade um die bestmögliche Anlage handelt.

Tip

Das beste ist, Sie stehen mit mehreren Geldinstituten in Verbindung und können die verschiedenen Angebote miteinander vergleichen. Es kann auch nichts schaden, wenn die eine Bank von der anderen weiß, und es bekannt ist, daß Sie mehrere Konten unterhalten und mehrere Informanten konsultieren.

Bei aller objektiven Anlageberatung erscheint es dennoch wichtig, daß Sie auch in der Lage sind, sich Ihr eigenes Urteil zu bilden. Sie sollten sich also gleichzeitig aus Zeitungen, Zeitschriften und Informationsdiensten wie dem vorliegenden Werk informieren.

Noch ein Wort zur **Haftung** des Beraters für schlechte oder falsche Beratung: Die Verantwortung des Beraters für seine Empfehlungen und Tips reicht um so weiter, je unwissender der Beratene einzustufen ist, und wenn zu erkennen ist, daß der Beratene sich auf die ihm erteilten Ratschläge verläßt. Der Berater muß vor allen Dingen auch auf lauernde Risiken hinweisen.

Es haftet im Ernstfall die Bank für ihre Angestellten, wenn falsch beraten wurde. Allerdings muß ein Verschulden vorliegen. Diese Haftung kann die Bank in ihren Allgemeinen Geschäftsbedingungen weder ausschließen noch generell auf grobes Verschulden begrenzen. Es kann aber auch grobe Fahrlässigkeit bereits darin liegen, daß sich ein Berater nicht ausreichend informiert, bevor er (falsche) Informationen weitergibt. Es kommt auf den Einzelfall an, und hier kann die Bank sehr wohl auch bei leichter Sorgfaltspflichtverletzung haften, wenn der Kunde sich erkennbar auf die Beratung verläßt.

Die neueste Rechtsprechung hat sich mehr und mehr auf die Seite des anlagesuchenden Bankkunden gestellt. Macht z. B. ein Anlageinteressent im Beratungsgespräch der Bank oder Sparkasse gegenüber deutlich, daß er deren Kenntnisse und Verbindungen für seine Anlageentscheidung in Anspruch

Anlageberatung

nehmen will, und geht das Institut darauf ein, dann kommt ein Auskunfts- oder sogar Beratungsvertrag zustande. Das Kreditinstitut haftet sodann für jegliches Verhandlungsverschulden, und zwar auch dann, wenn die Bank/Sparkasse die Anlage, z. B. eine Kommanditbeteiligung, nur vermittelt. Ein Verschulden ist z. B. bereits dann gegeben, wenn ein „bankgeprüfter" Prospekt unrichtig und unvollständig ist und das vermittelnde Institut diese Mängel bei näherer Prüfung hätte erkennen müssen. Der Kunde vertraut ja auf die Richtigkeit des Prospekts, weil die Bank/Sparkasse diesen übergibt, selbst wenn sie die Anlage nicht ausdrücklich empfiehlt.

Durch eine Ergänzung im Strafgesetzbuch wird es auch regelrechten Anlagebetrügern schwerer gemacht. Sie müssen heute mit hohen Geld- und Gefängnisstrafen bis zu drei Jahren rechnen. Strafbar ist nach dem Börsengesetz jetzt sogar die gewerbsmäßige Ausnutzung der Unerfahrenheit von Anlegern in Börsengeschäften, selbst wenn keine Gewinnabsicht dabei vorliegt.

Anleihen

Sie werden auch als Obligationen bezeichnet; landläufiger Sammelbegriff für alle festverzinslichen, variabel verzinslichen und „unverzinslichen", weil abgezinsten Wertpapiere; wegen der meist regelmäßigen Zinszahlungen oft auch „Renten" oder „Rentenwerte" genannt.

Anleihen sind langfristige Kreditaufnahmen emissionsfähiger Schuldner am → *Kapitalmarkt*. Sie sind verbrieft oder unverbrieft. Sie laufen im allgemeinen über einen im voraus festgelegten Zeitraum und werden am Ende, bei Fälligkeit, zurückgezahlt (eingelöst, getilgt). Im Ausland gibt es aber auch „ewige Anleihen".

Anleihen können vor der eigentlichen Endfälligkeit kündbar sein, oder aber die vorzeitige Kündigung ist ausgeschlossen.

Über die Anleihe wird im Prinzip eine **Urkunde**, eine → *Schuldverschreibung*, ausgestellt. Diese besteht dann aus zwei Teilen, dem Mantel und dem Bogen. Der Bogen ist der Abschnitt, der die Kupons enthält (→ *Wertpapiere*). Es gibt aber auch Anleihen, z. B. des Bundes, die als „Schuldbuchforderungen" lediglich in ein Schuldregister (Schuldbuch) eingetragen werden, sog. **Wertrechtsanleihen**. Über sie werden keine Urkunden ausgedruckt. Ein Handel mit Wertrechtsanleihen findet ausschließlich auf dem Buchungsweg über die Kassenvereine statt. Heute werden im Inland aus Kostengründen kaum noch Anleihen in Urkunden verbrieft, außer z. B. bei → *DM-Auslandsanleihen*, → *Optionsanleihen* und → *Wandelanleihen*.

Die kleinste Einheit der Anleihe ist meist 100 DM nominal. Von manchen Anleihen können Sie aber nur Einzelstücke von 1 000 DM, 5 000 DM oder 10 000 DM kaufen. Anleihen können entweder aus einer Zeichnung oder über die → *Börse* erworben werden. Aus der Zeichnung (→ *Zeichnen*) beziehen Sie die Anleihen als Ersterwerb und zu Emissionsbedingungen (→ *Emission*). Hierzu geben Sie Ihrer Bank einen Zeichnungsauftrag. Ersterwerb bedeutet, Sie zahlen weder Bankprovision noch → *Börsenumsatzsteuer*. Als Kaufpreis wird Ihnen der vom Konsortium festgelegte Emissionskurs abgerechnet.

Zunächst sind mit Anleihen alle festverzinslichen, börsennotierten Wertpapiere gemeint, also Bundesanleihen, → *Bundesobligationen*, Bahn-, Post- und andere öffentliche Anleihen, → *Pfandbriefe*, auch Hypothekenpfandbriefe oder Schiffspfandbriefe genannt, → *Kommunalobligationen*, Industrieanleihen und → *DM-Auslandsanleihen*. Dann kommen hinzu Bankschuldverschreibungen, Teilschuldverschreibungen und Sparobligationen. Es folgen → *Wandelanleihen* und → *Optionsanleihen* unter dem Sammelbegriff Wandelschuldverschreibungen. Des weiteren sind zu erfassen die Währungsanleihen. Das sind Anleihen in fremder Währung wie Dollar, Pfund usw.

Alle genannten Papiere tragen feste Zinsen, die sich bis zur Fälligkeit nicht verändern können. Auch werden die Zinsen regelmäßig zu festen Stichtagen ausgeschüttet. Früher war es üblich, zweimal im Jahr Zinsen zu vergüten, z. B. im Januar und Juli (J/J) oder im April und Oktober (A/O). Heute ist man weitgehend auf jährliche Zinszahlung übergegangen. Die Zinsausschüttung erfolgt bei Verbriefung gegen Einreichung eines → *Kupons*.

Eine weitere Kategorie der Anleihen trägt zwar im voraus festgelegte, aber im Lauf der Jahre steigende Zinsen. Hier handelt es sich hauptsächlich um die → *Bundesschatzbriefe*.

Sodann sind solche Anleihen zu nennen, bei denen Sie die Zinsen, obwohl sie entweder pro Jahr oder für die Laufzeit insgesamt feststehen, nicht regelmäßig gutgeschrieben erhalten. Dies ist der Fall bei → *Bundesschatzbriefen* Typ B, bei → *Finanzierungs-Schätzen*, bei → *ab- und aufgezinsten Wertpapieren*, z. B. Sparbriefen und → *Zero-Bonds*. Hier bekommen Sie Ihre Zinsgutschrift erst beim Verkauf der Wertpapiere oder bei deren Einlösung am Ende der Laufzeit. Während des Besitzes der Papiere laufen die Zinsen auf. Sie werden praktisch beim Wertpapierschuldner für Sie gesammelt.

Bei festverzinslichen wie auch bei „unverzinslichen" Anleihen liegt der anfängliche effektive Zins nur für den fest, der die Papiere bis zur Endfälligkeit behält. Jeder kann sich also die jährliche Rendite anhand der Emissionsbedingungen selbst ausrechnen. Kaufen Sie aber später an der Börse eine bereits eingeführte Anleihe, dann können die Bedingungen für die Verzinsung jetzt ganz andere sein. Zwar hat sich nicht der Nominalzins geändert, doch kann der Kaufpreis nun höher oder niedriger liegen. Und der geht ja bekanntlich mit in die Verzinsung des Papiers einher (→ *Effektivzins*). Dies gilt prinzipiell auch für „Zeros".

Schließlich gibt es auch solche Anleihen, bei denen die Zinsen zwar zu festen Terminen, meist zweimal im Jahr, gezahlt werden, bei denen aber ihre Höhe

Anleihen

nicht für die gesamte Laufzeit im voraus festgelegt ist. Das sind Anleihen mit variablem Zins oder → *Floating Rate Notes*. Ihre Zinsausstattung, die meist halbjährlich wechselt, hängt auch nicht von den Verhältnissen am → *Kapitalmarkt*, sondern vom → *Geldmarkt* ab.

Um das Bild abzurunden, sind noch solche Anleihen zu erwähnen, die zwar in der Währung des Emissionslandes ausgegeben werden und mit festen Zinsen dieser Währung versehen sind, die aber in einer anderen als der Emissionswährung zurückgezahlt werden. Gemeint sind die sog. → *Doppelwährungsanleihen*.

Wenn man nun noch den Bereich der → *Optionsanleihen* mit **Zins-** und **Währungs**swapmöglichkeiten sowie mit Tauschmöglichkeiten in **Gold** hinzunimmt, bei denen man entsprechende Umtauschrechte in andere verzinsliche Anleihen, in andere Währungen bzw. in Gold (zu jeweils festgelegten Relationen und Preisen) mit der Anleihe einkauft, dann dürfte dem Betrachter klar werden, welch verwirrende Vielfalt an Anleihen zur Auswahl steht.

Anleihen sind bewegliche Anlagen. Sie können börsentäglich über die Börse oder außerbörslich gekauft und verkauft werden, vorausgesetzt, es findet sich ein Geschäftspartner. Bekannte Anleihen, so vor allem Bundespapiere, haben aber einen so breiten Markt, daß täglich größere Summen in jedem Papier umgesetzt werden können.

Allerdings geschieht dies nicht ohne Kursschwankungen. Denn bei Anleihen erfolgt die → *Kursbildung* ähnlich wie bei → *Aktien*, nur mit dem Unterschied, daß bei Anleihen die Kursschwankungen längst nicht so extrem ausfallen können wie bei Aktien. Kursveränderungen ergeben sich vor allem dann, wenn die Zinsen hinauf- oder hinuntergehen. Steigen die Zinsen, dann fallen die Kurse, und zwar um so stärker, je länger die Papiere bis zu ihrer Fälligkeit noch laufen. Sinkt das Zinsniveau, dann steigen die Kurse um so kräftiger, je länger Sie sich die nun über dem Markt liegenden Zinsen Ihrer Papiere sichern konnten. Je länger die Laufzeit einer Anleihe, um so größer wird das Kursrisiko. Deshalb sollten Sie bei hohen Zinsen – etwa 10% und mehr – Anleihen mit langen Laufzeiten als Anlage wählen. Und bei niedrigen Zinsen – z. B. 5% oder 6% – kurze Laufzeiten bevorzugen.

Da Anleihen stets zu 100% – oder etwas darüber – eingelöst und zurückgezahlt werden, tendiert ihr Kurs zum Ende ihrer Laufzeit hin immer in Richtung 100%. Anders betrachtet: Je weiter der Nominalzins der Anleihe vom Zinsniveau des Marktes entfernt ist, um so mehr weicht ihr Börsenkurs von 100% ab. Wenn Sie diese beiden Einflußfaktoren, nämlich Marktzins und Laufzeit, miteinander kombinieren, dann haben Sie im Prinzip die Gesetzmäßigkeiten der **Kursbildung**. Kursschwankungen durch Angebot und Nachfrage, durch → *Kurspflege* sowie durch Bonitätsveränderungen des Schuldners kommen zwar hinzu, sind aber in der Regel ohne größeren Einfluß.

Die Kurse von Anleihen können natürlich wesentlich stärker fallen, wenn die Sicherheit einer Anlage gefährdet erscheint. Dies ist zeitweise bei DM-Auslandsanleihen schwacher Staaten geschehen, so z. B. bei Iran, Mexiko, Argentinien u. a. In der Nachkriegszeit haben wir es aber an unseren Börsen bisher nicht erlebt, daß Anleihen irgendeines schwachen ausländischen Schuldners nicht mehr bedient worden wären. Gehen indessen Firmen pleite, dann fallen auch deren Anleihen aus. Industrieanleihen sind heute namentlich in Form von Optionsanleihen am Markt.

Anleihen haben ganz überwiegend eine feste Laufzeit. Sie werden heute meist nach fünf bis zehn Jahren getilgt, sowohl Inlands- wie Auslandsanleihen. Die hauptsächliche Art, eine Anleihe zurückzuzahlen, ist die **Tilgung** in einer Summe am Ende der Laufzeit. Es gibt aber solche, die mit einem Kündigungsrecht ausgestattet sind. Dies kommt häufig bei → *DM-Auslandsanleihen* vor. Hierauf müssen Sie achten. Denn eine vorzeitige Kündigung kann Ihnen Ärger bringen, wenn Sie darauf nicht vorbereitet sind. Dies gilt besonders dann, wenn Sie die Papiere selbst verwahren. Verpassen Sie den Kündigungstermin, dann verlieren Sie wertvolle Zinsen. Denn die Verzinsung der Anleihen endet mit der Kündigung und Fälligkeit.

Eine **Kündigung** ist häufig drei bis fünf Jahre vor der Endfälligkeit der Anleihe möglich. Oft wird nach den Anleihebedingungen dann ein über 100% liegender Rückzahlungskurs angeboten, der je nach Vorfälligkeit gestaffelt sein kann.

Allerdings ist zu berücksichtigen, daß bei Kündigungsanleihen die Kursverhältnisse anders sind als bei Anleihen ohne Kündigungsklausel. Die drohende Kündigung drängt den Kurs in Richtung 100. Bei Kursen über 100% können Sie hier also oft einen höheren → *Effektivzins* erzielen als bei kündigungsfreien Anleihen. Das müssen Sie dabei auch überlegen.

Es gibt des weiteren Anleihen, die nach den Anleihebedingungen in Teilabschnitten getilgt werden. Die ratenweise Tilgung findet durch **Auslosung** statt. Die rückzahlbaren Seriennummern und -buchstaben der Anleihen werden zur sog. Ziehung ausgelost.

Am Tag nach der Auslosung notiert die Anleihe „ex Ziehung". So wird darauf hingewiesen, daß die diesjährige Auslosung bereits stattgefunden hat, also keine unmittelbare Chance eines Kursgewinns bevorsteht.

Anteilscheine → *Investmentfonds*

Arbeitnehmer-Sparzulage → *Vermögensbildung*

Aufgeld → *Agio*

Aufgezinste Wertpapiere → *Abgezinste Wertpapiere*

Ausgabepreis → *Investmentfonds*

Ausländische Wertpapiere

Darunter fallen alle → *Aktien,* → *Anleihen,* Investmentanteile (→ *Investmentfonds*) usw., die von ausländischen Unternehmen ausgegeben werden. Dabei ist es unwichtig, ob Sie die Papiere im Inland in D-Mark oder im Ausland in Währung erwerben.

Auch können diese Wertpapiere bei uns oder – wie oft üblich – im Ausland lagern. Inländer können sämtliche ausländischen Wertpapiere ohne Einschränkung kaufen, soweit nicht Bestimmungen des Auslands entgegenstehen. Ausländische Wertpapiere, die an deutschen Börsen notiert werden, sind dabei üblicherweise spesengünstiger zu bekommen als wenn die Papiere im Ausland gekauft werden müssen. Auch ist das Abrechnungssystem bei inlandsnotierten Papieren wesentlich einfacher. Bisweilen wird eine Inlandsnotiz auch durch die Ausgabe von Aktienzertifikaten, sog. → *American Depository Receipts (ADR's)* erreicht. Dann haben Sie die Wahl, entweder die ausländische Aktie direkt oder die ADR's in Deutschland zu kaufen.

Beim Erwerb ausländischer Wertpapiere müssen Sie als erstes an das **Währungsrisiko** denken. Sie begeben sich beim Kauf von → *Währungsanleihen* und beim Kauf sämtlicher ausländischer Aktien in die Abhängigkeit der Währung des betreffenden Landes.

Dies gilt auch dann, wenn Sie die Wertpapiere in Deutschland kaufen. Denn auch die bei uns notierte IBM-Aktie z. B. stellt stets die Umrechnung der US-$-Notierung dar. Fällt also der Dollar, ohne daß sich der Kurs der IBM-Aktie in New York verändert, dann sinkt der Kurs von IBM bei uns trotzdem. Steigt der Dollar gegenüber der DM, so steigen auch die Kurse aller bei uns notierten US-Aktien.

In gleicher Weise begeben Sie sich auch in das Risiko jeder anderen Währung, so z. B. auch des südafrikanischen Rand, wenn Sie südafrikanische Goldminenaktien kaufen, die in New York in US-Dollar notiert werden. Dies gilt auch dann, wenn Sie im Besitz der bei uns in D-Mark gehandelten ADR's dieser Goldminenwerte sind.

Wenn Sie an der Frankfurter Börse spanische Aktien in D-Mark erstehen, kaufen Sie die spanische Pesete gleichsam mit. Erwerben Sie DM-notierte japanische Titel in Frankfurt, dann engagieren Sie sich im Yen. Kaufen Sie Fisons in Frankfurt, beteiligen Sie sich am englischen Pfund. Kaufen Sie Fiat an der Frankfurter Börse, dann machen Sie sich von der Entwicklung der italieni-

Ausländische Wertpapiere

schen Lira abhängig. Geben Sie sich also nicht der Illusion hin, Sie seien dem Währungsrisiko entronnen, wenn die ausländischen Titel in DM umgetauscht worden sind. Die DM-Notierung ist nur eine Ableitung, ein Ableger von der Ursprungsaktie.

Legen Sie Ihr Geld in ECU, z. B. in → *ECU-Anleihen* an, dann treffen Sie in bezug auf das Währungsrisiko auf einen „Mischtyp". Sie tragen überwiegend ein Wechselkursrisiko, nämlich zu ⅔, denn ⅓ der ECU ist ja die D-Mark selbst.

Die einzige Ausnahme, bei der Sie das Währungsrisiko wirklich ausschließen, bilden die → *DM-Auslandsanleihen*. Hier kaufen Sie DM, besitzen DM und erhalten schließlich DM zurück, ohne daß hierin eine andere, eine ausländische Bezugsgröße verwickelt wäre.

Tip

Wenn Sie sich auf ausländische Wertpapiere einlassen, dann sollten Sie auch an die Kosten denken. Zu den → *Spesen* der vermittelnden inländischen Bank kommen die Kosten des ausländischen Instituts (fremde Spesen) und bei Auslandsaktien häufig eine AKV-Gebühr.

Kaufen Sie die bei uns notierten Auslandspapiere in DM, dann umgehen Sie die ausländischen Spesen zwar nicht ganz, weil Sie den zusätzlichen Aufwand der Kreditinstitute im Kurs mitbezahlen, doch der Erwerb ist in der Regel billiger, als wenn Sie die Papiere im Ausland ordern müssen.

Zu berücksichtigen ist bei ausländischen Wertpapieren auch die **Depotgebühr**. Sie beträgt im allgemeinen das Fünffache der Gebühren für inländische Werte und ist insofern beachtlich. Diese laufende Belastung müssen Sie also von Ihrer Verzinsung abziehen. Bei uns emittierte → *DM-Auslandsanleihen* sind von der höheren Gebühr jedoch nicht betroffen.

Beim Erwerb ausländischer Wertpapiere ist aber auch auf die → *Quellensteuer* zu achten. Sie kann vom Ausland sowohl auf Aktien wie auf Rentenwerte erhoben werden, und sie beträgt nicht selten 20% bis 30% der Zins- und Dividendenerträge. Diese Steuer ist zwar ganz überwiegend bei der Ermittlung der inländischen Einkommensteuer anrechenbar, doch treten Sie zunächst einmal in Vorlage. Die Quellensteuer wird in anderen Ländern ganz unterschiedlich gehandhabt. Sie sollten sich vor dem Erwerb also jedesmal bei Ihrer Bank erkundigen, ob Sie und mit welchem Quellensteuerabzug Sie zu rechnen haben.

Im allgemeinen finden Sie bei den bekannteren Auslandswerten stets einen großen, ergiebigen Markt vor. Dennoch sollten Sie bei ausländischen Wertpapieren stets prüfen, ob Sie die Wertpapiere später auch jederzeit wieder verkaufen können.

Ausländische Wertpapiere

Es gibt vor allem bei Rentenwerten, bei Anleihen, Zero-Bonds und Privatplazierungen durchaus Titel, in denen kaum Umsätze stattfinden. Sie müssen dann unter Umständen Wochen warten, bis sich ein Käufer für Ihre Papiere findet. Auch sollten Sie solch weniger kurante Posten sowohl beim Kauf wie beim Verkauf mit einem → *Limit* versehen, um unangenehme Überraschungen zu vermeiden. Lieber warten Sie dann einige Zeit, bis der Geschäftspartner am Markt gefunden wurde, der zum Marktpreis abgibt bzw. der Ihnen beim Verkauf den echten Marktwert bezahlt.

Auslandskassenverein (AKV)

ist die zentrale Verwahrstelle für → *ausländische Wertpapiere* in Frankfurt. Beim Kauf und Verkauf von Wertpapieren werden die Bestände selbst nicht bewegt, sondern es wird per Liste oder Wertpapierscheck lediglich umgebucht.

Auslosung → *Anleihen*

Auszahlungsplan → *Sparpläne*, → *Investmentfonds*

B → *„Brief"*

b → *„bezahlt"*

Baby-Bonds → *Bonds*

Baisse

Kursverfall an der → *Börse*, durchweg von längerer Dauer; die Aktienkurse sinken nachhaltig auf breiter Front. Eine Baisse kann auch den Rentenmarkt erfassen. Der Baissier (engl. „Bear") spekuliert auf fallende Kurse. Er verkauft seine Papiere, und dies beschleunigt den Verfall. Die Stimmung ist „bearish". Gegensatz: → *Hausse*.

Bankenerlaß → *Bankgeheimnis*

Bankgeheimnis

Allgemein anerkannter, abgesicherter Begriff zur Schweigepflicht des Bankpersonals über Angelegenheiten der Bankkunden. Sie können im Verkehr mit der Bank darauf vertrauen, daß Ihre mit der Bank abgewickelten Geschäfte Dritten nicht bekannt werden. Das Bankgeheimnis ist in Deutschland zwar nicht gesetzlich verankert, wie in einigen anderen Ländern (Schweiz, Österreich, Luxemburg, Liechtenstein), doch ergeben sich einige behördlich abgesegnete Grundsätze und rechtliche Rahmenbedingungen, die der Wahrung des Bankgeheimnisses gegenüber jedermann Nachdruck verleihen.

Zunächst einmal: Die Bank selbst hat keinerlei Interesse daran, über Publizitätspflicht und Öffentlichkeitsarbeit hinaus interne Dinge preiszugeben. Die ihr auferlegte Geheimhaltungspflicht entspringt der Sorgfaltspflicht aus dem Bankvertrag und dem in der Präambel der Allgemeinen Geschäftsbedingungen der Kreditinstitute angesprochenen besonderen „Vertrauensverhältnis" zur Kundschaft.

Zudem hat das Bundesfinanzministerium in einem sog. **Bankenerlaß** Grundsätze festgelegt, wie sich die Steuerbehörden gegenüber Kreditinstituten verhalten sollen, wenn es darum geht, Vermögens- und Einkommensdaten von Kunden bzw. Steuerpflichtigen zu erforschen. Danach dürfen die Finanzbeamten bei normalen Steuerprüfungen keine Namen und Kontostände abschreiben. Sie können von den Banken keine laufenden Auflistungen verlangen. Indessen müssen die Kreditinstitute Auskünfte erteilen,

● wenn die Aufklärung eines Sachverhalts vom Steuerpflichtigen selbst nicht zu erhalten ist und

● wenn ein Steuerermittlungsverfahren anhängig ist.

Auskünfte können also vom Finanzamt nur gezielt im Einzelfall verlangt werden. Die Steuerfahndungsbefugnisse gehen allerdings teilweise über diese Linie hinaus.

Klar sind die Grenzen im Straf- und im Zivilprozeß gezogen. Im Strafprozeß müssen die Kreditinstitute immer Auskunft geben, im Zivilprozeß haben sie dagegen ein Zeugnisverweigerungsrecht.

Durchbrechungen des Bankgeheimnisses sind außerdem im gesamten kommerziellen **Auskunftswesen** der Kreditinstitute üblich. Dabei geht man davon aus, daß das Auskunftswesen dem Interesse der Kunden dient. Die Privatkundschaft ist davon weniger betroffen. Doch werden auch über Privatkonten Daten weitergegeben, sowohl auf Anfrage an andere Kreditinstitute, als auch an die

Bankgeheimnis

„Schufa", eine zentrale Auskunftsdatei des Kreditgewerbes. Geldanleger sind hiervon insofern betroffen, als Kontoeröffnungen der Schufa gemeldet und von dort die gespeicherten Daten durch die angeschlossenen Kreditinstitute abgefragt werden. Privatkredite (mit Konsumcharakter) bis zu 50 000 DM werden ebenfalls der Schufa bekanntgegeben, ebenso sog. negative Merkmale wie Zwangsvollstreckungsmaßnahmen, nicht zurückgezahlte Kredite u. ä. Im allgemeinen kann man davon ausgehen, daß ein → *Effektenlombardkredit* auf dem laufenden Konto (nicht Gehaltskonto) nicht gemeldet wird.

Eine für den Geldanleger wichtige Einschränkung des Bankgeheimnisses sind die sog. **Todesfallmeldungen**. Stirbt ein Bankkunde, so muß die Bank dem Finanzamt eine schriftliche Meldung einreichen. Darin sind Kontostände, Depotwerte und eventuell gemietete Safes angegeben. Werden also Vermögenswerte dem Fiskus vorenthalten, so erfahren die Behörden hiervon spätestens beim Ableben des Steuerbürgers. Der Inhalt von Schrankfächern ist natürlich nicht bekannt.

Jeder kann ein Konto im Ausland eröffnen. Er bleibt dann natürlich trotzdem unbegrenzt steuerpflichtig. Seine Vermögensanlagen sind aber auch im Ausland nicht unbedingt geschützt. Es kommt jeweils auf die Ausprägung des dortigen Bankgeheimnisses an.

Tip

Wenn Sie ganz sicher gehen wollen, dann können Sie in einigen Ländern sog. **Nummernkonten** einrichten. Nummernkonten bestehen nur aus einer Nummer; sie enthalten nicht den Namen. Sie unterschreiben Aufträge mit dieser ausgeschriebenen Nummer. Namen und Adresse werden zwar auch registriert, bleiben aber unter gesondertem Verschluß und sind dem Kontoführer der Bank nicht zugänglich.

Banksafe → *Safe*

Bankschuldverschreibung → *Anleihen*

Basiskurs → *Optionsgeschäfte*

Bauherrenmodell

Form der langfristigen Kapitalanlage zur Steuerersparnis. Der Steuerspareffekt wird durch sog. **Verlustzuweisungen** erzielt. Diese wiederum entstehen dadurch, daß hohe Fremdmittel aufgenommen, die daraus resultierenden Schuldzinsen geltend gemacht und die Abschreibungen genutzt werden. Entscheidend ist das Verhältnis von eingesetztem Eigenkapital und der Verlustzuweisung. Hierzu → *Steuerbegünstigte Kapitalanlagen*.

Mit dem Bauherrenmodell sind aber neben den steuerlichen Unsicherheiten noch andere Risiken verbunden, z. B. was geschieht in den Folgejahren, haben Sie Aussicht, Ihr Kapital jemals wiederzusehen, wie entwickelt sich der Wert des Objekts, welche Nachschußpflichten sind unter Umständen zu erwarten, welche Gewinne sind vorgesehen, ist das Objekt später einmal verkäuflich? Auf all diese Fragen müssen Sie vorher eine plausible Antwort erhalten. Vorher sollten Sie sich nicht in einer solchen Anlage engagieren.

Wegen der zahlreichen Unwägbarkeiten und der vielen negativen Erfahrungen, die Bauherren mit diesem Modell gemacht haben, hat das Bauherrenmodell heute erheblich an Bedeutung verloren.

Bausparen

ist das Sparen bei einer Bausparkasse auf der Grundlage eines Bausparvertrages. Das Bausparen hat zwei Aspekte:

- den Sparvorgang und

- die Darlehensgewährung.

Beide Phasen stehen in einem gleichsam untrennbaren Zusammenhang. Ohne das Sparen wird Ihnen kein Darlehen ausgezahlt. Man könnte auch sagen: Bausparen ohne Bauabsicht ist uninteressant. Doch stimmt dies nicht in jedem Fall, denn es gibt auch Bauspartarife, die sich speziell unter Anlagegesichtspunkten rechnen.

Der Bausparer schließt einen Bausparvertrag über eine bestimmte Bausparsumme ab. Von dieser Summe spart er – auf einmal oder in Raten – 40% bis 50% auf einem Bausparkonto an. Dieses Guthaben wird mit 2,5% bis 3%, manchmal auch mehr, verzinst.

Mit der Zeit und mit den Einzahlungsleistungen steigt die sog. Bewertungsziffer des Vertrags. Mit Erreichen einer bestimmten Punktzahl erfüllen Sie die vorgeschriebene **Wartezeit** und Ihr Vertrag kann zugeteilt werden. Die Bewertungszahlen auf Ihre Sparleistung werden jeweils zu bestimmten Stichtagen

Bausparen

errechnet. Es ist demnach zweckmäßig, Sonderzahlungen bis zu diesen Stichtagen zu leisten, um sie noch in die Bewertung zu bringen.

Mit der Zuteilung bekommen Sie die volle Bausparsumme ausgezahlt, und zwar zweckgebunden für wohnwirtschaftliche Maßnahmen wie Hauskauf und -bau, Modernisierungsmaßnahmen, Eigentumswohnungen usw. Sie erhalten dann also das eingezahlte Guthaben zurück und zugleich ein nachrangig zu besicherndes Darlehen in Höhe der Differenz zwischen Guthaben und Bausparsumme. Das Darlehen ist in etwa acht bis elf Jahren zu tilgen (Standardtarif).

Auf jeden Bausparvertrag zahlen Sie mindestens 1% Abschlußprovision. Das Konto kostet Kontogebühren. Im Normaltarif verzinst sich Ihr Guthaben mit 2,5% bis 3%. Die Zinssätze sind fest. Das Darlehen, auf das ebenfalls 1% oder 2% Darlehensgebühr berechnet wird, kostet Sie dann 4,5% bis 5%. Dieser Satz ist ebenfalls fest für die gesamte Laufzeit.

Beim Normaltarif sparen Sie 40% der Vertragssumme an. Beim sog. Schnelltarif werden 50% Einzahlungen verlangt.

Nun gibt es daneben Hochzins-Langzeit-Tarife. Hier liegt der vergütete Habenzins durchweg bei 4% fest. Falls Sie später das Darlehen beanspruchen, müssen Sie dann allerdings auch einen höheren Darlehenszins von mindestens 5,5% in Kauf nehmen. Die Mindestsparzeit liegt bei 52 Monaten.

Was nun das Bausparen auch unter Anlagegesichtspunkten interessant machen kann, ist die zusätzliche Zinseinnahme durch die **Bausparprämie**. Sie steht allen Sparern zu, deren zu versteuerndes Einkommen die Grenzen von 24 000 DM bei Ledigen und 48 000 DM bei Verheirateten nicht übersteigt. Bei Kindern unter 18 Jahren erhöht sich die Einkommensgrenze um 1 800 DM für jedes Kind.

Die Prämien sind nach dem Familienstand gestaffelt. Sie reichen von 14% bis 26%. Da die Sparprämien für das → *Kontensparen* bei der Bank ganz weggefallen sind, kann der Sparer beim Bausparen von dieser staatlichen Vergünstigung noch profitieren.

Bausparen

Bausparprämien*	
Begünstigter Höchstbetrag pro Jahr 800 DM (Verheiratete 1 600 DM)	
	Prämiensatz
Alleinstehende und	
Ehepaare ohne Kinder	14%
Ehepaare mit 1 Kind	16%
2 Kindern	18%
3 Kindern	20%
4 Kindern	22%
5 Kindern	24%
6 Kindern	26%
Arbeitnehmer-Sparzulage*	
bei Bausparverträgen bis 624 DM pro Jahr	
Alleinstehende und	
Ehepaare bis zu 2 Kindern	23%
Ehepaare mit 3 Kindern	33%

* Inanspruchnahme entweder von Bausparprämien oder von Arbeitnehmer-Sparzulage; nicht beides gleichzeitig möglich.

So können kinderreiche Familien in der Sparphase durchaus Anlagerenditen von 6% und mehr erzielen. Das Bausparen kann also in einer Zeit niedriger Zinsen dann durchaus mit anderen Geldanlagen konkurrieren.

Statt der Inanspruchnahme der Wohnungsbauprämie können Sie wahlweise die Bausparbeiträge wie **Vorsorgeaufwendungen** von der Steuer absetzen. Was für Sie günstiger ist, läßt sich nur von Fall zu Fall errechnen. Im Prinzip gilt, daß bei niedrigen Einkommen durchweg die Prämienausnutzung vorteilhafter ist. Bei höheren Einkommen entfällt die Wohnungsbauprämie sowieso, so daß hier nur noch der Sonderausgabenabzug in den steuerlich zulässigen Grenzen möglich ist.

Auch lassen sich beim ratenweisen Bausparen die **vermögenswirksamen Leistungen** auf diese Weise unterbringen. Anstelle der Bausparprämie können Sie sich als Arbeitnehmer auch für die **Arbeitnehmer-Sparzulage** entscheiden; die Sätze reichen je nach Familienstand von 23% bis 33% (auf maximal 624 DM im Jahr). Auch hier gelten die Einkommensgrenzen von 24 000 DM und 48 000 DM bei Eheleuten. Ab 1990 ist die Kürzung der Arbeitnehmersparzulage auf 10% vorgesehen; dafür soll aber der begünstigte Höchstbetrag auf 936 DM ausgedehnt werden. Auch sollen die Einkommensgrenzen von 24 000/48 000 DM auf 27 000/54 000 DM angehoben werden.

Bedingte Kapitalerhöhung → Kapitalerhöhung

Befristete Einlagen → Festgeld

Belegschaftsaktien

Das sind → *Aktien*, die größere → *Aktiengesellschaften* ihren Mitarbeitern zwecks Vermögensbildung zu Vorzugskonditionen anbieten.

Von der Möglichkeit des Erwerbs von Belegschaftsaktien machen heute die betroffenen Arbeitnehmer ganz weitgehend Gebrauch. Diese Form der Aktienanlage ist schon deswegen zu empfehlen, weil sie durch den Preisvorteil einem Geschenk an die Arbeitnehmer gleichkommt. Außerdem drückt auch der Fiskus hier ein Auge zu. Denn die lohnwerten Vorteile aus dem Verkauf von Belegschaftsaktien unter dem Börsenkurs sind bis zu gewissen Grenzen von der Lohnsteuer befreit. Der angebotene Vorzugskurs darf nicht niedriger als der halbe Börsenpreis sein. Und der gesamte lohnsteuerfreie Vorteil ist auf 500 DM pro Jahr begrenzt.

Dafür muß sich allerdings der Arbeitnehmer verpflichten, die Aktien fünf bis sechs Jahre lang nicht zu veräußern; die Frist endet jeweils sechs Jahre nach dem Beginn eines Kalenderjahres.

Trotz dieser Bindung auf mehrere Jahre ist der Erwerb von Belegschaftsaktien großer Publikumsgesellschaften mit breitem Umsatzvolumen meist auch unter Renditegesichtspunkten nicht uninteressant. Erwirbt sie doch der Anleger hier zu einem besonders günstigen Preis und verbessert damit die Verzinsung seines Einsatzkapitals.

Hierzu ein Beispiel (BASF, Börsenkurs 240, letzte Dividende 10 DM pro Stück): Angenommen die BASF-Aktien konnten zu 200 DM erworben werden, dann stellt sich die Renditeberechnung wie folgt dar:

$$\begin{aligned}&10{,}00\ DM\ \ Dividende\\&\underline{\ 5{,}63\ DM\ =\ {}^{9}/_{16}\ Körperschaftsteuerguthaben}\\&\overline{\underline{15{,}63\ DM\ \ Bruttodividende}}\end{aligned}$$

Bezogen auf den Kaufpreis von 200 DM bedeutet dies eine Verzinsung des eingesetzten Kapitals von 7,8% (vor Steuern).

Die Möglichkeiten zum Erwerb von Belegschaftsaktien sind eng begrenzt. Meist ist die Zahl der erwerbbaren Aktien nach den Jahren der Zugehörigkeit zum Betrieb gestaffelt. Von allen Risikoanlagen nach dem Vermögensbildungsgesetz erscheinen sie am weitaus solidesten. Handelt es sich dabei doch ganz weitgehend um erstklassige Standardaktien (→ *Aktien*) mit auf längere Sicht aussichtsreichen Kurschancen.

Beratung → *Anlageberatung*

Berichtigungsaktien → *Zusatzaktien*

Berlin-Darlehen

Das sind langfristige Darlehen an Berliner Kreditinstitute oder sonstige zweckgebundene Investitionen in Berlin. Sie können Ihr Geld gegen Zinsen an Berliner Institute ausleihen und erzielen damit Steuervorteile. Der Steuervorteil besteht darin, daß Sie einen Teil des gewährten Darlehens unmittelbar von Ihrer Steuerschuld absetzen können, allerdings nur einmalig.

Um eine solche Anlage zu tätigen, wenden Sie sich entweder direkt an ein Berliner Kreditinstitut, z. B. die Berliner Industriebank oder die Industriekreditbank, oder an jedes andere Kreditinstitut, das dieses Darlehen gern weitervermittelt.

Im wesentlichen gibt es zwei Anlagemöglichkeiten. Die eine Darlehensform (§ 16 Berlinförderungsgesetz) läuft acht, zehn oder zwölf Jahre. Bei diesem Darlehenstyp können Sie einmalig 12% der Darlehenssumme von Ihrer Steuer kürzen. Der Zinssatz steigt mit der Laufzeit. Er beträgt derzeit: 3,5% bei 8 Jahren, 4% bei 10 Jahren und 4,25% bei 12 Jahren Laufzeit.

Darlehensnehmer sind die Berliner Industriebank AG (weitgehend in öffentlicher Hand) und die Industriekreditbank AG, eine erstklassige Privatbank im Besitz von Großbanken, Versicherungen und der Wirtschaft. In beiden Fällen sind es also sichere Kreditnehmer. Dieses Darlehen wird nach drei tilgungsfreien Jahren in gleichen Jahresraten getilgt.

Die andere Darlehensform (§ 17 Berlinförderungsgesetz) läuft 25 Jahre. Bei diesem Darlehen können Sie 20% der Summe von Ihrer Steuerschuld absetzen. Der Zinssatz beträgt zur Zeit 5%. Darlehensnehmer sind die Berliner Pfandbriefbank und die Wohnungsbau-Kreditanstalt Berlin, beides öffentlich-rechtliche Grundkreditanstalten (Hypothekenbanken), also ebenfalls sicher. Dieses Darlehen wird vom ersten Jahr an getilgt.

Berlin-Darlehen

Der Abzug von der Steuerschuld erfolgt im Jahr der Darlehenshingabe. Sie erhalten die Steuerersparnis also sofort. Man kann diesen Steuerabzug wie ein → *Disagio* betrachten. Sie zahlen praktisch nur 88% bzw. 80% des Darlehens ein. Auf diesen verminderten Kapitaleinsatz können Sie dementsprechend Ihren Zins beziehen.

Bei 4% Zins auf 10 Jahre ergibt sich ein Zinsertrag von gut 4,5% pro Jahr. Zudem erhalten Sie 12% auf 10 Jahre zusätzlich zurückgezahlt. Das sind grob gerechnet 1,2% pro Jahr. Ihr Zins liegt dann bei 5,7%, alle übrigen Faktoren wie Zinseszinseffekt und Geldentwertungsrate außer acht gelassen.

Beim Steuerabzug ist zu bedenken, daß Sie zwar Ihre Steuerschuld kürzen, damit aber nicht Ihre Steuerprogressionsstufe verringern. Mit Berlin-Darlehen können Sie Ihre Steuerschuld maximal bis zu 50% verkleinern. Höhere Darlehen haben also keinen steuerlichen Effekt mehr.

Reizvoll können sich Berlin-Darlehen in Kombination mit besonderen Kapitalquellen darstellen. Da gibt es die verschiedensten Modelle. Z. B. können Sie Berlin-Darlehen mit Kredit finanzieren. Erlaubt ist dies aber nur nach § 17 Berlinförderungsgesetz mit 25 Jahren Laufzeit.

Bestimmte Kreditinstitute bieten maßgeschneiderte Kredite, für die Sie Zins und Tilgung anfangs aus den Rückzahlungsraten des Berlin-Darlehens leisten können. Allerdings ist darauf zu achten, daß der Kreditzins bei der Refinanzierung nicht steigen kann, denn sonst kann der errechnete Vorteil bald dahin sein. Festzinskredite sind für diesen Zweck aber schwer zu erlangen. Das Risiko mit variabel verzinslichen Refinanzierungskrediten sollten Sie aber nur in der Hochzinsphase eingehen.

Eine andere Variante stellt die Einzahlung der Zinserträge in eine Lebensversicherung dar. Dies hat aber nur dann einen Sinn, wenn Sie die Versicherungsbeiträge noch steuerlich bei Ihren Vorsorgeaufwendungen geltend machen können. Auch müssen Sie die Alternativen durchrechnen, ob Ihnen die anderweitige Anlage der Zinserträge nicht einen höheren Nutzen bringt (natürlich unter Berücksichtigung des eventuellen Steuereffekts).

Tip

Da Berlin-Darlehen erfahrungsgemäß besonders am Jahresende gefragt sind, ist es ratsam, daß Sie nicht gerade diese Zeit zur Anlage wählen. Denn dann sind die Konditionen im allgemeinen relativ ungünstig.

Berufshandel

auch „Kulisse" genannt, damit sind alle die Personen und Firmen gemeint, die von Berufs wegen im Börsenparkett mit Wertpapieren Handel treiben. Der Berufshandel bildet gleichsam das Gegenstück zum Kapitalanleger; oft ist er auch sein Geschäftspartner.

Zum Berufshandel zählen die Händler der Kreditinstitute, Vorstände und Inhaber von Bankhäusern, freie Makler, Maklerfirmen und Kursmakler sowie die sog. kursregulierenden Stellen (gleichfalls Kreditinstitute).

Der Berufshandel erfüllt eine wichtige Funktion. Er „macht" den Markt und bestimmt oft nicht unwesentlich die Tendenz an der Börse.

Dabei können aber unterschiedliche Motive im Spiel sein. Der Berufshandel kann kaufen, weil er Kurschancen wittert; damit tätigt er sog. Meinungskäufe. So verstärkt er die Kursbewegung nach oben. Dies führt im Extremfall zur → *Hausse*. Er kann aber auch auf Verkauf gestimmt sein. Dann treibt er die Kurse nach unten. Dieses Verhalten kann in die → *Baisse* münden. Geht seine Spekulation nicht auf, stellt er sich glatt. Solche Glattstellungen beobachtet man oft vor Wochenenden, Feiertagen oder vor der Ferienpause.

„bez." → *„bezahlt"*

„bezahlt"

abgekürzt „b", „bz." oder „bez.", Zusatz beim → *Kurs* eines Wertpapiers. Das „b" wird hinter den Kurs gesetzt, z. B. 250 b. Das heißt, zu diesem Kurs ist das Papier an der Börse gehandelt worden. So erscheint dann diese Information im Kursblatt. Sie besagt, alle zum amtlichen Handel aufgegebenen → *Orders* haben Käufer und Verkäufer gefunden, sofern nicht ein → *Limit* dagegensteht, das bei diesem Kurs nicht erreicht wurde. Kein Auftraggeber ging somit leer aus.

Als „bezahlt" gilt ein Kurs aber laut Börsenordnung auch dann, wenn beim Kurs kein Zusatz vermerkt ist, also der gehandelte Kurs nur allein dasteht, z. B. 250.

Es gibt weitere Kurszusätze, die zum „Bezahlt-Kurs" noch ergänzende Informationen liefern können; hierzu → *Brief*, → *Geld*.

Bezugsrecht

abgekürzt **BR**, bedeutet das Recht auf junge → *Aktien*; es steht üblicherweise zunächst dem Altaktionär zu. Da das Bezugsrecht aber auch an der → *Börse* gehandelt wird, kann es während dieser Zeitspanne von üblicherweise zwei bis vier Wochen auch von anderen erworben und ausgeübt (geltend gemacht) werden.

Wenn eine → *Aktiengesellschaft* neues Geld benötigt und dazu ihr Aktienkapital aufstockt (→ *Kapitalerhöhung*), dann verteilt sie zusätzliche Aktien an Interessierte. Käufer dieser neuen Aktien kann aber nur sein, wer ein oder mehrere Bezugsrechte vorweisen kann.

Jede alte Aktie gewährt ein Bezugsrecht. Besitzt ein Aktionär also z. B. 10 alte Aktien, dann fallen ihm 10 Bezugsrechte zu. Wird das Kapital im Verhältnis 10 : 1 erhöht, dann gewähren diese 10 Bezugsrechte ihm das Recht auf eine neue Aktie. Diese neue Aktie kann dann zu einem Vorzugspreis bezogen werden.

Besitzt der Aktionär statt 10 aber nur 5 alte Aktien, dann reichen seine Bezugsrechte nicht aus, um eine neue Aktie zu beziehen. Er muß dann entweder 5 Bezugsrechte über die Börse hinzukaufen, dann kann er eine junge Aktie beziehen, oder aber er verzichtet auf den Bezug einer neuen Aktie. Dann kann er seine 5 Bezugsrechte an der Börse während der Bezugsfrist verkaufen. Die verschiedenen Alternativen sind auf der Benachrichtigung durch das depotführende Kreditinstitut im einzelnen vorgedruckt.

Nun stehen das Verhältnis der Anzahl der alten Aktien zu den jungen (das Bezugsverhältnis 10 : 1 z. B.), der Kurs der alten Aktien und der Bezugspreis der jungen Aktie in einem rechnerischen Zusammenhang. Von der → *Hauptversammlung* beschlossen und bekanntgegeben wird das Bezugsverhältnis, also die Anzahl der neu auszugebenden Aktien, und der Kurs, zu dem die jungen Aktien bezogen (gekauft) werden können (Bezugskurs). Je nach dem Börsenkurs der Altaktie errechnet sich hieraus der Wert des Bezugsrechtes.

Den rechnerischen Wert des Bezugsrechtes ermitteln Sie nach folgender Formel:

$$Bezugsrecht = \frac{\text{Kurs der alten Aktie} - \text{Bezugskurs der jungen Aktien}}{\text{Bezugsverhältnis} + 1}$$

Wird die alte Aktie an der Börse mit 250 bezahlt, und kosten die jungen Aktien 140 DM, dann ergibt sich bei einem Bezugsverhältnis von 10 : 1 ein Wert von 10 DM pro Bezugsrecht.

$$(Bezugsrecht = \frac{250 - 140}{10 : 1 + 1} = \frac{110}{11} = 10).$$

_____ Bezugsrecht

Die Börsennotiz kann kurzfristig von diesem Wert abweichen, wenn nämlich entweder das Angebot an Bezugsrechten oder die Nachfrage danach wesentlich überwiegt. Ein gedrückter Kurs für das Bezugsrecht ist z. B. oft am letzten Handelstag zu beobachten. Denn dann werden die Bezugsrechte all derer verkauft, die es versäumt haben, ihrer Bank über die Ausübung des Bezugsrechts eine entsprechende Weisung zu erteilen.

Die junge Aktie kostet also den Erwerber den Preis der notwendigen Bezugsrechte + den Bezugskurs der jungen Aktien, im vorliegenden Fall also 240 DM (10 x 10,– = 100,– + 140,–). Der Kurs der alten Aktie liegt aber um 10 DM darüber. Dieser scheinbare Widerspruch löst sich dadurch auf, daß am ersten Handelstag des Bezugsrechts an der Börse der rechnerische Wert des Bezugsrechts vom Kurs der alten Aktie „abgeschlagen" wird. Der Kurs der Altaktie vermindert sich also in diesem Fall von 250 auf 240.

Die Altaktie notiert 240 ex Bezugsrecht – ähnlich wie beim Dividendenabschlag ($\rightarrow$ *ex Div.*). Damit ist der Wertvergleich wiederhergestellt. Dennoch finden Sie noch eine ganze Weile eine von der Altaktie getrennte Notiz der jungen Aktien. Die junge Aktie notiert durchweg etwas niedriger, weil ihr Dividendenanspruch erst mit der Ausgabe der neuen Aktien zu laufen beginnt, während die alten Aktien mit einer höheren Dividende bedacht werden. Mit der nächsten Dividendenzahlung werden dann die Notierungen zusammengelegt; die junge Aktie geht in der alten auf.

Nun gibt es interessante Bezugsrechte und uninteressante, also niedrige. Der Verwaltung der AG ist daran gelegen, viel Geld in die Kasse zu bekommen, also einen hohen Bezugskurs festzulegen (hohes $\rightarrow$ *Agio*). Ist zugleich die $\rightarrow$ *Kapitalerhöhung* gering, also das Bezugsverhältnis hoch (z. B. 10 : 1 statt 2 : 1), dann mag der Aktionär gern auf die Ausübung seiner Rechte verzichten. Denn dann ist die Aussicht, etwas zu gewinnen, gering.

Denn das Bezugsrecht selbst bringt dem Aktionär rein rechnerisch keinen Gewinn. Es wird vom Börsenkurs gekürzt. Die einzige Gewinnchance liegt darin, daß der Kurs der Altaktie nach dem Abschlag wieder steigt. Und das tut er um so eher, je höher der Abschlag ausfällt.

Beträgt z. B. das Bezugsverhältnis 2 : 1, und der Ausgabepreis der jungen Aktien 100 DM, dann sieht die Rechnung schon ganz anders aus (bei gleichem Aktienkurs 250):

$$Bezugsrecht = \frac{250 - 100}{2 : 1 + 1} = \frac{150}{3} = 50$$

Nunmehr gehen 50 Punkte vom Kurs der alten Aktien herunter. Die Aussicht steigt, daß von diesem Bezugsrechtsabschlag wenigstens ein Teil bald wieder aufgeholt wird.

Bezugsrecht

Mit anderen Worten: Ein Bezugsrecht kann den Aktionär also nur dann auf einen Kursvorteil hoffen lassen, wenn der rechnerische Wert des Rechts möglichst hoch liegt. Dies führt nicht selten sogar dazu, daß der Kurs einer Aktie, für die eine (uninteressante) Kapitalerhöhung angekündigt wird, mit einer Abwärtsbewegung reagiert. Eigentlich müßte es umgekehrt sein, denn zum einen erhält die AG billiges Geld (wegen des Agios), zum anderen wird durch den Kursabschlag der Aktienwert leichter, d. h. einem breiteren Publikum zugänglich.

Über die Jahre hinweg kann man aber wohl feststellen, daß Bezugsrechtsabschläge schließlich doch immer wieder aufgeholt werden. Insofern bleibt langfristig betrachtet dieses Recht für den Aktionär ein Gewinn.

Blue chips → *Aktien*

Börse

Das ist der Handelsplatz für Wertpapiere, Waren, Devisen und Terminkontrakte. Entsprechend gibt es Wertpapierbörsen, Warenbörsen, Devisenbörsen und Terminbörsen (Futures-Börse). Das Geschehen ist einem Markt vergleichbar. Die Börse ist der freieste und durchsichtigste aller Märkte.

An der Effektenbörse werden Wertpapiere aller Art gehandelt, → *Aktien*, → *Anleihen*, Optionsrechte, → *Optionsscheine*, → *Bezugsrechte* und andere Wertpapiere. Die erzielten Preise werden unmittelbar bekanntgegeben, so daß jeder Teilnehmer weiß, wo ein Papier steht und wie die Lage einzuschätzen ist. Veränderungen können sofort registriert werden. Auf neue Meldungen reagiert der Markt schlagartig.

In acht Städten des Bundesgebietes sind Wertpapierbörsen beheimatet, in Frankfurt, Düsseldorf, München, Hamburg, Stuttgart, Hannover, Bremen und Berlin. Frankfurt ist durch seine zentrale Lage und als Sitz der meisten Kreditinstitute in Deutschland die weitaus größte Börse. Hier werden neben 400 Aktien und 6000 Anleihen auch die meisten ausländischen Titel gehandelt. Nächstgrößter Börsenplatz ist Düsseldorf. Es folgt München. Beide Plätze können ebenfalls auf zahlreiche ausländische Notierungen verweisen.

Börsenveranstaltungen finden werktäglich (montags bis freitags) von 11.30 Uhr bis 13.30 Uhr statt. Nach dem Beispiel ausländischer Börsen (an der New York Stock Exchange wird sechs Stunden gehandelt, an der Börse von Tokio sogar acht Stunden) soll die Börsenzeit bei uns verlängert werden.

Börse

Vor Börsenbeginn findet im Telefonverkehr unter Banken die sog. Vorbörse statt. Nach 13.30 Uhr wird „nachbörslich" gehandelt. Die Händler der Kreditinstitute wickeln weitere Transaktionen mündlich oder telefonisch in der sog. Nachbörse ab. Vor- und nachbörslich wechseln nur größere Posten ihren Besitzer. Die Kurse sind nicht amtlich. Die Geschäfte unterliegen nicht den strengen Börsenregeln; sie werden „außerbörslich" ohne Beteiligung von Maklern getätigt. Hier bleibt der → *Berufshandel* weitgehend unter sich. Kundenaufträge werden außerbörslich nur in Ausnahmefällen und bei entsprechenden Anweisungen der Bankkunden abgewickelt. Vor- und Nachbörse geben zwar gewisse Hinweise auf die weitere Kursentwicklung, doch kann der Markt nach dem außerbörslichen Verkehr auch wieder drehen.

Am Börsengeschehen nimmt nur ein bestimmter ausgewählter Personenkreis teil. Wenn Sie also Aktien oder Pfandbriefe kaufen wollen, so können Sie nicht selbst an die Börse gehen, sondern Sie müssen sich hierzu der Vermittlung einer Geschäftsbank oder Sparkasse bedienen. An der Börse handeln in erster Linie die Bankenvertreter (Händler). Sie kaufen und verkaufen Wertpapiere im Auftrag ihrer Kunden (→ *Effektenkommissionsgeschäft*), aber auch auf eigene Rechnung (Eigenhandel). Zur Teilnahme am Handel benötigen sie eine besondere Zulassung vom Börsenvorstand. Sie müssen über Zuverlässigkeit und berufliche Eignung verfügen.

Der Börsenhandel wird durch → *Kursmakler* vermittelt. Neben den amtlichen Maklern sind freie Makler tätig, die entweder Geschäfte vermitteln oder Geschäfte auf eigene Rechnung abschließen. Zur Teilnahme am Handel benötigen die Börsenbesucher eine Börsenkarte.

Neben den selbst zum Geschäftsabschluß berechtigten Börsenteilnehmern sind weitere Börsenbesucher ohne Handelsbefugnis zugelassen, wie z. B. Berichterstatter, Hilfspersonal, ehemalige Makler und Händler und andere Personen mit berechtigtem Interesse am Börsenbesuch.

Auch der Börsenablauf und die Feststellung der Kurse sind im einzelnen niedergelegt. Es gibt den **amtlichen Handel**, den Handel im **Geregelten Markt** und den Handel im **Freiverkehr**. Am strengsten geordnet ist der amtliche Handel. Schon die Zulassungsvoraussetzungen gehen hier weiter als im Geregelten Markt oder gar im Freiverkehr (→ *Zulassung*).

Die erste Börsenstunde ist dem variablen Handel vorbehalten. In dieser Zeit werden die Papiere fortlaufend notiert. Es wird ein Anfangs- und ein Schlußkurs ermittelt. Für jedes neue Geschäft kann sich ein eigener Kurs bilden. Mindestabschluß bei der fortlaufenden Notierung sind 50 Aktien oder ein Vielfaches davon. Fortlaufend variabel werden nur die großen umsatzstarken Publikumsgesellschaften gehandelt. Für kleinere Gesellschaften wird nur ein Einheitskurs oder Kassakurs festgestellt.

Börse

Die Einheitskursermittlung beginnt gegen 12.30 Uhr. Hier werden alle die kleinen Geschäfte in großen Publikumswerten abgewickelt, für die es zu einem variablen Abschluß nicht gereicht hat. Der Auftraggeber kann aber auch bestimmen, daß variabel handelbare Positionen von 50, 100 oder mehr Aktien nur zum Einheitskurs ausgeführt werden sollen.

Und schließlich findet jetzt auch die Kursnotierung all der Papiere statt, für die eine fortlaufende Notiz nicht vorgesehen ist. In jedem Papier wird börsentäglich ein einziger Einheitskurs festgesetzt.

Die Kursfeststellung nimmt der Kursmakler unter Aufsicht der Maklerkammer vor (→ *Kursbildung*). Der Makler wählt den Preis, zu dem der höchstmögliche Umsatz aus den ihm vorliegenden Kauf- und Verkaufaufträgen stattfindet. Aufträge, deren Verkaufslimit über dem festgestellten Kurs liegt, können nicht ausgeführt werden. Ebenso fallen auch Kaufaufträge mit einem Kurslimit unter dem Einheitskurs heraus. Der Makler fungiert als neutrale Person, weil er am Handel selbst nicht teilnimmt. Eine Ausnahme bildet lediglich der Ausgleich von Spitzen. Die Übernahme solcher Restposten ist dem Makler erlaubt.

Den wesentlichen Ausgleich zwischen Angebot und Nachfrage stellen aber die Kurse selbst her. Überwiegt die Nachfrage bei weitem, dann wird der Kurs solange heraufgesetzt, bis sich genügend Anbieter finden, die bereit sind, zu dem gestiegenen Preis zu verkaufen. Herrscht das Angebot vor, dann wird der Kurs heruntergestuft, bis sich Käufer einstellen, die zu diesem Preis einzusteigen bereit sind. Diese Funktion übernimmt größtenteils der → *Berufshandel*, die Kulisse.

Droht ein Kurs um 5% zu fallen (wegen übergroßen Angebots) oder zu steigen (wegen übergroßer Nachfrage), dann erfolgt eine sog. Minusankündigung bzw. eine Plusankündigung. Bei 10% Veränderung bedeutet dies Doppelminus bzw. Doppelplus. Diese Regelung gilt für Aktien. Bei Anleihen wird bereits bei 1% Kursverlust Minus angekündigt und bei 1% Kursgewinn Plus angekündigt, Doppelminus bzw. Doppelplus bei 2% Abweichung.

Die Börse ist ganz dem „freien Spiel der Kräfte" überlassen; die Kurse sind das Ergebnis von Angebot und Nachfrage. Doch wird das Geschehen sehr weitgehend von Stimmungen beherrscht. Die Stimmung weist meist in eine eindeutige Richtung. Hieraus bildet sich die **Tendenz.** Sie kann aufwärts oder abwärts gerichtet sein. Manchmal wechselt auch die Tendenz während der Börsenzeit, mitunter mehrmals.

Typischer aber ist, daß wichtige Meldungen und Einschätzungen den Markt bestimmen. Die Kursentwicklung ist dann entweder eindeutig nach oben oder nach unten gerichtet. Darüber, welche Kräfte hier am Werk sind, ist viel gerätselt worden. Auf klare Deutungen oder gar Gesetzmäßigkeiten ist man aber bisher nicht gestoßen. Lediglich einige harmlose Indizien geben dem Fachmann gewisse Anhaltspunkte. Dabei hat sich die Charttechnik (→ *Aktien-*

analyse) gelegentlich als nützlich und hilfreich erwiesen. Dies aber wohl auch nur deshalb, weil sich heute immer mehr Börsenbeobachter an diesen Techniken ausrichten. So werden auch die massiven Kurseinbrüche vom Herbst 1987 nicht zuletzt auf die Anwendung charttechnischer, computergesteuerter Verfahren zurückgeführt.

Ein ebenfalls vielbeachteter Grundsatz wird aus dem Umsatzvolumen hergeleitet. Wachsen die Wertpapierumsätze bei stärker nachgebenden oder bei kräftig steigenden Kursen, dann wird dies als Hinweis auf eine länger anhaltende Tendenz in die betreffende Richtung gedeutet.

Wenn Sie am Börsenablauf interessiert sind, so haben Sie die Möglichkeit, während der Börsenstunden das Geschehen außerhalb des Börsensaales von einer Besuchergalerie aus zu verfolgen.

Börsenauftrag → *Order*

Börsenbesucher → *Berufshandel*, → *Börse*

Börsengesetz

Gesetz zur Regelung des Geschehens an der deutschen → *Börse*. Es stammt aus dem Jahre 1896, Neufassung 1908, mit zahlreichen Änderungen. Es steckt in knapp 100 Paragraphen den Rahmen ab, innerhalb dessen sich der Börsenhandel in Wertpapieren abzuspielen hat. Es bestimmt die Organe, die Börsenordnung, die Zulassungsbedingungen für Börsenteilnehmer und die Aufsicht. Es trifft Aussagen über die Börsenkursermittlung und über das Maklerwesen.

Breiten Raum nimmt die Regelung der Zugangsbestimmungen für Wertpapiere ein. Strenge Zulassungsvoraussetzungen sollen die Sicherheit der Börse erhöhen. So werden auch → *Prospekthaftung* und Prospektbetrug behandelt.

Erst kürzlich wurde das Börsengesetz durch das Börsenzulassungsgesetz in wichtigen Punkten ergänzt. Ausführungsbestimmungen finden sich in den Börsenordnungen (Börsensatzungen) der einzelnen Börsen.

Börsenprospekt

auch Börsenzulassungsprospekt, Informationsschrift, die die Einführung eines Wertpapiers an der → *Börse* begleitet. Bevor eine Aktie oder eine Anleihe an irgendeiner Börse zum Handel zugelassen wird (→ *Zulassung zur Börse*), muß eine ganze Reihe von Informationen und Daten über das Unternehmen der Öffentlichkeit bekanntgemacht werden. Dies geschieht in Form von Anzeigen in Zeitungen, den sog. Börsenpflichtblättern, und im Bundesanzeiger. Der Börsenprospekt füllt oft mehrere engbedruckte Seiten.

Staatsanleihen sind vom Prospektzwang befreit. Außerdem kann der Prospekt bei bereits eingeführten öffentlichen Schuldnern erlassen werden, wenn die Veröffentlichung des letzten Börsenprospekts nicht länger als drei Jahre zurückliegt.

Der Börsenprospekt muß den Werdegang der Firma, den Geschäftsgegenstand, die Namen von Vorstand und Aufsichtsrat enthalten sowie die Bilanz mit Gewinn- und Verlustrechnung und Angaben über die Zukunftsaussichten. Ebenso sind die Wertpapierbedingungen mit Laufzeit, Sicherstellung, Zinszahlung usw. im einzelnen darzustellen.

In jedem Fall haften diejenigen, die den Prospekt erlassen haben, also Unternehmen und einführendes Kreditinstitut, für die Richtigkeit und Vollständigkeit des Börsenprospekts. Werden also z. B. wichtige Fakten – vor allem auch negative – verschwiegen, dann haben die Prospektverantwortlichen für alle Schäden geradezustehen, die dem Besitzer des Wertpapiers aus der Anlage entstehen (→ *Prospekthaftung*).

Börsenumsatzsteuer

abgekürzt BUSt, Umsatzsteuer auf den Kauf und Verkauf umlaufender Wertpapiere; sie ist eine Form der Kapitalverkehrssteuer. Sie ist als Kostenfaktor in die Wertpapieranlage einzurechnen, wenn sie auch nicht sonderlich hoch ist. Auf Aktien müssen Sie 0,25% des Kurswerts entrichten, auf Rentenwerte 0,1%.

Bei nicht börsenfähigen → *Sparbriefen*, Sparobligationen und Bank-Teilschuldverschreibungen entsteht keine Börsenumsatzsteuerpflicht. Ebenso sind Neuemissionen von Börsenpapieren von der BUSt befreit (steuerfreier Ersterwerb). Neu ausgegebene Bundesanleihen, Pfandbriefe, DM-Auslandsanleihen usw. erwerben Sie also regelmäßig kostenlos.

Da die BUSt im Ausland kaum bekannt ist, wird seit längerem diskutiert, aus Wettbewerbsgründen die BUSt abzuschaffen, bisher jedoch ohne Erfolg.

Börsenzulassung → *Zulassung zur Börse*

Bogen → *Wertpapiere*

Bonds

engl. Ausdruck für → *Anleihen* im weitesten Sinne. So gibt es → *Zero-Bonds*, Baby Bonds, das sind Anleihen in sehr kleiner Stückelung (z. B. à 10 DM), Eurobonds, das sind Anleihen vom → *Euromarkt*, Auslandsbonds, Mortgage bonds, also Hypothekenpfandbriefe, bond warrents, d. h. Optionsscheine mit Anrecht auf eine bestimmte Anleihe usw.

Bonus → *Sparpläne,* → *Spareinlagen*

BR → *Bezugsrecht*

„Brief"

abgekürzt „B", Zusatz beim Kurs eines Wertpapiers. „Brief" oder „B" steht hinter dem Kurs, z. B. 250 B. Das heißt, zu diesem Kurs wird ein Papier an der → *Börse* angeboten („Brief" = Angebot). So erscheint dann diese Information auch im Kursblatt. Sie besagt ohne weiteren Zusatz, es herrschte Angebot, aber keine Nachfrage bei diesem Wert. Ein Börsenumsatz ist nicht zustande gekommen. Kein Anbieter (Verkäufer) kam zum Zuge.

Wird ein Kurs dagegen 250 bB (= 250 „bezahlt Brief") notiert, dann wurde dieser Kurs zwar → *„bezahlt",* es blieb aber Angebot übrig, das keinen Käufer fand. Der Druck auf den Kurs hält an. Gegensatz: → *„Geld".*

Brillanten → *Edelsteine*

Broker

oder Brokerhaus, engl. Ausdruck für einen Wertpapiervermittler oder -händler. Zum einen fungieren Broker als Makler (→ *Kursmakler*) an der → *Börse* (England), zum anderen sind mit Broker-Häusern oder Broker-Banken Kreditinstitute gemeint, die sich ganz weitgehend oder ausschließlich mit dem Wertpapiergeschäft befassen, oft auch Wertpapierbanken oder Investmentbanken genannt (USA). Die normalen Geschäftsbanken dürfen in den angelsächsischen Ländern selbst keine Wertpapiergeschäfte tätigen. Sie bedienen sich hierzu der Broker.

Broker ─────────────────────────────

In der Bundesrepublik Deutschland sind ausländische Broker seit vielen Jahren niedergelassen. Es sind meist Tochtergesellschaften amerikanischer, kanadischer, japanischer oder englischer Investmentbanken. Diese Brokerhäuser betreiben hauptsächlich das Wertpapiergeschäft im internationalen Stil.

Sie beraten umfassend und mit viel begleitendem Material. Sie verwahren und verwalten Wertpapiere und sind auch als Vermögensverwalter (→ *Vermögensverwaltung*) tätig. Daneben führen sie aber auch Geldkonten für Ihre Kunden. Sie nehmen Festgelder und Spareinlagen – oft in den verschiedenen gängigen Währungen – entgegen. Häufig werden auch Wertpapierkredite gewährt (→ *Effektenlombardkredit*).

Bruttodividende → *Dividende*

Bundesobligationen

Dies ist eine besondere Anleihe der Bundesrepublik Deutschland mit ganz bestimmten Merkmalen. Kennzeichnend ist ihre laufende Ausgabe und damit ständige Verfügbarkeit zu den jeweils aktuellen Emissionsbedingungen (Daueremission).

Die Laufzeit der Bundesobligationen beträgt fünf Jahre. Jede Serie hat einen festen Zinssatz. Je nach Marktlage kann zunächst der Ausgabepreis angepaßt werden, bevor eine neue Serie mit anderem Nominalzinssatz aufgelegt wird.

Bundesobligationen werden an allen → *Börsen* in den amtlichen Handel eingeführt. Die Kurspflege obliegt der Deutschen Bundesbank. Der Zinsertrag liegt auf der Höhe des allgemeinen Rentenmarktniveaus für die entsprechenden Laufzeiten.

Bundesobligationen sind jederzeit zum Tagespreis verkäuflich. Eine Sperrfrist besteht nicht. Mit der Beweglichkeit der Anlage kaufen Sie also – wie auch sonst allgemein üblich – ein Kursrisiko mit ein. Steigen die Marktzinsen, dann gehen auch die Bundesobligationen im Kurs hinunter.

Bundesobligationen sind als sog. Wertrechtsanleihen ausgestaltet, so daß Sie effektive Stücke hiervon nicht mit nach Hause nehmen können. Die kleinste Einheit ist 100 DM. Sie können sie statt bei der Bank auch bei der Bundesschuldenverwaltung verwahren lassen. Die Zinsen werden dann jährlich von dort auf das von Ihnen bezeichnete Konto überwiesen. So sparen Sie Depotgebühren, die Sie bei der Bankverwahrung zu entrichten haben. Die Verwahrung durch die Bundesschuldenverwaltung müssen Sie bereits beim Kaufauftrag ausdrücklich anordnen, sonst wandert die Bundesobligation automatisch in Ihr Bankdepot. Sie sind seit 1979 im Umlauf.

Bundesschatzbriefe

Das sind Finanztitel der Bundesrepublik Deutschland mit besonderen Merkmalen. Kennzeichnend sind ihre laufende Ausgabe und damit ständige Verfügbarkeit zu den jeweils aktuellen Emissionsbedingungen (Daueremission) sowie ein laufend (jährlich) steigender Zinssatz. Sie werden nicht an der Börse gehandelt; eine Kursbildung findet also nicht statt.

Zwei Arten sind zu unterscheiden: **Typ A** mit 6 Jahren Laufzeit und **Typ B** mit 7 Jahren Laufzeit. Beim Typ A werden die Zinsen jährlich ausgeschüttet. Bei Typ B werden die Zinsen angesammelt und im Anschluß an die jährliche Gutschrift mitverzinst. Wenn auch die jeweilige Nominalverzinsung bei beiden Schatzbriefarten gleich ist, so steigt der effektive Zins bei Typ B infolge des Zinseszinseffektes etwas höher als bei Typ A.

Der besondere Vorteil der Bundesschatzbriefe liegt darin, daß Sie die Papiere trotz der langen Laufzeit nach einem Jahr bereits verkaufen können, und zwar monatlich bis zu 10 000 DM (alle auf eine Person lautende Serien zusammengerechnet). Damit bleiben Sie sehr flüssig und können von Zinssteigerungen profitieren. Sie stehen nach einem Jahr vor der Alternative, Ihre Bundesschatzbriefe zu behalten und zum dann bereits gestiegenen Zins fortzuführen, oder aber die Papiere zurückzugeben und das Geld in besserverzinslichen Werten anzulegen.

Dafür beginnt die Verzinsung im ersten Jahr aber auch recht niedrig, d. h. deutlich unter dem Marktzins für vergleichbare Anlagen. Wenn Sie die Bundesschatzbriefe bis zum Ende ihrer Laufzeit behalten, so erzielen Sie insgesamt eine Rendite, die mit sechs- bis siebenjährigen Anleihen oder Sparobligationen vergleichbar ist. Bei einem vorzeitigen Verkauf liegt Ihre Gesamtverzinsung entsprechend darunter.

Da Kurse nicht notiert werden, besteht auch kein Risiko, beim Verkauf zu verlieren. Die Rücknahme der Bundesschatzbriefe erfolgt jeweils zum Nennwert. Sie können natürlich auch versuchen, durch Vermittlung Ihrer Bank einen privaten Käufer zu finden, der mehr als den Nominalwert zu zahlen bereit ist (etwa weil das Zinsniveau gesunken ist).

Kleinste Einheit ist 100 DM (Typ A) bzw. 50 DM (Typ B). Sie können Bundesschatzbriefe statt bei der Bank auch bei der Bundesschuldenverwaltung verwahren lassen. Sie sparen dabei Depotgebühren. Stücke sind von Bundesschatzbriefen nicht lieferbar. Ausländer und Firmen können Bundesschatzbriefe nicht erwerben. Es gibt sie seit 1969.

BUSt → *Börsenumsatzsteuer*

Call → *Optionsgeschäfte*

Cash Flow

(engl.), „Kassenfluß", in der → *Aktienanalyse* verwendeter Begriff zur Bestimmung der Finanzkraft eines Unternehmens. Es ist der aus dem Gewinn abgeleitete Betrag, der nicht in Form von Ausgaben den Betrieb verläßt, der also im Unternehmen verbleibt und dafür verwandt werden kann, Kredite zurückzuzahlen, Beteiligungen zu erwerben, Anschaffungen zu tätigen oder als Reserve, z. B. auch in Form von langfristigen Rückstellungen, zurückgestellt zu werden.

Der einfache Cash Flow wird wie folgt ermittelt:

- Bilanzgewinn
- plus Rücklagenzuführung
- abzüglich Gewinnausschüttung
- plus Abschreibungen
- plus langfristige Rückstellungen
- plus langfristige Wertberichtigungen

= einfacher Cash Flow

Meist wird zusätzlich noch das außerordentliche Ergebnis ausgeklammert. Also:

- einfacher Cash Flow
- plus außerordentlicher Aufwand
- minus außerordentlicher Ertrag

= erweiterter Cash Flow

CD's → *Certificates of Deposit*

Certificates of Deposit (CD's)

„Depositenzertifikate", Einlagenzertifikate, vergleichbar unseren → *Kassenobligationen*; von Kreditinstituten ausgegebene Papiere über bestimmte Beträge mit fester Laufzeit (3 Monate bis 5 Jahre). Der Zinssatz liegt für die Laufzeit fest. Es handelt sich also um festverzinsliche Geldmarktpapiere im Gegensatz zu den → *Anleihen.*

Anleger sind vor allem Unternehmen, die auf diese Weise kurzfristig verfügbare Überschüsse anlegen. CD's kommen aus den USA. Sie lauten meist auf US-$.

Seit 1986 sind Einlagenzertifikate auch bei uns zugelassen; nach den Wünschen der Deutschen Bundesbank allerdings nur in der Form, daß sie von inländischen Kreditinstituten ausgegeben werden. Doch ist es zu Emissionen größeren Stils bisher nicht gekommen, da diese Einlagenquittungen bei uns mit erheblichen steuerlichen (BUSt) und rechtlichen Nachteilen (Mindestreservepflicht) behaftet sind.

Charts → *Aktienanalyse*

Charttechnik → *Aktienanalyse*

Chemiewerte → *Aktien*

Commercial Paper

Sammelbegriff für kurzfristige Handelspapiere erstklassiger Schuldner. Kein Kursrisiko und keine Börsennotiz. Die Laufzeiten reichen von wenigen Monaten bis zu mehreren Jahren. Zu den Commercial Papers gehören auch die sog. → *Geldmarktfonds,* die bei uns noch nicht erlaubt sind.

Cost-Average-Methode

Hierbei wird ein regelmäßiger, gleicher Betrag laufend z. B. in Wertpapieren angelegt. Der Vorteil liegt darin, daß Sie bei niedrigen Kursen mehr Anteile erhalten. Hierdurch erwerben Sie relativ mehr Wertpapiere zu niedrigen Kursen als zu hohen. Ihr Einstandspreis liegt dann nicht exakt beim Durchschnittskurs, sondern darunter. Das Cost-Average-Verfahren kommt etwa bei Investment-Aufbaukonten zum Tragen (→ *Investmentfonds*).

Courtage → *Spesen*

Dauremittent

ist ein emissionsfähiges Institut, das sich laufend am → *Kapitalmarkt* verschuldet und → *Anleihen* auflegt. Dauremittenten sind vor allem die Hypothekenbanken mit ihren → *Pfandbriefen* und → *Kommunalobligationen*, die öffentlich-rechtlichen Kreditinstitute mit Sonderaufgaben, die Landesbanken und die Bundesrepublik Deutschland mit ihren → *Bundesobligationen*, ihren → *Bundesschatzbriefen* und ihren → *Finanzierungs-Schätzen*.

DAX → *Aktienindex*

Deckungsstockfähig

sind solche Wertpapiere, die Versicherungsgesellschaften als Kapitalanlage in ihren Prämienreservefonds (Deckungsstock) übernehmen dürfen.

Aus den jährlichen Prämieneinnahmen müssen die Versicherungen einen Reservefonds für die von ihnen zu erbringenden Leistungen bilden. Für diesen „Deckungsstock" sind nur besonders sichere Papiere wie Bundesanleihen, → *Pfandbriefe* und → *Kommunalobligationen* zugelassen. Da Versicherungen regelmäßig einen hohen Anlagebedarf haben, ist die Deckungsstockfähigkeit einer → *Anleihe* für ihren Absatz unter Umständen von großer Bedeutung.

Deport → *Devisentermingeschäfte*

Depositen → *Einlagen*

Depositenzertifikate → *Certificates of Deposit*

Depot

Ist eine Einrichtung bei der Bank, bei der Wertpapiere verbucht und verwaltet werden, im Gegensatz zum Konto (→ *Kontensparen*), auf dem Geld (Depositen) hinterlegt wird. Das Depot lautet auf den Namen des Inhabers oder der Inhaber (Personen- oder persönliches Depot). Zu Buchungs- und Unterscheidungszwecken trägt das Depot – wie auch das Konto – eine Nummer.

Dem Gesetzgeber schien dieses „Wertpapierkonto" wichtig genug, um hierfür ein eigenes Gesetz zu erlassen, das Depotgesetz. Denn schließlich vertrauen Sie ja mit dem Depot Ihre Wertpapiere einem fremden Verwahrer an, statt sie selbst bei sich zu Hause oder im Safe der Bank zu verwahren.

Mindestens einmal im Jahr erhalten Sie von Ihrem Depotbestand eine Aufstellung, nämlich zum Jahresende. Zugleich werden auf diesen Bestand auch die jährlichen Depotgebühren (→ *Spesen*) berechnet und Ihrem Konto belastet. Sie können – meist gegen Bezahlung – sich Ihr Depot aber auch jederzeit innerhalb des Jahres vom Computer ausdrucken lassen. Bei der → *Anlageberatung* in der Bank läßt sich Ihr Depot auch auf dem Bildschirm sichtbar machen. Der Depotauszug bzw. die Depotaufstellung enthält die Bezeichnung des Papiers, die Anzahl jeder Gattung, den letzten Kurs und den Kurswert. Das Depot ist nach Wertpapier-Kennummern geordnet. Zuerst kommen die Rentenwerte und dann die Aktien. Am Schluß wird ausgeworfen, zu welchem Anteil sich Ihr Depot aus Rentenwerten und zu welchem aus Aktien zusammensetzt.

Mit der Depotverwahrung durch die Bank ist außerdem verbunden: Gutschrift von Zinsen und Dividenden, Anschreiben bei → *Hauptversammlungen* und → *Kapitalerhöhungen*, Ausstellen von Eintrittskarten zur Hauptversammlung und die Durchführung von Kapitalerhöhungen, Kapitalzusammenlegungen, die Einlösung fälliger Anleihen sowie die Ausübung des Stimmrechts in der Hauptversammlung im Auftrag des Aktionärs (→ *Depotstimmrecht*).

Tip

Verwahren und verwalten Sie Ihre Wertpapiere selbst, dann ist dies zwar billiger, bringt aber Probleme und Risiken mit sich. Zum einen ist dringend die Hinterlegung in einem Bankschrankfach anzuraten. Zum anderen müssen Sie die Zinstermine wahrnehmen und die Kupons trennen, Hauptversammlungstermine in der Presse verfolgen und Dividendenscheine bei Dividendenzahlungen und → *Bezugsrechten* einreichen.

Besitzen Sie Kündigungsanleihen, dann müssen Sie auch noch mögliche Kündigungen überwachen. Manche Wertpapierbesitzer behelfen sich in solchen Fällen damit, daß sie eine Aktie oder ein Anleihestück der Gattung in das Depot bei der Bank geben und den Rest selbst verwalten. Dann werden sie über alle wichtigen Termine informiert und können dann auch mit ihrem selbstverwalteten Bestand reagieren.

Depotbank → *Investmentfonds*

Depotgebühren → *Spesen*

Depotstimmrecht

auch als Vollmachtstimmrecht bezeichnet; jeder Aktionär (→ *Aktiengesellschaft*) kann das ihm aus seinen → *Aktien* zuwachsende Stimmrecht in der → *Hauptversammlung* entweder selbst ausüben, indem er sich eine Eintrittskarte ausstellen läßt und an der Hauptversammlung teilnimmt. Oder aber er kann sein Recht zur Abstimmung über die einzelnen Tagesordnungspunkte auf jemand anderen übertragen. In den meisten Fällen wird dies dann seine Bank sein, bei der er seine Wertpapiere im → *Depot* verwahrt.

Er bevollmächtigt dann die Bank oder Sparkasse schriftlich, seine Rechte in seinem Sinn bzw. im Sinne der Verwaltung oder nach den Vorstellungen der Bank wahrzunehmen. Normalerweise erteilt er diese Vollmacht generell für alle Hauptversammlungen über einen bestimmten Zeitraum, maximal für 15 Monate. Die Vollmacht ist jederzeit widerrufbar. Er kann die Bank aber auch in jedem Einzelfall gesondert ermächtigen, ihn in der Hauptversammlung zu vertreten.

In jedem Einzelfall können Sie besondere Weisungen geben, wie das Depotstimmrecht ausgeübt werden soll. Sie können gegen Tagesordnungspunkte stimmen und Anträge stellen lassen oder Anträge anderer Aktionäre gegen die Verwaltungsvorschläge unterstützen. Die Weisungen müssen Sie **vor** der Hauptversammlung der Bank gegenüber präzisieren, damit der Bankenvertreter sich hiernach richten kann.

In den allermeisten Fällen schlagen die Kreditinstitute zur Ausübung des Depotstimmrechts vor, im Sinne der Verwaltung des Unternehmens zu stimmen. Wenn Sie also keine besonderen Weisungen erteilen, wird Ihr Depotstimmrecht im Interesse von Vorstand und Aufsichtsrat der Gesellschaft ausgeübt.

Devisen

Das ist Geld in fremder Währung, und zwar Buchgeld; nicht dagegen das Bargeld (Sorten). Gemeint sind z. B. alle Zahlungsmittel wie Reiseschecks oder Eurocheques in ausländischer Währung. Aber auch alle Kontoguthaben in fremder Währung zählen dazu. Devisen werden gehandelt, indem eine Währung in die andere umgetauscht wird. Daraus bildet sich der Devisenkurs, der den Wert der einen Währung in der anderen Währung ausdrückt, z. B. 1 US-$ = 1,70 DM.

Ein Teil des Devisenhandels wird über die amtliche Devisenbörse (Zentralplatz Frankfurt) abgewickelt. In Frankfurt werden börsentäglich einmal zum sog. Fixing die amtlichen Geld- und Briefkurse der 17 wichtigsten Währungen festgestellt und an der Tafel angeschrieben.

Auch die Käufe und Verkäufe → *ausländischer Wertpapiere* verursachen neben der Wertpapier- eine Devisentransaktion. Dabei kann der Fixingkurs des betreffenden Tages angewendet werden oder jeder sonstwie mit der Bank abgesprochene Devisenkurs.

Devisenmarkt → *Devisen*

Devisenoptionen → *Devisentermingeschäfte*

Devisentermingeschäfte

An den Devisenterminbörsen und im freien Devisenhandel werden neben den sog. Kassageschäften, die von beiden Seiten sofort beliefert werden, auch Termingeschäfte abgeschlossen. Ähnlich wie auch bei den → *Termingeschäften* in Wertpapieren oder Waren (Rohstoffen) ist das Devisentermingeschäft ein in die Zukunft gerichtetes Geschäft. Sie kaufen oder verkaufen hierbei eine fremde Währung (gegen DM) nicht sofort, sondern erst mit Wirkung zu irgendeinem beliebig gewählten späteren Termin. Dieser Termin kann etwa in sechs Monaten oder erst in einem Jahr liegen. Sie treffen aber die Vereinbarung **jetzt** und zu den heute geltenden Bedingungen, d. h. nach der gegenwärtigen Marktlage.

Haben Sie z. B. Dollar-Aktien oder Dollar-Anleihen gekauft und befürchten Sie nun, der Dollar könnte fallen und Ihnen damit Verluste bescheren, dann können Sie dieses Verlustrisiko – wenigstens auf gewisse Zeit – ausschließen. Sie verkaufen jetzt die in Ihre Anlage investierten Dollars zum heutigen Kurs abzüglich eines Terminabschlags (Deport genannt) auf einen späteren Zeitpunkt.

Dabei schließen Sie lediglich einen Vertrag mit der Bank, wonach Sie sich verpflichten, z. B. in sechs Monaten einen bestimmten Dollarbetrag zu liefern. Die Bank verpflichtet sich (schon jetzt), Ihnen diese Dollars in einem halben Jahr abzunehmen. Als Preis wird der 6-Monats-Terminkurs des Dollars festgelegt. Liegt der Kassakurs etwa bei 1,65 DM je Dollar, dann erzielen Sie per Termin sechs Monate immerhin noch etwa 1,62 DM je Dollar. Sie büßen also rd. 3 Pfennig je Dollar ein. Dies ist der Preis für die Ausschaltung des Dollarrisikos

Devisentermingeschäfte

für einen Zeitraum von sechs Monaten (nicht länger!), den sie gleichsam an die Bank zu entrichten haben.

In sechs Monaten wird Ihnen dieses Devisentermingeschäft abgerechnet. Sie haben dann entweder die Dollars zu liefern, indem Sie Ihre dagegenstehenden Dollar-Wertpapiere verkaufen, oder indem Sie die benötigten Dollars dann zur Kasse kaufen. Die Bank wickelt das Geschäft automatisch nach dieser zweiten Version ab, sofern Sie keine andere Vereinbarung treffen.

Ist der Dollar bis zum Fälligkeitstermin des Devisentermingeschäfts dann unter 1,62 DM gefallen, dann sind Sie gut daran. Sie können die Dollars jetzt billig einkaufen, um das Geschäft zu erfüllen. Ist der Dollar dagegen gestiegen, bleibt Ihnen neben dem Kauf der teureren Dollars und der Hinnahme eines Verlustes noch die Möglichkeit, Ihre Wertpapiere zum jetzt höheren Dollarkurs abzustoßen. Sie haben dann nichts gewonnen und nichts verloren, wohl aber den Preis des Deports bezahlt. Der entspricht in diesem Fall rd. 3,6% pro Jahr. Unangenehm wird es in diesem Fall nur dann, wenn Sie (in der Hoffnung, der Dollar steigt weiter) Ihre Papiere behalten, die Dollars zur Abdeckung des Devisentermingeschäfts in der Kasse einkaufen und der Dollar dann wieder fällt.

So wie die Terminkurse schwacher Währungen mit einem entsprechenden Deport (Abschlag) gehandelt werden, gibt es bei starken Währungen auch Reports (Aufschläge) beim Terminkurs.

Nun müssen Sie mit Abschluß eines Devisentermingeschäfts nicht bis zur Fälligkeit tatenlos bleiben. Haben sich nämlich die Kurse im Markt soweit entwickelt, daß Sie entweder genügend verdient zu haben glauben (= Kurs geht in die gewünschte Richtung) oder Sie sich nicht weiteren Verlusten aussetzen wollen (= Kurs läuft in die entgegengesetzte Richtung), dann können Sie Ihren Terminabschluß eindecken. Sie schließen dann auf den Fälligkeitstermin Ihres ersten Devisentermingeschäfts ein zweites Devisentermingeschäft in umgekehrter Weise ab. Zum sog. Gegengeschäft können Sie sich jederzeit vor Fälligkeit Ihres Kurssicherungstermins entschließen.

Als Alternative zum reinen Devisentermingeschäft bietet sich bei uns seit einiger Zeit die Möglichkeit, ein **Devisenoptionsgeschäft** abzuschließen. Sie kaufen – ebenso wie beim → *Optionsgeschäft* in Wertpapieren – damit das Recht, Ihre Dollars in sechs Monaten zu einem heute festgesetzten Preis, dem Optionspreis, zu verkaufen (put). Die Optionsprämie zahlen Sie jetzt. Sie ist also in jedem Fall fällig. Nun haben Sie aber im Gegensatz zum klassischen Devisentermingeschäft beim Optionsgeschäft die Wahl, die Option auszuüben oder verfallen zu lassen. Sie brauchen also die Dollars später nicht zu liefern.

Im Gegensatz zum reinen Termingeschäft müssen Sie aber mit der Ausübung und Abwicklung des Optionsgeschäfts bis zum Ende der Optionsfrist (Fälligkeit) warten (europäischer Optionstyp). Wenn der Dollar bis zur Fälligkeit also genügend gesunken ist, und Sie die Dollars nun billiger als zum Basispreis (zuzüglich Optionsprämie) einkaufen können, dann üben Sie die Option aus. Sie dienen dann Ihre Dollars an, die Sie z. B. zu 1,65 DM verkaufen können. In der Kasse mögen die Dollars bei 1,55 DM stehen. Dann können Sie sie um 10 Pfennig billiger am Markt kaufen. Sie haben dann 10 Pfennig abzüglich der Optionsprämie netto verdient.

Umgekehrt können Sie auf dem Optionsweg Dollars per sechs oder zwölf Monate kaufen, wenn Sie damit rechnen, daß der Dollar steigt (call). Steht der Dollar bei 1,65 DM, kaufen Sie auf dieser Basis z. B. zum Preis von 0,05 Pfennig Prämie. Steigt der Dollar über 1,70 DM, dann sind Sie in der Gewinnzone. Sie üben dann bei Fälligkeit die Option aus. Sie haben nun die Möglichkeit, falls Sie die Dollars nicht brauchen, diese zu über 1,70 DM im Markt zu verkaufen.

Der Unterschied zum reinen Termingeschäft liegt darin, daß das Optionsgeschäft im allgemeinen teurer ist, die Optionsprämie also höher liegt als der Deport beim Terminhandel. Die Optionsprämie ist in jedem Fall fällig, auch wenn Sie auf die Ausübung verzichten. Dabei begrenzen Sie beim Optionsgeschäft aber Ihren möglichen Verlust auf die Optionsprämie, da Sie die Option nicht auszunutzen brauchen. Beim reinen Termingeschäft ist theoretisch der Verlust überhaupt nicht zu begrenzen.

Diamanten → *Edelsteine*

Disagio

„Abgeld" (bei Darlehen auch Damnum genannt), das ist der Abschlag auf den → *Nennwert* eines Wertpapiers; der Abschlag, um den Sie ein Wertpapier billiger kaufen können, als es seinem Nominalwert entspricht. Manchmal – vor allem in Zeiten schleppenden Wertpapierabsatzes – werden → *Anleihen* unter pari emittiert, um dem Käufer einen Anreiz zu bieten. Je höher das Disagio, um so niedriger fällt der Nominalzins (→ *Effektivzins*) aus.

Namentlich → *Optionsanleihen* (ohne Optionsschein) verfügen teilweise über ein hohes Disagio, soweit diese nämlich mit einem sehr niedrigen Zinssatz ausgestattet sind. Da der Unterschied zwischen dem niedrigeren Kaufkurs und dem Einlösungskurs, also der Kursgewinn, steuerfrei vereinnahmt werden kann, und also nur der Zinsertrag der Einkommensteuer unterliegt, können Sie als Anleger bei einem hohen Disagio Steuern sparen. Gegensatz: → *Agio*.

Dividende

Das sind die „Zinsen" auf → *Aktien*. Der Aktionär erhält auf seine Anteile eine Gewinnausschüttung, wenn seine Gesellschaft Erträge erwirtschaftet. Im Gegensatz zum Zinskupon auf → *Anleihen* liegt die Dividende bei Aktien aber nicht fest.

Die Dividende kann herabgesetzt werden oder ganz ausfallen, wenn kein Gewinn erzielt wird. Sie wird erhöht, wenn die Gewinne steigen. Je nach Dividendenpolitik einer → *Aktiengesellschaft* kann die Ausschüttung an die Aktionäre bei kurzfristigen Gewinnschwankungen aber auch unverändert bleiben (Dividendenkontinuität) in der Hoffnung, die nächsten Jahre bringen den Ausgleich.

Die Dividende fließt dem Aktionär netto zu **(Netto-Dividende)**. Das heißt, vom Dividendensatz werden vorab 25% → *Kapitalertragsteuer* abgezogen. Sie werden aber später bei der Ermittlung der Einkommensteuer angerechnet. Der Aktionär erhält also zunächst nur 75% der Dividende.

Zusammen mit der Dividendenvergütung wird ihm eine Bestätigung über die ihm außerdem zustehende Körperschaftsteuergutschrift in Höhe von ⁹⁄₁₆ des Dividendensatzes erteilt. Dividenden- und Körperschaftsteuergutschrift reichen Sie dann zusammen mit der Einkommensteuererklärung Ihrem Finanzamt ein. Die Körperschaftsteuer wird vom Finanzamt vergütet.

Zu versteuern ist dementsprechend die **Brutto-Dividende**. Das ist die Netto-Dividende + Kapitalertragsteuerabzug + Körperschaftsteuergutschrift. Die bereits von der Bank einbehaltene Kapitalertragsteuer (KESt) wird dabei angerechnet.

Beispiel:

Dividende	8,00 DM	
./. 25% KESt	2,00 DM	
Netto-Dividende	6,00 DM	
+ ⁹⁄₁₆ Körperschaftsteuergutschrift	4,50 DM	
Brutto-Dividende	10,50 DM	zu versteuern.

Tip

Die Bezieher niedriger Einkommen können beim Finanzamt eine → *NV-Bescheinigung* beantragen. Sie erhalten dann die Dividende ohne Abzug und zuzüglich der Körperschaftsteuergutschrift ausgezahlt.

Wer seine Aktien selbst verwahrt, muß den entsprechenden Dividendenschein vom Bogen der Aktie trennen und der Bank zur Gutschrift bzw. zur Auszahlung einreichen.

Die Dividende wird bei uns in der Regel am ersten Börsentag nach der → *Hauptversammlung* bezahlt. Der Kurs der betreffenden Aktie notiert an diesem Tag „ex Dividende" bzw. „ex D" oder „ex Div.". Das bedeutet, die Dividende wird vom Börsenkurs der Aktie „abgeschlagen", d. h. abgezogen. Der Aktionär büßt demnach die Dividendenzahlung am Kurs wieder ein. Er bekommt also nichts geschenkt. Wohl aber ist es üblich, daß der Dividendenabschlag mit der Zeit wieder aufgeholt wird, der Kurs also um den Abschlag langsam wieder steigt.

Bei uns pflegt die Dividende einmal im Jahr ausgezahlt zu werden. In anderen Ländern, z. B. den USA, sind quartalsweise Ausschüttungen üblich (Abschlags- und Schlußdividende).

DM-Auslandsanleihen

→ *Anleihen* ausländischer Schuldner, die über DM lauten und bei uns emittiert werden. Die diversen ausländischen Adressen, die sich am deutschen → *Kapitalmarkt* verschuldet haben, bieten nicht nur eine reiche Auswahl unter den DM-Auslandsanleihen. Sie weisen auch ein weites Spektrum verschiedener Bonitätsgrade und unterschiedlicher Renditen auf. Zwischen ersten und zweiten Adressen klaffen Zinsdifferenzen bis zu 1% und mehr. Mit höherem Risiko ist hier mehr Ertrag zu erzielen.

Das Volumen an DM-Auslandsanleihen hat sich kontinuierlich erhöht. Deutschland ist als Niedrigzinsland für die Schuldner attraktiv. Neben Anleihen mit festem Zinssatz finden Sie sog. → *Floating Rate Notes*, also Anleihen mit variablem Zins, sowie → *Zero-Bonds*, also Nullkupon-Anleihen. Und auch → *Doppelwährungsanleihen* sind inzwischen am Markt.

Eine besondere Kategorie stellen die sog. → *Optionsanleihen* dar. Sie sind mit und ohne Optionsschein erhältlich. Ohne Optionsschein verkörpern sie den Typ der DM-Auslandsanleihe besser. Denn hier gibt allein der Zins den Ausschlag für die Anlage (unter Renditegesichtspunkten). Viele Optionsanleihen sind dabei mit außerordentlich niedrigem Nominalzins ausgestattet. Sie bieten somit die Möglichkeit steuerfreier Kursgewinne (sofern die Spekulationsfrist abgewartet wird).

DM-Auslandsanleihen unterliegen im Gegensatz zu inländischen Anleihen nicht der → *Quellensteuer*. Dies hat eine starke Nachfrage nach diesem Anleihetyp ausgelöst. Die Renditen von DM-Auslandsanleihen liegen daher inzwischen deutlich unter denen von Inlandsanleihen.

DM-Auslandsanleihen

Was das Interesse an den DM-Auslandsanleihen noch erhöht, ist ihre Lieferbarkeit in → *effektiven Stücken*. Im Gegensatz zu den neueren inländischen Anleihen werden DM-Auslandsanleihen noch ausgedruckt. Sie können also mit nach Hause genommen werden.

Wie bereits erwähnt, ist bei DM-Auslandsanleihen die Spekulationsfrist zu beachten. Liegen zwischen Kauf und Verkauf nicht mehr als sechs Monate, dann ist der Veräußerungsgewinn der Einkommensteuer zu unterwerfen.

Dollar-Wertpapiere

Alle Geldanlagen in US-Dollar unterliegen dem Kursrisiko der amerikanischen Währung. Neben Immobilienanlagen in den USA zählen hierzu auch sämtliche Anlagen in US-Aktien und US-Rentenwerten. Bei Edelmetallen muß man dagegen eine Einschränkung machen. Gold z. B. wird in US-$ und gleichzeitig in D-Mark notiert. Wenn man sich also am DM-Kurs der Edelmetallnotierungen orientiert, dann ist der deutsche Anleger vom Dollarrisiko unabhängig.

Anders ist dies bei US-Wertpapieren. Wenn Sie eine Anleihe oder eine Aktie in den USA kaufen, wird Ihnen das Papier in US-Dollar abgerechnet. Sie kaufen also Dollars und mit diesen Dollars das Wertpapier. Wenn Sie später verkaufen, wird beim Verkauf ebenfalls der dann gültige Dollarkurs zugrunde gelegt. Sie erhalten soviel DM zurück, wie die beim Wertpapierverkauf erlösten Dollars wert sind.

Dies gilt ebenso bei amerikanischen Wertpapieren, die an deutschen Börsen in DM notiert werden. Zwar wird hier nicht in die fremde Währung umgerechnet, aber bereits der Börsenkurs in Frankfurt oder München ist Ausdruck der amerikanischen Notierung des Papiers, bewertet zum aktuellen Dollarkurs.

> Hierzu ein **Beispiel:**
> Chrysler wird in New York mit 25 US-$ notiert. Beim Kurs des US-$ von 1,68 DM bedeutet dies einen Circa-Kurs bei uns von 42 DM (z. B. Börse Frankfurt). Steigt der Dollar auf 1,70 DM, ohne daß sich die Notiz von 25 US-$ in New York verändert, wird die Chrysler-Aktie in Frankfurt rechnerisch mit rd. 42,50 DM gehandelt (von markttechnischen Abweichungen abgesehen).

Auch die Anlage in festverzinslichen Wertpapieren ist unter Einbeziehung des Dollar-Kursrisikos zu betrachten. Zwar erzielen Sie mit einer Dollar-Anleihe derzeit etwa 2½% mehr Zinsen als mit einer DM-Anleihe. Doch laufen Sie Gefahr, im Laufe der Anlage aus DM-Sicht am Dollar zu verlieren. Sie können natürlich auch gewinnen, wenn der Dollar gegenüber der DM steigt.

Natürlich können Sie Ihre Dollaranlage gegen einen denkbaren Kursverfall absichern. Dann schließen Sie ein → *Devisentermingeschäft* ab. Doch zahlen sie theoretisch für die Kurssicherung pro Jahr exakt das, was Ihnen als Zinsvorteil gegenüber der DM zufließt. Der Deport ist Ausdruck der Zinsdifferenz zweier Währungen. Allgemein ausgedrückt: Je höher die Zinsen, um so größer das Wechselkursrisiko, um so höher der Deport, um so teurer die Kurssicherung (→ *ausländische Wertpapiere*).

Doppelwährungsanleihen

Das sind → *Anleihen*, die in der Währung des Emissionslandes aufgelegt und bedient werden, deren Rückzahlung aber in einer anderen Währung vorgesehen ist. Bei uns sind seit ihrer Zulassung 1985 nur wenige Doppelwährungsanleihen herausgekommen. In der Schweiz gibt es wesentlich mehr Anleihen dieser Art. Doppelwährungsanleihen werden durchweg in US-Dollar eingelöst, und zwar zu einem in den Anleihebedingungen genannten Preis. Der Zinssatz ist für die gesamte Laufzeit fest. Er wird in der Währung des Landes gezahlt, in dem die Anleihe notiert wird.

Der Anleiheschuldner hat den Vorteil, einen niedrigeren Zins als in seiner eigenen Währung zu zahlen. Er braucht andererseits das Währungsrisiko nicht zu fürchten, weil er in seiner Heimatwährung tilgt. Der Anleger erhält einen höheren Zins als in seiner Heimatwährung. Dafür trägt er aber ein, wenn auch eingeschränktes Währungskursrisiko.

Beispiel:

7½% Export Developement Corp von 1985 bis 1993, Kurs 115 DM

Emission 1985 in DM:	3 000 DM pro Stück
Rückzahlung 1993 in US-$:	zu 1 100 US-$ pro Stück
Zinsen pro Jahr:	225 DM
Kurswert bei 115 DM bei 1,68 DM je US-$:	2 125,20 DM

Dow Jones-Index → *Aktienindex*

DVFA-Ergebnis

Das ist der nach einer bestimmten Methode ermittelte Jahresgewinn einer AG. Er entspricht eher dem „wahren" Ergebnis als der meist manipulierte und auf

DVFA-Ergebnis

die Dividendenzahlung hin ausgerichtete Bilanzgewinn. Entwickelt hat dieses Verfahren die Deutsche Vereinigung für Finanzanalyse und Anlageberatung, ein Gremium von Geldexperten aus dem Bankwesen, der Wirtschaft und der Publizität; daher diese Bezeichnung. Die meisten großen Aktiengesellschaften geben heute das nach diesem Schema errechnete Jahresergebnis bekannt. Nicht selten aber muß es auch nach manchmal unzureichenden Angaben der Unternehmen erst mühsam errechnet werden. Durch die Ausklammerung vor allem der außerordentlichen Einflüsse sind so eher Vergleiche möglich.

ECU-Anleihen

→ *Anleihen*, die auf die künstliche Währung ECU (European Currency Unit) lauten. Die europäische Währungseinheit setzt sich zusammen aus (Währungskorb):

32 %	=	D-Mark
19 %	=	französische Francs
15 %	=	englische Pfund
10 %	=	italienische Lire
10 %	=	holländische Gulden
8 %	=	belgische Francs
3 %	=	dänische Kronen
1 %	=	irische Pfund
1 %	=	griechische Drachmen

Zu diesen Anteilen tragen die beteiligten Währungen zur Stärkung oder zur Schwächung des Währungskorbs bei, je nachdem wie sich ihr Wechselkurs entwickelt. Ein ECU = 2,06 DM (Leitkurs 1988).

Wird eine Währung abgewertet, so steigt der Wert des ECU in dieser Währung. Wird eine Währung aufgewertet, so sinkt der Wert des ECU in dieser Währung. Letzteres trifft seit Jahren auf die DM zu.

Wenn Sie also ECU-Anleihen erwerben, dann gehen Sie das Risiko ein, für die gekauften ECU später weniger DM zurückzubekommen. Dies gilt solange, wie die anderen beteiligten Währungen gegenüber der DM zur Schwäche neigen. Der Zinsvorteil der ECU-Anleihe von etwa 1% bis 1½% gegenüber der DM kann also durch Aufwertungen der DM laufend verlorengehen.

Seit 1987 können Sie bei uns an bestimmten Plätzen auch ECU-Konten führen und sich in ECU verschulden.

ECU-Anleihen werden depotmäßig wie ausländische Anleihen behandelt.

Edelmetallanlagen

Unter den Edelmetallen eignen sich → *Gold*, → *Silber* und → *Platin* zur langfristigen Geldanlage, mit Einschränkungen noch Palladium (Hauptproduzent Sowjetunion). Welche Besonderheiten den einzelnen Metallen anhaften, lesen Sie unter den einzelnen Stichworten. Palladium findet weitgehend als Industrierohstoff Verwendung. Es wird aber auch von Anlegern gehortet. Sein Preis folgt dem Platin; er entspricht etwa einem Drittel des Goldwertes.

Allen Edelmetallen ist gemeinsam, daß sie keine Zinsen abwerfen. Auch werden Gold, Silber, Platin und Palladium täglich zu festen Preisen gehandelt, sind also leicht bewertbar und liquide. Andererseits sagt man ihnen nach, sie seien wertbeständig und krisenfest; sie würden also Kriege, Inflationen und Depressionen überstehen. Das ist aber nur sehr eingeschränkt gültig. Denn zum einen können Edelmetalle auch in Krisenzeiten ganz erheblich verlieren. Ihr Wert kann auf einen Bruchteil des gegenwärtigen Preises schrumpfen. Bedenken Sie dabei nur, zu welchen Preisen Gold und Silber noch vor gut zehn Jahren zu haben waren oder gar vor 20 Jahren. 1968 kostete Gold noch 35 US-$ je Unze, heute rd. 430 US-$ (Stand September 1988).

Zum anderen benötigt man in Krisenzeiten Edelmetalle in kuranten Größen, um sie nutzbringend einsetzen zu können. Das bedeutet kleine Münzen und kleinste Barren. Münzen im Gewicht von 1 Unze (ca. 31 g) können zu Tauschzwecken schon zu groß sein. Auf kleine Münzen und Barren müssen Sie aber ein Aufgeld bezahlen.

Zwischen An- und Verkauf von Edelmetallen liegt eine Spanne von mindestens 3% bis 5%. Bei älteren Münzen ist diese Differenz wesentlich größer.

Ein wichtiger Faktor bei Edelmetallen ist die **Mehrwertsteuer**. Sie bezahlen derzeit 14%, wenn Sie Gold, Silber oder Platin im Inland kaufen. In bestimmten Ländern wird diese Mehrwertsteuer nicht erhoben, so in Luxemburg, in der Schweiz, in Österreich und in Norwegen. Wenn Sie also in diesen Ländern kaufen, sparen Sie zunächst die Mehrwertsteuer. Wollen Sie aber das Metall physisch nach Deutschland transportieren, dann entsteht an der Grenze die Mehrwertsteuerpflicht.

Tip

Natürlich können Sie das Metall auch im Ausland gegen Gebühr verwahren lassen. Sollten Sie Ihre Gold- oder Platinanlage allerdings als Krisenreserve gedacht haben, ist von der Lagerung im Ausland dringend abzuraten. Im wirklichen Ernstfall kommen Sie an Ihre Reserve im Ausland sicher nicht mehr heran.

Edelmetallanlagen

Nun können Sie Edelmetalle aber nicht nur in Barren und Münzen kaufen, sondern Sie können Ihre Anlage auch in Form von **Edelmetall-Zertifikaten** oder als **Edelmetallkonto** bzw. -depot treffen. Sie erwerben das Metall nur in Buchform, können sich dagegen aber jederzeit das physische Metall beschaffen. Auch diese Form der Anlage löst im Inland die Mehrwertsteuerpflicht aus. Daher werden solche Anlagen zweckmäßigerweise in mehrwertsteuerfreien Ländern getätigt. Dabei ist meist die Abnahme bestimmter Mindestmengen (ca. 10 000 DM) vorgeschrieben. Diese Form der Edelmetallanlage eignet sich hervorragend zu Spekulationszwecken. Natürlich entstehen auch hier Kosten beim Kauf (Geld-Brief-Spanne) und für die Verwahrung im Depot oder im Bankschließfach.

Die Preise der Edelmetalle waren in den letzten zehn Jahren erheblichen Schwankungen unterworfen. Bei der internationalen Spekulation in diesen Werten, der Unsicherheit über das Verhalten der Notenbanken sowie der Ungewißheit über die wahren Bestände vor allem der Ostblockländer ist die weitere Einschätzung der Preisentwicklung schwierig. Selbst in der Börsenkrise im Herbst 1987 konnte der Goldpreis die Marke von 500 US-$ je Unze nicht überschreiten. Seitdem hat der Goldpreis wieder um rd. 10% nachgegeben.

Tip

Edelmetallanlagen sind wegen ihrer Zinslosigkeit nur für vermögende Anleger sinnvoll. Wenn Sie nur über geringe Mittel verfügen, dann ist allenfalls eine kleine Krisenreserve anzuraten. Dann aber sollten Sie das Metall jederzeit greifbar haben.

Edelsteine

als Geldanlage sind sie ein schwieriges Kapitel. Im Hinblick auf Wertbeständigkeit, Handelbarkeit und objektiver Bewertbarkeit kommen hier überhaupt nur geschliffene **Diamanten** (Brillanten) in Betracht. Aber auch hier sollte der Anleger selbst über einige Kenntnisse verfügen, und er muß sich rückhaltlos auf seine Quelle und wirkliche Fachleute verlassen können. Mit Unbekannten sollte man solche Geschäfte nicht abwickeln.

Die Qualitätsbeurteilung von Diamanten unterliegt nicht nur objektiven, sondern auch subjektiven Merkmalen. Niedrigere Qualitäten, besonders also auch Steine unter ½ Karat sollten zu Anlagezwecken überhaupt nicht erworben werden. Am sichersten und wertbeständigsten erweisen sich Steine von ½ Karat bis 2 Karat. Gefragt und handelbar sind diese Größen vor allem in den lupenreinen Qualitäten Top Wesselton F (typischer Anlagestein), River E (Spitzenprodukt) und Wesselton H (etwas unter Top Wesselton F).

Die Spannen zwischen Kauf- und Verkaufspreis liegen nicht selten bei 100%. Der Diamantenpreis muß also erst einmal auf das Doppelte klettern, bis die Anlage ein „Geschäft" für Sie wird. Zertifikate und möglichst zusätzlich eine Expertise eines anerkannten gemmologischen Instituts sind unerläßlich, auch wenn sie keinerlei Preisgarantie bieten. Sie attestieren mindestens die Echtheit der Steine.

Edelsteine sind natürlich als Krisenanlage durchweg geeignet. Kleinere Wertgrößen sind dann leichter handelbar und als Tauschmittel einsetzbar als z. B. ein Halbkaräter erster Qualität. Doch ist gerade hier mit dem höchsten Wertverfall zu rechnen, wenn die Lage ernst wird. Und auch mit der Wertbeständigkeit ist es bei kleinen Einheiten nicht weit her.

Kennzeichnend ist auch, daß die besten Preissteigerungen für Diamanten in der Hochkonjunktur erzielt werden. In der Krise setzt also erst einmal eine rasante Talfahrt ein.

⅘ aller Rohdiamanten kommen aus dem Hause De Beers. De Beers ist weltweiter Monopolist und bestimmt die Preise. Er verfügt Preiserhöhungen und kontrolliert das Angebot. Produziert werden die Steine hauptsächlich in Südafrika. Neuerdings sind aber auch große Diamantenfelder in Australien entdeckt worden.

Die Preisentwicklung von Diamanten ist in der Vergangenheit schon sehr unterschiedlich und spekulativ verlaufen. Die schon vor Jahren vorausgesagten Preissteigerungen sind kaum eingetreten. Der industrielle wie auch der Bedarf an Schmuckdiamanten und die Nachfrage aus Anlegerkreisen ist jedenfalls leicht aus dem Angebot zu decken. Ein Preisanstieg ist aus dieser Richtung also kaum zu erwarten. Andererseits wird De Beers einen Preisverfall zu verhindern suchen, indem der Konzern das Angebot zurücknimmt.

Tip

Die Preise für Halbkaräter und Einkaräter sind heute auf einem mäßigen Niveau. Zu Liebhaberzwecken kann man sich hier engagieren. Von größeren Anlagen würden wir dennoch abraten.

Effekten → *Wertpapiere*

Effekten-Club → *Investment-Club*

Effektenkommissionsgeschäft

ist ein Kommissionsgeschäft in Wertpapieren; die übliche Form der Geschäftsabwicklung mit der Bank. Beim Kauf und Verkauf von Wertpapieren handelt die Bank in Ihrem Auftrag im eigenen Namen auf fremde (Ihre) Rechnung. Die Bank tritt an der → *Börse* zwar nur unter ihrem Namen auf, ohne daß dabei Ihr Name fällt. Doch ist für den Makler erkennbar, daß die Bank für fremde Rechnung handelt. Dies ist die übliche Abwicklungsform sowohl im amtlichen Handel (→ *Amtlicher Markt*) an der Börse wie im → *Geregelten Markt*.

Bei amtlich nicht notierten, also im Freiverkehr gehandelten Werten tritt die Bank als sog. Eigenhändler an der Börse auf. Dies gilt auch für den vor- und nachbörslichen Telefonverkehr. Anspruch auf Ausführung einer → *Order* haben Sie nur bei Papieren mit amtlicher Notiz oder Notiz im Geregelten Markt. Keinen Anspruch auf Auftragsausführung haben Sie bei amtlich nicht notierten Werten.

Effektenlombardkredit

auch Lombardkredit genannt, ist ein Bankkredit, der durch Wertpapiere gedeckt ist. Hierbei können Sie Ihre Wertpapiere, die entweder im → *Depot* bei der Bank oder anderswo lagern, ausdrücklich verpfänden. Bei inländischen Wertpapieren und fremden Aktien ist eine Verpfändung der im Depot bei der Bank verwahrten Wertpapiere aber gar nicht erforderlich, denn diese Werte haften nach den Allgemeinen Geschäftsbedingungen der Bank sowieso für eventuelle Forderungen der Bank an Sie. Unterhalten Sie also ein Wertpapierdepot und nehmen gleichzeitig bei diesem Kreditinstitut einen Kredit in laufender Rechnung in Anspruch, dann handelt es sich automatisch um einen Effektenlombardkredit.

Tip
Diese Kredite haben für die Bank den Vorteil, daß sie sicher sind. Dafür werden für solche Kredite auch Vorzugszinssätze bewilligt. Achten Sie also darauf.

Die Sicherheit der Bank erhöht sich noch durch die Regelung, daß Wertpapiere nur zu einem Teil beliehen werden. Sie erhalten also nur für einen Teil Ihres Depotwertes Kredit. Gängige Beleihungssätze bei den Kreditinstituten sind:

- inländische Aktien   50 % – 60 % des Kurswertes
- DM-Anleihen u. ä. einschließlich Bundesobligationen, Bundesschatzbriefen, Finanzierungs-Schätzen   70 % – 80 %

- Sparbriefe und -obligationen u. ä. einschließlich Bankschuldverschreibungen 90 % – 100 %
- Investmentanteile und Immobilienzertifikate 60 % – 75 %
- Währungsanleihen 50 % – 60 %
- ausländische Aktien 40 % – 50 %
- Gold 30 % – 50 %

Der Grund für die Bewertungsabschläge liegt in den Kursschwankungen der Papiere. Je größer die Wertschwankungen, um so höher der Abschlag.

Effektive Stücke

ist der Ausdruck von Wertpapieren in lieferbaren Einzelurkunden. Die Urkunden sind auf Sicherheitspapier gedruckt und weitgehend fälschungssicher.

→ *Aktien* sind grundsätzlich immer in Wertpapierurkunden verbrieft. Die Stücke können Sie auf Bestellung mit nach Hause nehmen. Auch Investmentanteile sind in aller Regel lieferbar.

Bei → *Anleihen* wird es mit effektiven Stücken schon schwieriger. Ältere Schuldverschreibungen, besonders → *Pfandbriefe* und → *Kommunalobligationen* sind auch heute noch in Einzelurkunden gedruckt und auslieferbar. Seit den 70er Jahren ist man aber vom Druck von Wertpapieren abgekommen.

Ausnahmslos finden Sie aber → *DM-Auslandsanleihen* noch in Stücken ausgedruckt. Auch Sparbriefe können Sie selbst verwahren. Die oft gewünschte Anonymität ist hier jedoch nicht gewahrt.

Tip

Effektive Stücke können Sie selbst verwahren; Sie sparen damit Gebühren (→ *Spesen*). Sie sollten die Wertpapiere dann aber nicht zu Hause aufheben. Denn keine Versicherung deckt hier einen eventuellen Verlust. Sie sollten dafür ein Schrankfach (→ *Safe*) bei der Bank in Ihrer Nähe mieten.

Effektivzins

Wird auch Rendite genannt; dies ist die Gesamtverzinsung einer Kapitalanlage in Prozent. Der **Zins** allein bestimmt oft nicht, was Sie an einer Anlage

Effektivzins

verdienen. Hier sind meist noch andere Faktoren im Spiel. Bei → *Anleihen* z. B. kommt es auch auf den → *Kurs* an. Und als dritte Komponente geht die *Laufzeit* der Anleihe in die Rechnung ein.

> Hierzu ein **Beispiel:** Sie kaufen eine 7%ige Bundesobligation zu 105%; diese ist in zwei Jahren fällig. Dann streichen Sie zwar 7 DM Zinsen auf nominal 100 DM dieser Bundesobligation ein. Sie haben aber 105 DM eingesetzt. Das bedeutet zunächst schon einmal eine sog. laufende Verzinsung, die unter 7% liegt, nämlich bei 6⅔% (6,67%).
>
> Sodann bekommen Sie nach zwei Jahren aber bei der Einlösung nur 100 DM zurück. Sie büßen also das Aufgeld (→ *Agio*) von 5 DM ein. Das müssen Sie von Ihrer Verzinsung abziehen. Grob gerechnet sind das pro Jahr 2,50 DM. Dann bleiben 4,17% Zinsen pro Jahr übrig.
>
> Nun kommt aber als geringer Zinseszinseffekt hinzu, daß Sie die 5 DM vorausbezahlen. Damit ermäßigt sich Ihr Ertrag in diesem Fall nochmals.

Für die Effektivzinsberechnung gibt es eine einfache, wenn auch ungenaue Formel

$$\frac{Zinssatz \times 100}{Kaufkurs} + \frac{(Rückzahlungskurs - Kaufkurs) \times 100}{Laufzeit \times Kaufkurs}$$

$$\frac{7 \times 100}{105} + \frac{(100-105) \times 100}{2 \times 105} = 6{,}67 - 2{,}38 = 4{,}29\%$$

Der genaue Wert liegt bei 4,34%. Für die Renditeermittlung gibt es kompliziertere Formeln. In der Praxis wird die Rendite aus Tabellen oder aus dem Computer abgelesen.

Wenn Sie eine Anleihe, z. B. eine Nullkupon-Anleihe nur vorübergehend in Besitz haben, dann errechnen Sie Ihren Gesamtertrag aus Kaufpreis und Verkaufspreis. Diesen setzen Sie dann zum Einstandskapital in Beziehung (Ertrag : Einstandspreis) unter Berücksichtigung der gelaufenen Zeit (bei 140 Tagen Besitzzeit also $\times \frac{140}{360}$).

Werden die Zinsen mehrmals im Jahr ausgeschüttet, erhöht sich der Effektivzins leicht (bei halbjährlicher Zinszahlung um etwa 0,2%).

Bei Aktien ergibt sich die Rendite aus der gezahlten → *Dividende* bezogen auf den Kaufkurs in Beziehung zur Laufzeit (zuzüglich eines eventuellen Kursgewinns bzw. abzüglich eines eventuellen Kursverlustes beim Verkauf). Hier können Sie die gleiche Formel verwenden wie bei Anleihen.

Rendite-Tabelle

Erwerbs-kurs	Laufzeit 5 Jahre Nominalverzinsung					Laufzeit 8 Jahre Nominalverzinsung					Laufzeit 10 Jahre Nominalverzinsung				
	6%	6,5%	7%	7,5%	8%	6%	6,5%	7%	7,5%	8%	6%	6,5%	7%	7,5%	8%
70	14,94	15,57	16,21	16,84	17,48	12,05	12,68	13,32	13,96	14,60	11,12	11,76	12,40	13,04	13,68
72	14,19	14,82	15,44	16,06	16,69	11,55	12,17	12,79	13,42	14,05	10,69	11,32	11,94	12,57	13,20
74	13,48	14,09	14,70	15,31	15,93	11,06	11,67	12,29	12,90	13,51	10,28	10,90	11,51	12,13	12,74
76	12,79	13,39	13,99	14,59	15,19	10,60	11,20	11,80	12,40	13,00	9,89	10,49	11,09	11,69	12,30
78	12,12	12,71	13,30	13,89	14,48	10,15	10,73	11,32	11,92	12,51	9,50	10,10	10,69	11,28	11,87
80	11,48	12,06	12,64	13,22	13,80	9,71	10,29	10,87	11,45	12,03	9,13	9,72	10,30	10,88	11,46
82	10,85	11,42	11,99	12,56	13,13	9,29	9,86	10,43	11,00	11,57	8,78	9,35	9,92	10,49	11,06
84	10,25	10,81	11,37	11,93	12,49	8,88	9,44	10,00	10,56	11,12	8,43	8,99	9,55	10,12	10,68
86	9,66	10,21	10,77	11,32	11,87	8,48	9,03	9,58	10,14	10,69	8,10	8,65	9,20	9,75	10,31
88	9,09	9,64	10,18	10,72	11,27	8,10	8,64	9,18	9,73	10,27	7,77	8,31	8,86	9,40	9,95
90	8,54	9,08	9,61	10,15	10,68	7,72	8,26	8,79	9,33	9,87	7,45	7,99	8,53	9,06	9,60
92	8,00	8,53	9,06	9,59	10,12	7,36	7,89	8,41	8,94	9,47	7,15	7,67	8,20	8,73	9,26
94	7,48	8,00	8,52	9,04	9,57	7,00	7,53	8,05	8,57	9,09	6,85	7,37	7,89	8,41	8,93
96	6,97	7,49	8,00	8,52	9,03	6,66	7,17	7,69	8,20	8,72	6,56	7,07	7,59	8,10	8,61
98	6,48	6,99	7,49	8,00	8,51	6,33	6,83	7,34	7,85	8,35	6,28	6,78	7,29	7,80	8,30
100	6,00	6,50	7,00	7,50	8,00	6,00	6,50	7,00	7,50	8,00	6,00	6,50	7,00	7,50	8,00
102	5,53	6,02	6,52	7,01	7,51	5,68	6,18	6,67	7,16	7,66	5,73	6,23	6,72	7,21	7,71
104	5,07	5,56	6,05	6,54	7,02	5,37	5,86	6,35	6,83	7,32	5,47	5,96	6,45	6,93	7,42
106	4,63	5,11	5,59	6,07	6,55	5,07	5,55	6,03	6,51	7,00	5,22	5,70	6,18	6,66	7,14
108	4,19	4,67	5,14	5,62	6,10	4,77	5,25	5,73	6,20	6,68	4,97	5,44	5,92	6,39	6,87
110	3,77	4,24	4,71	5,18	5,65	4,48	4,96	5,43	5,90	6,37	4,72	5,19	5,66	6,13	6,60

Einheitskurs

wird auch Kassakurs genannt, ist der nur einmal pro Börsentag ermittelte amtliche Kurs eines Wertpapiers. Im Gegensatz dazu gibt es den variablen Kurs, der nur von größeren Publikumsgesellschaften in fortlaufender Notiz ermittelt wird.

Zum Einheitskurs werden sämtliche Börsenaufträge abgewickelt, wenn nur dieser Kurs notiert wird. Bei → Aktien mit fortlaufender Notiz werden zum Einheitskurs nur die kleineren Orders unter 50 Stück ausgeführt und solche, bei denen die Ausführung zum Einheitskurs ausdrücklich gewünscht wird. Auf die Abrechnung zum Einheitskurs hat der Bankkunde im amtlichen und Geregelten Markt Anspruch, wenn sein Limit erreicht wurde oder der Auftrag billigst (Kauf) oder bestens (Verkauf) erteilt wurde; auch → amtlicher Markt, → Börse.

Einheitswert → Vermögensteuer

Einkommensteuer

Grundsätzlich unterliegen alle Zinsen und → *Dividenden* aus Wertpapieren als Einkünfte aus Kapitalvermögen der Einkommensteuer. Eine Ausnahme gilt bei geschlossenen → *Immobilienfonds*; dort entstehen Einkünfte aus Vermietung und Verpachtung. Zinseinkünfte sind auch alle Zinsen, Prämien und Boni aus Kontoguthaben.

Kapitaleinkünfte bis zu 300 DM pro Jahr und Steuerpflichtigen sind einkommensteuerfrei (Sparerfreibetrag); hinzu kommen 100 DM Werbungskosten-Pauschbetrag pro Person. Bei einem Ehepaar macht der gesamte Freibetrag pro Jahr also 800 DM aus, wenn die Werbungskosten nicht im einzelnen geltend gemacht werden.

Es gilt das Zuflußprinzip. Das heißt, die Kapitaleinkünfte sind grundsätzlich dann zu versteuern, wenn sie dem Steuerpflichtigen zufließen.

Bei Nullkupon-Anleihen (→ *Zero-Bonds*), → *abgezinsten* oder *aufgezinsten Sparbriefen* und → *Finanzierungs-Schätzen* werden keine Zinsen ausgeschüttet. Eine laufende Versteuerung findet demnach nicht statt. Hier entsteht die Steuerpflicht bei der Einlösung bzw. beim Verkauf. Hierdurch ist eine gewisse Steuerungsmöglichkeit der Zinseinnahmen gegeben.

Bei Zero-Bonds gilt eine Besonderheit: Als Zinsertrag ist nicht der in Wirklichkeit erzielte Ertrag zu versteuern, sondern der auf die Laufzeit entfallende fiktive Zins. Kursgewinne bleiben steuerfrei. So kann es hierbei also vorkommen, daß Sie keine Erträge erzielt haben, aber für die Besitzzeit dennoch einen Ertrag versteuern müssen. Dies kann der Fall sein, wenn das Zinsniveau steigt, und Sie durch Kursverluste keinen Ertrag erwirtschaften. Umgekehrt bleibt bei Kursgewinnen über den Zinszuwachs hinaus der Kursgewinn steuerfrei.

Bei den → *Bundesschatzbriefen Typ B* wird zwar ebenfalls kein Zins laufend ausgezahlt, doch werden die Zinsen jährlich gutgeschrieben und vom neuen Jahr an mitverzinst. Dies ist als Zufluß anzusehen. Die Steuerpflicht entsteht in diesem Fall also erstmals im zweiten Besitzjahr.

Bei → *Dividenden* auf Aktien, → *Genußscheine* u. ä. unterliegt der Gesamtzinsertrag der Einkommensteuer, also die Ausschüttung incl. → *Kapitalertragsteuer* zuzüglich Körperschaftsteuergutschrift. Zwecks Erstattung des Körperschaftsteuerguthabens muß der Gutschriftsbeleg der Bank dem Finanzamt eingereicht werden. Die einbehaltene Kapitalertragsteuer wird auf die Steuerpflicht angerechnet.

Bezieher niedriger Einkommen können beim Finanzamt eine → *NV-Bescheinigung* beantragen und bleiben dann frei vom Kapitalertragsteuerabzug; außerdem erhalten sie dann auch das Körperschaftsteuerguthaben sofort ausgezahlt.

Bei Investmentanteilen (→ *Investmentfonds*) ist gewöhnlich ein Teil der jährlichen Ausschüttung von der Einkommensteuerpflicht befreit, und zwar der

Anteil, der auf Wertzuwachs und Kursgewinne entfällt. Dies gilt auch für offene → *Immobilienfonds*.

Kursgewinne bleiben sowohl bei → *Aktien* wie bei → *Anleihen* im Prinzip steuerfrei. Bei Aktien, Genußscheinen, Wandelschuldverschreibungen (→ *Wandelanleihen* und → *Optionsanleihen*) und → *DM-Auslandsanleihen* ist jedoch eine Spekulationsfrist von sechs Monaten einzuhalten. Kursgewinne sind in diesem Fall also nur dann steuerfrei, wenn die Papiere mindestens sechs Monate ununterbrochen im Besitz geblieben sind. Wird diese Frist nicht erreicht, dann muß der Veräußerungsgewinn der Einkommensteuer unterworfen werden. Kursverluste sind mit Spekulationsgewinnen nur dann verrechenbar – und zwar nur bis zur Höhe der Spekulationsgewinne –, wenn diese Verluste ebenfalls innerhalb der 6-Monats-Frist realisiert wurden.

Gewinne aus Spekulationsgeschäften bleiben bis unter 1 000 DM pro Person im Kalenderjahr steuerfrei (Freigrenze). Ab 1 000 DM muß der gesamte Gewinn versteuert werden.

Bankspesen (→ *Spesen*) können Sie von den Zinseinkünften absetzen. Gemeint sind solche Spesen, die mit den Wertpapiererträgen in Zusammenhang stehen. So ist für den Wertpapiersparer auch die Fachlektüre (Börseninformationsdienste) steuerlich absetzbar.

Die vom Stillhalter vereinnahmte Optionsprämie (→ *Optionsgeschäfte*) unterliegt ebenfalls der Steuerpflicht.

Gewinne aus → *Optionsgeschäften* sowie aus Wertpapier- und Devisentermingeschäften bleiben steuerfrei.

Von inländischen Wertpapieren einbehaltene → *Quellensteuer* ist wie die Kapitalertragsteuer auf die Einkommensteuer anrechenbar. Auf ausländische Wertpapiere einbehaltene Quellensteuer ist dann anrechenbar, wenn ein Doppelbesteuerungsabkommen mit dem betreffenden Land besteht.

Schuldzinsen auf Kredite zum Kauf von Wertpapieren können Sie nur dann steuerlich absetzen, wenn aus Ihrem Kapitalvermögen auf Dauer gesehen ein Gewinn zu erwarten ist. Sie müssen die Wertpapiere also in „Gewinnerzielungsabsicht" kaufen (→ *Effektenlombardkredit*).

Einlagen

werden auch als „Depositen" bezeichnet und sind Kontoguthaben bei der Bank. Hierzu zählen Guthaben auf laufendem (= Giro-)Konto, auch Sichteinlagen genannt, → *Festgeld* und → *Spareinlagen* einschließlich der Guthaben aus → *Sparplänen*.

Einlagen

Mit der Einzahlung auf Ihr Konto geben Sie Ihr Eigentum am Geld auf. Sie haben dann nur noch einen schuldrechtlichen Gläubigeranspruch. Im Konkurs der Bank nehmen Sie als einfacher Konkursgläubiger teil. Daß Sie in diesem Fall leer ausgehen, soll aber die → *Einlagensicherung* verhindern.

Kontokorrentguthaben (Sichteinlagen) verzinsen sich entweder gar nicht oder nur sehr schwach, z. B. mit ½% pro Jahr. Diese Einlagenart sollten Sie also so niedrig wie möglich halten.

Auch die Zinsen auf Festgeld und einfache Spareinlagen sind meist nicht so attraktiv. Als Anlage empfiehlt sich nur ein Sockelbetrag (Sparkonto) oder eine vorübergehende befristete Einlage.

Einlagen sind erforderlich, um sich flüssig zu halten. Die Liquidität sollte daher im Prinzip immer nur „ausreichend" sein.

Einlagensicherung

Die → *Einlagen* auf den Bankkonten werden heute durch verbandseigene Fonds der verschiedenen Bankengruppen garantiert. Die Garantie pro Einlage reicht bis zu 30% der haftenden Eigenmittel des betreffenden Instituts. Damit dürfte im Regelfall auch die größte Einzeleinlage abgesichert sein.

→ *Sparbriefe*, die auf den Namen des Besitzers lauten, werden ebenfalls von der Einlagensicherung erfaßt. Schuldverschreibungen des jeweiligen Bankinstituts fallen nicht darunter.

Emission

auch Begebung genannt, ist die Ausgabe von → *Aktien* oder → *Anleihen* zur Plazierung beim Publikum, d. h. bei den Anlegern. Eine Emission unterliegt sehr strengen Zulassungsvoraussetzungen, um den Anleger vor Verlusten zu bewahren. Bis auf die Daueremissionen des Bundes werden sie in größeren festen Beträgen herausgebracht. Die Emission von inländischen → *Anleihen* der Wirtschaft (nicht des Staates) muß vom Bundesfinanzminister genehmigt werden.

Mit der Emission und der Einführung von Wertpapieren an der Börse ist die Erstellung eines → *Börsenprospekts* verbunden. Eine Anleiheemission wird in der Regel von einem Bankenkonsortium fest übernommen und dann zu für alle gleichen Bedingungen (Emissionsbedingungen) dem Publikum zur Zeichnung

(→ *Zeichnen*) angeboten. Bei → *Kapitalerhöhungen* (Aktienemission) treten die Kreditinstitute dagegen regelmäßig nur als Vermittler auf *(→ Plazierung)*.

Emissionen werden nach ihrem Verkauf gewöhnlich an der → *Börse* eingeführt und dann dort gehandelt.

Emittent

ist derjenige, der ein Wertpapier neu an den Markt bringt. Der Emittent einer Anleihe verschuldet sich mit dem Anleihebetrag und verpflichtet sich gegenüber seinen Gläubigern, Zinsen zu vergüten und die Anleihe bei Fälligkeit zurückzuzahlen (→ *Daueremittent*).

Ersterwerb → *Anleihen*

Euro-Anleihen

engl.: Eurobonds, → *Anleihen*, die am → *Euromarkt*, also nicht bei uns aufgelegt werden. Sie lauten vielfach auf US-Dollar oder DM. Sie finden aber ebenso auch Emissionen in englischen Pfund, Schweizer Franken, japanischen Yen, kanadischen Dollar und → *ECU-Anleihen*.

Typisch für diese Anleihen ist, daß sie in den verschiedensten Ländern gekauft werden können. So sind auch bei der → *Emission* Kreditinstitute aus verschiedenen Ländern beteiligt. Schuldner dieser Anleihen sind meist international renommierte Unternehmen und Banken, wobei oft Tochtergesellschaften als Emissionsadresse fungieren. Euro-Anleihen werden aber auch von einer Reihe von Staaten, Notenbanken und supranationalen Organisationen und Entwicklungsbanken herausgebracht. Auf diese Weise haben Sie die Wahl nicht nur zwischen verschiedenen Währungen, sondern auch zwischen sehr unterschiedlichen Adressen und Bonitätsgraden.

Tip

Bei der Auswahl von Euro-Anleihen sollten Sie sorgfältig vorgehen. Sie sollten sich von Ihrer Hausbank beraten lassen. Kalkulieren Sie das → *Währungsrisiko* und wählen Sie nur solche Anleihen, bei denen laufend genügend Informationen verfügbar sind. Die Anleihen mit den höchsten Zinsen sind dabei nicht immer die besten.

Im großen ganzen sind auch hier Anleihen mit festem Zins, mit variablem Zins (→ *Floating Rate Notes*), und Nullkupon-Anleihen (→ *Zero-Bonds*) zu unterscheiden. Bei Euro-Anleihen ist stets auch auf Kündigungsklauseln zu achten. Ebenso gibt es hier viele Anleihen, bei denen keine regelmäßigen Umsätze stattfinden. Man sollte daher mit Limit arbeiten.

Eurobonds → *Euro-Anleihen*

Euromarkt

ist der räumlich heute nicht mehr einzugrenzende internationale Geld- und Kapitalmarkt. Haupthandelszentren des Euromarktes in Europa sind London, Luxemburg und Zürich. Außerhalb Europas haben sich Handelszentren in Tokio, Singapur, Hongkong, in New York und auf den Bahamas gebildet. An diesen Handelsplätzen haben internationale Banken ihre Stützpunkte errichtet.

Gehandelt werden Anleihen, Aktien, Geldmarktpapiere und Edelmetalle. Beteiligt sind die gängigen internationalen Währungen, allen voran der US-Dollar. Einen wachsenden Anteil haben inzwischen aber auch die DM, der Schweizer Franken, der ECU, der japanische Yen, das englische Pfund und der Kanada-Dollar.

Vom reinen → *Geldmarkt*, der sich im Laufe der 60er Jahre entwickelte und an dem Geld und Kredite (Eurokredit) gehandelt wurden, hat sich der Euromarkt unter wachsender Beteiligung der Privatkundschaft auf verbriefte Forderungen und Anleihen ausgedehnt.

Der Euromarkt ist heute Sammelplatz international vagabundierenden Kapitals. Multinationale Konzerne, Staaten und Banken legen hier ihre Überschüsse an. Entwicklungsländer, Währungs- und Entwicklungshilfeinstitutionen sowie Kreditinstitute treten als Nachfrager auf.

Einerseits hat der Euromarkt eine sehr wichtige Finanzierungsfunktion übernommen. Andererseits entzieht sich dieser von nationalen Vorschriften weitgehend freie Markt praktisch jeglicher Kontrolle der Notenbanken. Er hat inzwischen ein kaum mehr vorstellbares Volumen von fast 4,5 Billionen Dollar erreicht.

Vom Euromarkt gehen sehr wesentliche Einflüsse auf die Währungskursrelationen aus. Auch private Geschäfts- und Anlageaktivitäten haben sich mehr und mehr darauf verlagert. Nicht zuletzt aus diesem Grund ist heute nahezu jedes größere deutsche Kreditinstitut am Finanzplatz Luxemburg vertreten. In Luxemburg werden private Konten jeder Art in allen gängigen Währungen geführt, Depots und Vermögen verwaltet und Edelmetallanlagen getätigt. Hinzu kommt, daß Luxemburg über ein relativ strenges → *Bankgeheimnis* verfügt, was man z. B. von London nicht behaupten kann. Inzwischen hat auch der nicht ländergebundene Markt der → *Euro-Anleihen* einen nennenswerten Umfang erreicht.

„ex BA"

„ex Berichtigungsaktien"; ein Zusatz hinter dem Börsenkurs einer → *Aktie*, der besagt, daß die Aktie an diesem Tag ohne das → *Bezugsrecht* auf → *Berichtigungsaktien* gehandelt wurde. Die → *Kapitalerhöhung* durch Ausgabe von Gratisaktien ist also abgeschlossen. Das Bezugsrecht wurde vom Kurs „abgeschlagen", also heruntergerechnet.

„ex BR"

„ex Bezugsrecht"; ein Zusatz hinter dem Börsenkurs einer → *Aktie*, der besagt, daß die Aktie an diesem Tag ohne das → *Bezugsrecht* auf den Bezug junger Aktien gehandelt wurde. Die → *Kapitalerhöhung* ist also abgeschlossen, das Bezugsrecht vom Kurs „abgeschlagen", also heruntergerechnet.

„ex Div"

„ex Dividende"; ein Zusatz hinter dem Börsenkurs einer → *Aktie*, der besagt, daß die Aktie an diesem Tag ohne den Gewinnanteilschein mit dem Recht auf die Auszahlung der → *Dividende* gehandelt wurde. Es ist der erste Zahltag der Dividende. Der Dividendensatz wird vom Kurs der Aktien „abgeschlagen". Wer jetzt die Aktie kauft, hat kein Anrecht mehr auf die letzte Gewinnausschüttung; dafür zahlt er im Kurs jetzt weniger.

Festgeld

auch Termingeld oder Termineinlage genannt, ist eine befristete Einlage; eine → *Einlage* bei der Bank oder Sparkasse, die für eine bestimmte, im voraus festgesetzte Zeit blockiert ist. Dafür wird ein ebenfalls fester Zins vereinbart. Mindestdauer der Einlage ist ein Monat. Sein Geld länger als sechs oder zwölf

Monate festzulegen, erscheint dagegen im allgemeinen wenig sinnvoll. In diesen längeren Laufzeiten gibt es dann andere besserverzinsliche Anlagen.

Die Höhe des Zinses hängt vom allgemeinen Zinsniveau ab. Bei höheren Beträgen und bei längeren Festlegungszeiten gibt es gewöhnlich höhere Zinsen. Vielfach ist der Zins Verhandlungssache.

Ein Festgeld kann bei Fälligkeit verlängert werden. Je nach Wunsch werden die Zinsen bei Fälligkeit sofort verfügbar, oder sie werden dann mit festgelegt und so auch mitverzinst. So entsteht bereits innerhalb eines Kalenderjahres ein Zinseszinseffekt, was sonst nicht üblich ist. Hiermit ist auch eine leichte Erhöhung des Effektivzinses verbunden.

Tip

Festgeld anzulegen lohnt sich meist nur, wenn Sie das Geld in Kürze für einen bestimmten Zweck benötigen oder bereithalten wollen. Ansonsten gibt es im Normalfall bessere Anlagemöglichkeiten in Form von → *Sparbriefen* oder → *Anleihen*.

Festverzinsliche Wertpapiere

auch Rentenwerte genannt, ist der Sammelbegriff für → *Anleihen* aller Art, Bundespapiere, → *Sparbriefe*, Bankschuldverschreibungen, → *Kassenobligationen* usw. Diese Anlagen sind für die gesamte Laufzeit mit einem festen Zinssatz ausgestattet.

Der börsenmäßig organisierte Markt für festverzinsliche Wertpapiere ist der → *Rentenmarkt* im Gegensatz zum Aktienmarkt. Neben den börsennotierten festverzinslichen Wertpapieren mit Kursschwankungen gibt es solche, die nicht börsenfähig sind, wie z. B. Sparbriefe, Sparobligationen und → *Finanzierungs-Schätze*. Hier erfolgt keine Kursnotierung; dementsprechend ist mit der Anlage auch kein Kursrisiko verbunden.

Festverzinsliche Wertpapiere sind einmal von variabel verzinslichen Anleihen (→ *Floating Rate Notes*) zu unterscheiden, bei denen jedoch durchweg eine gewisse Mindestverzinsung gewährleistet ist. Zum anderen sind sie gegen → *Aktien* abzugrenzen, denn die Aktie ist ein ausgesprochenes Risikopapier, bei dem der Anleger möglicherweise ganz auf einen Ertrag verzichten muß. Eine Verzinsung ist dabei also gar nicht garantiert. Ganz abgesehen von möglichen größeren Kursbewegungen, die dem Aktienbesitzer echte Verluste bringen können. Größere Verluste sind mit festverzinslichen Wertpapieren praktisch nicht verbunden, wenn man nicht unvermittelt gezwungen wird, aus einer Anlage zum falschen Zeitpunkt auszusteigen.

Bei festverzinslichen Wertpapieren wird der Anleger Gläubiger des Unternehmens. Als Aktienbesitzer ist er Miteigentümer der AG. Dies hat im *Konkurs* Nachteile für den Aktionär, in Krisen und bei Währungszusammenbrüchen aber eher Vorteile gegenüber dem Besitz von festverzinslichen Wertpapieren, denn diese unterliegen als reine Schuldtitel voll dem Geldentwertungsrisiko. Am Ende der Laufzeit wird immer nur der Nominalwert zurückgezahlt.

Fibor → *Libor*

Financial futures → *Termingeschäfte*

Finanzierungs-Schätze

Schuldtitel des Bundes mit festem Zinssatz und einer Laufzeit von einem oder zwei Jahren. Sie zählen zu den Daueremissionen, die laufend erworben werden können. Die Ausgabebedingungen (Verkaufszinssatz) werden immer dann angepaßt, wenn sich die Marktzinsen ändern.

Die Zinsen werden in der Weise vergütet, daß der Anleger einen um die Zinsen niedrigeren Kaufpreis bezahlt (→ *abgezinste Papiere*). Er erhält nach einem oder nach zwei Jahren jeweils den Nominalwert von 100% zurück. Der Ertrag ist entsprechend bei der Rückzahlung zu versteuern.

Mindestbetrag ist 1000 DM. Effektive Stücke sind nicht lieferbar. Finanzierungs-Schätze können außer bei Kreditinstituten gegen Entgelt auch bei der Bundesbank gebührenfrei hinterlegt werden. Nur Inländer können sie erwerben. Zins und Laufzeit sind fest. Die Papiere können also nicht vorzeitig zurückgegeben werden. Kauf und Verkauf werden spesenfrei abgewickelt. Eine Börsennotiz findet nicht statt. Finanzierungs-Schätze gibt es seit 1975.

Fixing → *Devisen*

Floating Rate Notes (FRN)

→ *Anleihen* mit variablem Zinssatz. Im Gegensatz zu → *festverzinslichen Wertpapieren* unterliegen variabel verzinsliche Anleihen also einem Zinsände-

Floating Rate Notes (FRN)

rungsrisiko. Der Zins richtet sich nicht nach dem → *Kapitalmarkt*, sondern nach dem → *Geldmarkt* unter Banken. Und zwar wird der Zinssatz unabhängig von der Laufzeit des Papiers in der Regel alle sechs Monate oder auch in kürzeren Zeitabständen angepaßt. Als Grundlage für die Zinsfestlegung dient meist der → *Libor*, oder auch der Fibor; das sind Zinssätze, die die Banken im Geldhandel untereinander aushandeln.

Durch die regelmäßige Anpassung der Zinsen an die neue Marktlage bleiben Floating Rate Notes von größeren Kursausschlägen verschont. Spätestens zum nächsten Zinsanpassungstermin hat sich eine Kursabweichung wieder auf 100% eingependelt.

Floating Rate Notes sind vor allem in US-Dollar erhältlich. Seit 1985 können Sie sie aber auch in DM erwerben. Auch bei Floating Rate Notes ist teilweise auf Kündigungsmöglichkeiten zu achten. Als Anlage empfehlen sich diese hauptsächlich bei steigenden Zinsen anstelle von → *festverzinslichen Wertpapieren*, die in der Zinsaufwärtsphase ja im Kurs verfallen. Eine Anlage ist auch dann sinnvoll, wenn Sie nicht wissen, wann Sie das angelegte Geld für andere Zwecke benötigen.

Fondsgebundene Lebensversicherung

ist eine → *Lebensversicherung*, bei der in Form von Investmentanteilen gespart wird. Die Versicherungsprämien werden in Höhe des Sparanteils, also abzüglich des Risiko- und Verwaltungskostenanteils statt im allgemeinen Spar- und Anlagetopf der Versicherungsgesellschaft in bestimmten → *Investmentfonds* angelegt. Der übliche Versicherungsschutz besteht unabhängig von der Wertpapieranlage.

Die Besonderheit dieser Form der Lebensversicherung liegt darin, daß der Versicherte an Kurssteigerungen dieser Papiere teilnimmt. Er trägt allerdings auch ein gleichhohes Verlustrisiko. Der Sparer kann in Grenzen seine Fondspapiere zwischendurch verkaufen und damit aufgelaufene Kursgewinne sicherstellen. Später kann er die Papiere zurückerwerben.

Bei Fälligkeit der Lebensversicherung bekommt der Versicherte den dann aktuellen Kurswert seiner Wertpapiere ausgezahlt. An der Gewinnausschüttung der Gesellschaft aus dem Anlagetopf ist er dann allerdings nicht beteiligt.

Im Todesfall werden die vereinbarte Versicherungssumme oder die Fondsanteile ausgezahlt. Beiträge zu fondsgebundenen Lebensversicherungen werden vom Finanzamt nicht als Sonderausgaben anerkannt.

Fortlaufende Notierung → *Amtlicher Markt*

Freistellungsbescheinigung → *NV-Bescheinigung*

Freiverkehr

ist der nichtamtliche Wertpapierhandel an der → *Börse*, also der Teil der Börse, der weder zum → *amtlichen Markt* noch zum → *Geregelten Markt* gehört. Der Freiverkehr ist auch im Gesetz nicht näher geregelt.

Im Freiverkehr herrschen andere Regeln und vor allem weniger strenge Zulassungsvorschriften für Wertpapiere. Freiverkehrswerte werden von Bankenhändlern im fremden Namen und von Freiverkehrs- bzw. freien Maklern im eigenen Namen an der Börse gehandelt. Die Kurse werden frei gestellt ohne Beteiligung der amtlichen Makler. Unter Freiverkehr ist auch der → *Telefonverkehr* unter Banken zu verstehen. Während für die Zulassung von Wertpapieren zum Freiverkehr die Zustimmung eines Börsenausschusses erforderlich ist, ist beim Telefonverkehr bisher keine entsprechende Regelung getroffen worden.

Oft ist der Freiverkehr die Vorstufe eines Wertpapiers zum amtlichen Handel. Dies gilt vor allem bei ausländischen Wertpapieren. Auf der anderen Seite kann der Freiverkehr aus Kostengründen oder wegen nur regionaler Bedeutung des Wertpapierhandels bevorzugt werden. Seit Schaffung des → *Geregelten Marktes* hat der Freiverkehrshandel erheblich an Bedeutung verloren.

Gegenstand des Freiverkehrs ist auch der gesamte **Optionshandel** in → *Aktien* und in → *Anleihen* (→ *Optionsgeschäfte*).

Bei im Freiverkehr gehandelten Werten tritt das vermittelnde Kreditinstitut laut Allgemeinen Geschäftsbedingungen der Bank als Eigenhändler auf. Ein Anspruch auf Ausführung einer → *Order* besteht selbst bei Erreichen eines eventuellen Kurslimits nicht. Der Freiverkehr umfaßt rd. 420 überwiegend ausländische Werte.

FRN → *Floating Rate Notes*

Fundamentalanalyse → *Aktienanalyse*

Futures → *Termingeschäfte*

G → *„Geld"*

„Geld"

abgekürzt „G", Zusatz beim Kurs eines Wertpapiers. „Geld" oder „G" steht hinter dem Kurs, z. B. 250 G, das heißt, zu diesem Kurs wird ein Papier an der → *Börse* nachgefragt („Geld" = Nachfrage). So erscheint dann diese Information auch im Kursblatt. Sie besagt ohne weiteren Zusatz, es herrschte Nachfrage, aber kein Angebot bei diesem Wert. Ein Börsenumsatz ist nicht zustande gekommen. Kein Nachfrager (Käufer) kam zum Zuge.

Wird ein Kurs dagegen 250 bG (= 250 „bezahlt Geld") notiert, dann wurde dieser Kurs zwar → *„bezahlt"*, es blieb aber Nachfrage übrig, wozu sich kein Verkäufer fand. Ein weiterer Kursanstieg liegt in der Luft. Gegensatz: → *„Brief"*.

Geldmarkt

ist der in der Regel telefonisch abgewickelte Handel in Geld unter den Banken. Die Kreditinstitute helfen sich bei entsprechendem Liquiditätsbedarf untereinander mit Krediten aus. Hierbei überweisen sie sich gegenseitig die gehandelten Beträge auf ihre Konten. Die Laufzeiten reichen vom Tagesgeld (für ein oder mehrere Tage) über das Monatsgeld bis zum Jahresgeld. Ebenso werden auch Geldmarktpapiere wie Schatzwechsel, U-Schätze und Privatdiskonten gehandelt.

Die Zinsen werden entweder von Tag zu Tag festgelegt (Tagesgeld oder tägliches Geld) oder auf längere Fristen abgesprochen. Ihre Höhe hängt von den Liquiditätserfordernissen der Kreditwirtschaft und der Geldpolitik der Deutschen Bundesbank ab.

Ein leichter Geldmarkt hat oft auch Rückwirkungen auf den → *Kapitalmarkt*. Die Kurse steigen, wenn Geldmarktüberschüsse in Aktien oder Anleihen fließen.

Ein Geldhandel findet auch über die Landesgrenzen statt. Hier werden insbesondere Zinsunterschiede und Abweichungen in den Deports oder Reports (→ *Devisentermingeschäfte*) genutzt (→ *Euromarkt*).

Wichtige Referenzzinssätze im Bankengeldhandel sind der → *Libor* und der Fibor (Frankfurter Interbankenzins). Diese Geldmarktsätze bilden die Grundlage für die Zinsfestsetzung bei den meisten variabel verzinslichen Anleihen (→ *Floating Rate Notes*).

Geldmarktfonds

„Money Market Funds"; Investmentfonds, der sein Fondsvermögen in kurzfristigen erstklassigen Geldmarktpapieren anlegt. In den USA seit rd. 15 Jahren bekannt und dort sehr populär. Bei uns dagegen (noch) nicht erlaubt. Im Zuge der weiteren Integration der EG-Märkte wird allerdings auch bei uns mit der Einführung von Geldmarktfonds in den nächsten Jahren gerechnet. In England, Luxemburg, Belgien, Holland, der Schweiz und anderen Ländern sind Geldmarktfonds seit einigen Jahren verfügbar. Im Gegensatz zu regulären → *Investmentfonds* besteht bei Geldmarktfonds kein Kursrisiko. Der Zinssatz ist fest.

Die Laufzeit der Papiere, die im Fonds enthalten sind, reicht von wenigen Tagen bis zu einem Jahr. Typische Anlagepapiere sind Treasury bills (Schatzwechsel). → *Commercial Papers*, → *Kassenobligationen*, Eurobonds und → *Certificates of Deposit*.

„Genüsse" → *Genußscheine*

Genußrechtskapital → *Genußscheine*

Genußscheine

kurz auch „Genüsse" genannt, börsenmäßig gehandelte Wertpapiere als Mittelding zwischen → *Aktien* und → *Anleihen*. Sie haben keinen Nennwert. Genußscheine gewähren ein Anrecht (Genußrecht) auf anteiligen Gewinn der ausgebenden → *Aktiengesellschaft* (wie Aktien). Sie verkörpern aber kein Stimmrecht (wie Anleihen). Sie verschaffen der AG Risikokapital, ohne daß damit die gewöhnlichen Mitspracherechte eines Aktionärs verbunden sind.

Infolge der Gewinnabhängigkeit unterliegt der Ertrag von Genußscheinen Schwankungen. Wie bei → *Aktien* geht der Anleger zudem ein Kursrisiko ein. Die Ausschüttungen sind dem Kapitalertragsteuerabzug von 25% unterworfen.

Die Ausgabe von Genußscheinen hat sich belebt, seitdem Genußrechtskapital als haftendes Eigenkapital anerkannt wird und seitdem auch Mitarbeiter des Unternehmens auf diese Weise vermögenswirksam beteiligt werden können.

Geregelter Markt

ist ein seit 1987 neu eingeführtes Handelssegment an der → *Börse*. Der Wertpapierhandel in diesem Bereich ist zwar nichtamtlich, aber dennoch gesetzlich geregelt und reglementiert. Der Geregelte Markt liegt somit zwischen dem amtlichen Handel und dem → *Freiverkehr*. Vom → *amtlichen Markt* unterscheiden sich die zum Geregelten Markt zugelassenen Wertpapiere durch erleichterte Zugangsbestimmungen und geringere Anforderungen an die Veröffentlichungspflicht.

Die Kursfeststellung erfolgt im Geregelten Markt auf ganz ähnliche Weise wie im amtlichen Handel. Es gibt Anfangs-, Einheits- und Schlußkurse. Börsenaufträge werden auf die gleiche Weise wie das → *Effektenkommissionsgeschäft* ausgeführt. Dies bedeutet, Sie haben ebenfalls Anspruch auf Ausführung einer Order, wenn ein Kurs gehandelt wurde und ein von Ihnen erteiltes Limit nicht entgegensteht. Die Sicherheit von Wertpapieren kann hier in etwa ebenso hoch angesetzt werden wie bei Papieren des amtlichen Marktes. Im Geregelten Markt werden → *Aktien* wie → *Anleihen* gehandelt.

Geschlossene Immobilienfonds → *Immobilienfonds*

Gewinnschuldverschreibung → *Vermögensbildung*

Girokonto

auch laufendes Konto oder Kontokorrentkonto genannt; ein Bankkonto für den Zahlungsverkehr, über das sämtliche Aufträge des Kontoinhabers, also Zahlungseingänge und Zahlungsausgänge in laufender Rechnung abgewickelt werden. Das Girokonto dient nicht der Geldanlage, denn auf diesem Konto werden entweder überhaupt keine oder nur ganz geringe Habenzinsen vergütet; üblich ist z. B. ½% pro Jahr.

Sollzinsen werden berechnet, sobald das Girokonto ins Minus gerät. Eine entsprechende Kreditlinie kann schriftlich vereinbart werden.

Das laufende Konto ist das übliche Konto für die Abwicklung von Wertpapiergeschäften. Es kann auch als Lohn-, Gehalts- oder Rentenkonto geführt werden. Das Girokonto ist streng vom Sparkonto (→ *Spareinlagen*) zu trennen. → *Festgeld* wird meist auf einem Unterkonto des Girokontos angelegt (Festgeldkonto). Zinsen auf Giroguthaben sind von der → *Quellensteuer* nicht betroffen.

Girosammeldepot → *Depot*

Glattstellungen → *Berufshandel*

Gold

ist ohne Zweifel die wichtigste aller → *Edelmetallanlagen*. Es übt seit Jahrtausenden eine ungeheure Anziehungskraft auf die Menschheit aus. Es ist knapp, rar, es ist glänzend und von sehr hohem spezifischem Gewicht. Die im ganzen begrenzt vorhandene und aus vorhandenen Rohstoffen produzierbare Menge bestimmt seinen Knappheitswert. Gold dient zu einem geringen Teil zur Industrieverarbeitung (Medizin, Elektronik) und als Währungsreserve für die Notenbanken, hauptsächlich aber als Schmuck (ca. 50%) und zu Hortungszwecken. Gold hat zwar seine offizielle Rolle als internationales Tauschmittel, als Währungsreservemedium und als Bezugsgröße für die Wechselkurse ausgespielt, doch ist seine Bedeutung geblieben.

Gold existiert zu Anlagezwecken in zwei Hauptformen, in **Barren** und in → *Münzen*. Goldbarren gibt es in den verschiedensten Größen von 5 g, 10 g, 20 g, 50 g, 100 g, 250 g, 500 g bis 1000 g und in den Handelsgrößen 3 kg und 12,5 kg, desgleichen in verschiedenen Unzengrößen (1 Unze = ca. 31 g).

Bei den Münzen ist zwischen Sammlermünzen und reinen Anlegermünzen zu unterscheiden. Anlegermünzen können Sie heute vor allem im Gewicht von 1 Unze mit geringem Aufgeld erwerben. Gängige Goldmünzen sind der Krügerrand, der Maple Leaf, der American Eagle, der australische Nugget und die Britannia.

Größter Goldförderer ist Südafrika. Aber auch die UdSSR, die USA, Kanada und einige südamerikanische Staaten sind wichtige Produzenten. Durch den annähernden Ausgleich von Produktion und Verbrauch bleibt die Goldmenge einigermaßen stabil. Dagegen ist die Nachfrage nach Goldmünzen ständig gewachsen. Andererseits garantieren die relativ teuren Produktionskosten den Knappheitsgrad und eine gewisse Preisstabilität.

Dennoch gibt es einige deutliche Unsicherheitsfaktoren. Südafrikanisches Gold wird mehr und mehr diskriminiert. Die Goldbestände der Ostblockstaaten sind kaum bekannt. Auch ist die Preispolitik der Sowjetunion nicht abschätzbar. Drängen größere Goldmengen z. B. wegen Mißernten oder aus politischen Gründen auf den Markt, dann kann der Goldpreis schnell unter Druck geraten.

Gold dürfte zwar immer noch eines der besten Mittel gegen Inflation und Wertverlust in Krisenzeiten darstellen, doch darf man die möglichen Preisschwankungen nicht unterschätzen. Alle kennen die dramatische Preisentwicklung 1979/80. Der Goldpreis kletterte bis auf 850 US-$/Unze, um sich dann auf etwa die Hälfte zurückzubilden. Seitdem pendelt der Unzenpreis zwischen 300 US-$ und 500 US-$.

In London, Zürich, New York, Frankfurt und an anderen Plätzen der Welt werden börsentäglich offizielle Preise für Gold ermittelt (Goldfixing). Die Preise in anderen Währungen als dem US-Dollar entstehen praktisch durch Umrechnung der Währungsparitäten, so z. B. die 12,5 kg-Notiz an der Goldbörse Frankfurt.

Bei uns ist der Kauf von Gold mehrwertsteuerpflichtig. Ausnahmen bilden nur numismatische Münzen, deren Wert den 2 ½-fachen Goldpreis übersteigen; hier gilt die halbe Mehrwertsteuer.

Gold können Sie auch in Form von **Goldzertifikaten** kaufen. Sie erwerben damit einen Anrechtschein und den Anspruch auf das Gold, nicht das Gold selbst. In Luxemburg z. B. werden Sie rechtlich (Mit-)Eigentümer. Hierbei sind bestimmte Mindestabnahmemengen erforderlich, meist rd. 10 000 DM, etwa 10 Münzen von je 1 Unze. Goldzertifikate sind zu Spekulationszwecken geeignet, weil hier die Mehrwertsteuer gespart wird. Ähnliche Zwecke erfüllen sog. **Goldkonten**, die im Ausland unterhalten werden können. Goldkonten werden wie Girokonten geführt. Die Käufe werden zu- und die Verkäufe abgebucht. Goldkonten können auf Unzen, Gramm oder Münzen lauten.

Viele Kreditinstitute bieten heute auch **Gold-Sparpläne** an. So etwa die drei Großbanken, die bayerische Landesbank, die Schweizerische Kreditanstalt u.a. Hier sparen Sie in Raten monatlich einen bestimmten Betrag. Dieser Betrag wird zum aktuellen kg-Preis des Goldes unmittelbar in Gold umgewandelt. Sie erwerben damit ebenfalls einen Anspruch auf eine bestimmte, ständig wachsende Menge Gold, nicht das Gold selbst. Durch die ratenweise Anlage können Sie sich den → *Cost-Average-Effekt* zunutze machen.

Wenn Sie an der Zinslosigkeit des Goldes Anstoß nehmen, aber dennoch an der Goldpreisentwicklung teilhaben wollen, dann können Sie auch **Goldminen-Aktien** erwerben. Der Wert von Goldminengesellschaften steht und fällt mit den Erlösen aus ihren Goldverkäufen. Steigt aber der Goldpreis, dann erzielen die Goldminenwerte höhere Gewinne und umgekehrt. Entsprechend folgen die Börsenkurse der Goldminen dem Goldpreis, und zwar mit einer sog. Hebelwirkung, denn eine Goldpreiserhöhung von z. B. 10% steigert den Wert der Goldmine um wesentlich mehr als 10%. Der Kurs verändert sich prozentual stärker.

Die bekanntesten Goldminen-Aktien haben Kanada, Australien und Südafrika, wobei letztere durch die politische Unsicherheit als spekulativ gelten müssen. Insgesamt unterliegen Goldminen-Aktien starken Kursschwankungen. Andererseits schütten sie Dividenden aus. Goldminengesellschaften erleiden jedoch auch Wertverluste dadurch, daß Goldminen bekanntlich wegen ihrer Ausbeutung nur von begrenzter Lebensdauer sind.

Goldminen-Aktien → *Gold*

Gold-Sparplan → *Gold*

Goldzertifikate → *Gold*

Gratisaktien → *Zusatzaktien*

Grundstücke → *Immobilien*

Habenzinsen → *Zins,* → *Girokonto,* → *Festgeld,* → *Spareinlagen,* → *Sparpläne*

Haftung → *Anlageberatung*

Händler- und Berater-Regeln → *Insider-Regeln*

Hauptversammlung

abgekürzt HV, ist die gewöhnlich einmal im Jahr stattfindende Versammlung der Aktionäre einer → *Aktiengesellschaft.* In der HV haben die Anteilseigner, die Besitzer und Eigentümer der AG, das Recht, ihre Meinung zu äußern und in den einzelnen Punkten der im voraus festgelegten Tagesordnung für oder gegen die Verwaltungsvorschläge zu stimmen. Damit üben sie das gesetzlich verankerte Stimmrecht bei der Beschlußfassung zu den einzelnen Tagesordnungspunkten aus.

Der Aktionär kann seine Stimmen in der HV selbst vertreten, indem er sich von seiner Bank eine Eintrittskarte ausstellen läßt. Er kann seine Stimmrechte aber auch auf ein Kreditinstitut übertragen (→ *Depotstimmrecht).*

Die HV verabschiedet den Jahresabschluß, beschließt über die Verwendung des Reingewinns, Entlastung von Aufsichtsrat und Vorstand, Satzungsänderungen, Kapitalerhöhungen und -herabsetzungen und wählt den Aufsichtsrat. Die HV

Hauptversammlung

ist das höchste Organ der AG. Doch bestimmen nicht die Kleinaktionäre das Geschehen, sondern die Kapitalmehrheiten oder Großaktionäre.

Zu vielen Beschlüssen bedarf es lediglich der Zustimmung der einfachen Mehrheit der abgegebenen Stimmen (des vertretenen Grundkapitals). Nur bei ganz wichtigen Abstimmungen ist eine drei Viertel Mehrheit des vertretenen Kapitals erforderlich. Gewisse Rechte stehen aber auch den sog. → *Minderheitsaktionären* zu.

Die HV muß mindestens einen Monat vorher vom Vorstand unter Bekanntgabe der Tagesordnung einberufen werden. Als Aktionär erhalten Sie hierüber eine Mitteilung von Ihrem Kreditinstitut, sofern Sie Aktien dieser Gesellschaft in Ihrem Depot verwahren.

Hausse

d. h. Kursaufschwung an der → *Börse*; durchweg von längerer Dauer, d. h. die Aktienkurse steigen kräftig, anhaltend und auf breiter Front. Eine Hausse kann auch den Rentenmarkt erfassen. Der Haussier (engl. „Bull") spekuliert auf höhere Kurse. Er kauft Papiere. Dies beschleunigt den Anstieg. Die Stimmung ist „bullish". Gegensatz: → *Baisse*.

Hedgegeschäfte → *Termingeschäfte*

High-Tech-Werte → *Aktien*

Historische Wertpapiere → *Wertgegenstände*

Holding

ist die Dachgesellschaft eines Konzerns; hat oft nur Verwaltungs-, Besitz- und Koordinationsfunktion in der Gruppe, ohne selbst eine eigene Produktions- oder Dienstleistung auszuüben. Die Holding hält die Geschäftsanteile an den einzelnen Konzernunternehmen und sammelt die Gewinne ein. Auch → *Konzern*.

Hypothekenpfandbriefe → *Pfandbriefe*, → *Anleihen*

Immobilien

Grundstücke und Gebäude, die klassische Kapital- und Sachwertanlage des vermögenden Besitzstandes. Die Anlage ist weitgehend unter langfristigen Aspekten zu sehen. Sie gilt daher in der klassischen Lehre als die Anlage mit dem geringsten Liquiditätsgrad. Als Sachwertanlage verhalten sich Immobilien inflationsneutral und krisenbeständig. Andererseits unterliegen Immobilien bis auf den Grund und Boden der Abnutzung und somit der Entwertung. Die Entwertung wird durch Veralterung ergänzt und beschleunigt.

Der Ertrag von Immobilien besteht entweder aus Pacht, Miete oder Erbbauzins, oder aber bei selbstgenutzten Objekten aus dem Nutzungswert, also der Mietersparnis. Wegen der oben genannten Entwertungsfaktoren muß ein Teil des Ertrages für Instandhaltung und Modernisierung abgezweigt werden.

Unter langfristigen Gesichtspunkten kann der Immobilienbesitz mit einer Wertsteigerung verbunden sein, wenn nämlich die Nachfrage nach Grundstücken in dieser Lage steigt. Entscheidend ist dabei also, wo das Grundstück gelegen ist. Sog. gute Lagen (Villengegenden, Parkgrundstücke) entscheiden aus heutiger Sicht fast einzig und allein über die Wertbeständigkeit und eine eventuelle Werterhöhung. Die Großstadtlage (vor allem im Süden) kommt hinzu.

Allerdings dürften die Wertsteigerungen der 60er Jahre der Vergangenheit angehören. Der Wohnbedarf ist weitgehend gedeckt. Die Bevölkerungszahl steigt nicht mehr. Trotz allem kommen alljährlich im Bundesgebiet noch einige zigtausend Wohnungen durch Neubauten hinzu. Auch der Bedarf an Zweitwohnungen ist stark zurückgegangen.

Es gibt aber bestimmte Ballungsräume in Großstädten, die sich nach wie vor des Zustroms von Menschen erfreuen. Hier werden die Preise auch in Zukunft eher steigen. Auch kann eine günstige Anlagemöglichkeit im Ausland liegen (Ferienhäuser).

Der Ertrag von Immobilien liegt im allgemeinen deutlich unter dem von Wertpapieren. Nach Abzug der Aufwendungen für Instandhaltung und Reparatur kann mit einer Rendite von 2% bis 3% gerechnet werden. Dies ist der Preis dafür, daß Sie eine absolut krisenfeste und wertbeständige Anlage erwerben.

Die Anschaffung eines Wohnhauses oder einer Eigentumswohnung ist heute der Traum vieler mittlerer Einkommensbezieher. Mit relativ wenig Eigenkapital kann heute Immobilienbesitz erworben werden. Die Banken helfen hier mit Krediten und der Staat beteiligt sich über Steuervergünstigungen. Kinderreiche Familien genießen zusätzliche Vorteile. Unter Umständen sind auch Zuschüsse über das Wohngeldgesetz zu mobilisieren, wenn die Einkommensgrenzen dies zulassen. Der Immobilienbesitzer kann so langfristig ein Vermögen aufbauen. Die Schaffung von Substanz in dieser konsequenten Form dürfte auf andere Weise kaum möglich sein.

Immobilien

In Immobilien stecken aber im Hinblick auf die Vermögenserhaltung auch erhebliche Risiken. Und dies ist vor allem die Gefahr, unter Zeitdruck verkaufen zu müssen. Sehr häufig findet sich für ein Objekt nicht sogleich ein Käufer. Und schon gar nicht einer, für den gerade dieses Objekt maßgeschneidert ist. Einen Abnehmer zu finden, der einen guten Preis zu zahlen bereit ist, braucht seine Zeit. Wenn Sie aber kurzfristig zu Geld kommen müssen, dann bedeutet dies in den meisten Fällen Preiszugeständnisse und Werteinbußen. Dies wird bei Zwangsversteigerungen besonders sichtbar, denn hier werden die Objekte oft weit unter ihrem Wert zugeschlagen.

So wie die Immobilienanlage selbst ist auch ihr Verkauf langfristig angelegt. Ansonsten ist das Verlustrisiko vorprogrammiert. Auch insofern sind Immobilien illiquide.

Tip

Immobilienbesitz ist vor allem dann zu empfehlen, wenn das Objekt selbst bewohnt wird. Namentlich bei niedrigen Kreditzinsen ist auf diese Weise eine auf lange Sicht zinstragende Kapitalanlage möglich. Werden Objekte dagegen vermietet, treten neben das Werterhaltungs- und das Finanzierungsrisiko noch das Vermietungsrisiko. Der Mietertrag kann von den Kosten für Fremdmittel und für das Objekt selbst mehr als aufgezehrt werden. Der Kapitaleinsatz bringt dann nicht nur keine Zinsen. Er ist sogar ein Verlustgeschäft. Die Anschaffung von Immobilieneigentum will daher wohl überlegt und streng kalkuliert sein.

Immobilienfonds

ein nach dem Prinzip eines → *Investmentfonds* aufgebauter Vermögensstock in Grundstücken. Auf dieses in Grundstücken angelegte Sondervermögen werden Anteilscheine ausgegeben. Diese repräsentieren je einen Bruchteil dieses Vermögens. Der Anleger erwirbt die Anteilscheine und damit einen Anteil an diesem Vermögen. Je mehr Grundstücke im einzelnen Fonds (Topf) enthalten sind, um so besser ist das Risiko gestreut.

Man unterscheidet „offene" und „geschlossene" Immobilienfonds. Der wesentliche Unterschied liegt darin, daß geschlossene im Regelfall nur **ein** Grundstück enthalten. Nach Durchführung einer bestimmten Baumaßnahme bzw. nach Kauf eines bestimmten Gebäudekomplexes und dem Verkauf aller darauf ausgestellten Anteilscheine sind die Vertriebsaktivitäten beendet. Das „Fondsgeschäft" wird geschlossen. Anteile können dann nur noch von anderen Besitzern dieser Anteile erworben werden. Die Fondsmitglieder bilden als „geschlossene Gesellschaft" eine Bauherrengemeinschaft.

Sie erzielen aus den Mieteinnahmen des Fonds jetzt Einkünfte aus Vermietung und Verpachtung. Entsprechend können Sie besonders im Anfang entstehende Verluste steuerlich geltend machen. Die Bauherren, die hier als Miteigentümer gelten, erhalten sog. Verlustzuweisungen. Diese gehen in der ersten Zeit gewöhnlich weit über die Erträge hinaus. Dadurch werden Steuern gespart. Es kommt hinzu, daß sich geschlossene Immobilienfonds auch über die Aufnahme von Fremdmitteln zu finanzieren pflegen, was zusätzliche steuerliche Effekte auslöst.

Offene Immobilienfonds enthalten in ihrem Sondervermögen viele, mindestens zehn bebaute oder im Bau befindliche Grundstücke. Die Fondsanteile hieraus werden laufend (open-end) ausgegeben. Je nach dem Verkauf der Anteile wird das Grundstücksvermögen aufgestockt. Weitere Grundstücke werden hinzugekauft, sofern sich geeignete Objekte finden.

Zahlreiche offene Immobilienfonds sind auf diese Weise erheblich gewachsen. Der Zuspruch von Anlegerseite ist inzwischen teilweise aber so groß, daß es die Fondsverwaltungen heute erhebliche Anstrengungen kostet, renditestarke Gewerbeobjekte ausfindig zu machen. Denn nur zukunftsgerichtete, langfristig und erstklassig vermietete Büro- und Ladenkomplexe in zentralen Großstadtlagen erfüllen heute noch die hochgesteckten Erwartungen der Anleger und des Fondsmanagements. Dies hat dazu geführt, daß nicht immer die gesamten Erlöse aus Anteilverkäufen unmittelbar angelegt werden konnten. Sie fanden zunächst eine Zwischenanlage in Wertpapieren und Kontoguthaben.

Anteile an offenen Immobilienfonds können Sie also laufend erwerben. Und zwar zu dem aufgrund des Fondsvermögenswertes festgestellten Ausgabepreis. Dieser Preis steht und fällt mit dem Wert der Grundstücke. Ebenso wie Sie Anteile eines bestimmten offenen Fonds jederzeit kaufen können, ist auch die jederzeitige Rückgabe an die Fondsgesellschaft möglich. Und zwar zum jeweiligen Rücknahmepreis. Zwischen Ausgabepreis und Rücknahmepreis liegen meist etwa 5%. Sie sind als Gebühren anzusehen.

Schwieriger dagegen gestaltet sich der Verkauf der Anteile bei geschlossenen Immobilienfonds. Die Fondsgesellschaft selbst ist nicht zum Rückkauf verpflichtet. Es existiert aber auch kein funktionierender Markt für geschlossene Fondsanteile. In jedem Einzelfall muß also erst ein Käufer gefunden werden. Dies kann dazu führen, daß beim Verkauf Werteinbußen hingenommen werden müssen. Denn die Attraktivität des geschlossenen Immobilienfonds nimmt nach Ausschöpfung der Steuervorteile rapide ab. Hinzu kommt, daß das Vermögen des Fonds durch Veralterung des Grundstücks nach und nach ausgehöhlt wird. Wenn dieser Effekt nicht durch Preissteigerungen beim Grundstück ausgeglichen wird, dann verfällt der Wert eines geschlossenen Immobilienfonds mit der Zeit. Dies ist bei offenen Immobilienfonds nicht der Fall.

Die Erträge aus Mieten, Pachten usw. werden im Fonds angesammelt. Einmal im Jahr wird hieraus eine Ausschüttung an die Anteilseigner vorgenommen. Anteile an Immobilienfonds verzinsen sich gewöhnlich zwischen 3% und 5%.

Immobilienfonds

Mit Rücksicht auf die Anschaffungskosten von etwa 5% ist eine Anlage in Immobilienfonds nur längerfristig sinnvoll.

Index → *Aktienindex*

Industrieobligationen

→ *Anleihen* der Wirtschaft im Gegensatz zu den Anleihen der öffentlichen Hand. Industrieobligationen rentieren meist etwas höher als Anleihen öffentlicher Schuldner, denn sie können nicht als so sicher gelten. Industrieobligationen inländischer Emittenten sind wegen der hohen Kosten heute selten geworden.

Inflation

ist die Entwertung des Geldes durch Preissteigerungen; aus der Veränderung des Preisniveaus meist in Prozent pro Jahr berechnet.

Durch das Nominalwertprinzip ist der Sparer durchweg von der Inflation betroffen, das heißt, sein Geld verliert an Wert in Höhe der Inflationsrate. Der Sparer erhält auch nach Jahren nominal immer nur das zurück, was er anfangs eingezahlt hat.

Dies gilt sowohl für Kontoguthaben wie für die meisten Wertpapieranlagen. Bei → *Aktien* ist indessen eine wesentliche Einschränkung zu machen. Der Aktionär ist nicht unwesentlich auch an Sachwerten beteiligt. Daher ist man vielfach der Meinung, Aktien würden die Inflationsrate durch entsprechende Wertsteigerung aufwiegen. Dem ist aber nur bedingt zu folgen.

Um der Inflation zu entgehen, müssen Sie Ihr Geld in sog. Sachwerten anlegen (→ *Sachwertanlage*).

Inhaberschuldverschreibungen → *Schuldverschreibungen*

Insider-Regeln

sog. Insider, d. s. Unternehmensvorstände, Bankenvertreter, Vermögensberater und ähnliche mit dem Aktiengeschehen engstens vertraute Personen, die sich verpflichtet haben, ihnen bekannt werdende Informationen, die den Börsenkurs einer Aktie tangieren könnten, für sich zu behalten und nicht zu Aktienkäufen und -verkäufen zwecks Gewinnerzielung zu nutzen (Insider-Handels-Richtlinien).

Nach den Händler- und Berater-Regeln dürfen Berater aus ihrer besseren Kenntnis neuester Entwicklungen heraus keine Aktienempfehlungen geben, die sich in irgendeiner Weise gegen die Interessen des Beratenen richten. Banken dürfen also z. B. keine Aktien empfehlen, die sie selbst loswerden wollen.

Wer gegen diese freiwillig gesetzten Regeln verstößt, kann durch eine eigens dafür eingesetzte Prüfungskommission belangt werden.

Insolvenz → *Konkurs*

Institutionelle Anleger

das sind regelmäßig Geld anlegende Institutionen wie Versicherungsgesellschaften, → *Investmentfonds*, Pensions- und Unterstützungskassen u. a.

Investment-Club

auch Effekten-Club genannt; Vereinigung von Laien, die auf gemeinsame Rechnung – meist in Form einer Gesellschaft bürgerlichen Rechts – Wertpapiere kaufen. Die Mitglieder verfügen selbst nicht über den nötigen Sachverstand und haben jeweils auch nur geringe Beträge zur Verfügung. Sie lassen sich aber von Kreditinstituten beraten. Sie bringen jeweils monatlich eine bestimmte Geldsumme auf ein gemeinschaftliches Konto ein. Ist ein angemessener Betrag angesammelt, werden davon → *Aktien* oder → *Anleihen* gekauft und in einem gemeinsamen → *Depot* verwaltet.

Die Anlageentscheidungen werden unter fachmännischer Beratung und Anleitung durch dritte Personen von allen Mitgliedern gemeinsam getroffen. Hierzu treffen sich die Mitglieder in regelmäßigen Abständen.

Tip
Wenn Sie sich über die geeignete Form eines Investment-Clubs beraten lassen wollen, dann können Sie sich an die Deutsche Schutzvereinigung für Wertpapierbesitz, Düsseldorf wenden. Sie stellt auch Mustersatzungen zur Verfügung.

Investmentfonds

von sog. Kapitalanlagegesellschaften gegründete, vom übrigen Vermögen der Gesellschaft getrennt gehaltene Vermögensmasse (Sondervermögen). Das Kapital zu diesem Vermögen wird durch Ausgabe von Anteilen (Zertifikate), die jeder kaufen kann, gebildet und in Wertpapieren angelegt. Die Erträge aus diesen Wertpapieranlagen werden gesammelt und einmal im Jahr an die Anteilseigner ausgeschüttet.

Damit erwirbt der Zertifikatsinhaber nicht das im Sondervermögen = Investmentfonds enthaltene Wertpapier, sondern er erhält einen Bruchteil am gesamten Vermögenstopf. Das Prinzip des Investmentsparens ist die Risikostreuung. Je größer der Topf = Fonds ist, um so mehr verschiedene Papiere können darin enthalten sein und um so mehr ist das Kurs- und Ertragsrisiko auf viele Papiere verteilt.

Nun erwerben die Investmentfonds nicht etwa Wertpapiere aus der gesamten Anlagepalette des Kapitalmarkts, sondern sie konzentrieren sich meist auf eine bestimmte Anlageart, z. B. auf inländische Anleihen (Rentenfonds) oder auf inländische Aktien (Aktienfonds) oder auf ausländische Aktien oder Aktien einer bestimmten Branche (Öl), eines bestimmten Landes (USA) usw. Manche Fonds sind auch gemischt, z. B. aus Aktien- und Rentenwerten. Je spezieller die einzelnen Fonds aufgebaut sind, um so eher wächst die Abhängigkeit von der Wertentwicklung eines bestimmten Anlagegebietes.

Fonds legen aber nicht nur in Wertpapieren, sondern auch in Immobilien an; s. hierzu → *Immobilienfonds*.

Der Investmentsparer kann sich durch die Investmentidee schon mit ganz kleinen Beträgen am Kauf von Wertpapieren beteiligen. Er trägt ein geringeres Risiko und er braucht seine Anlage niemals umzuschichten. Er braucht sich um nichts zu kümmern. Dies alles erledigt das Fondsmanagement für ihn. Allerdings können sich auch Investmentfonds einem längerfristigen Börsentrend nicht entziehen. Es ist also z. B. zweckmäßig, einen Aktienfonds nicht gerade in Hausseperioden anzuschaffen, und einen Rentenfonds nicht unbedingt in einer Niedrigzinsphase.

Investmentzertifikate machen die Kursbewegungen der im Fonds enthaltenen Papiere mit. Der Wert des Anteils wird täglich ermittelt, und zwar wird die Anzahl der umlaufenden Anteile durch das aus den Tageskursen ermittelte Fondsvermögen geteilt. Dieser Wert entspricht dem **Rücknahmepreis** des Anteils. Der **Ausgabepreis** liegt um 2,5% bis 5% (mitunter 6%) darüber. Dieser Aufschlag ist als Gebühr zu betrachten.

Fondsanteile der Publikumsfonds können täglich gekauft und verkauft werden (open-end). Je nach der Menge der verkauften bzw. von der Investmentgesellschaft zurückgekauften Anteile kann die Fondsverwaltung in Neuanlagen investieren bzw. muß sie an eingegangenen Positionen wieder auflösen (offener

Fonds). Entsprechend schwankt das Fondsvermögen und entsprechend müssen auch Teile des Vermögens auf dem Konto flüssig gehalten werden.

In die Erträge des Fonds gehen alle → *Dividenden* und Körperschaftsteuerguthaben, Zinsen, → *Bezugsrechte* sowie realisierte Kursgewinne ein; realisierte Verluste sind entsprechend abzuziehen. Aus diesen Erträgen wird einmal im Jahr ein Gewinn ausgeschüttet. Dabei ist der Teil der Ertragsausschüttung steuerfrei, der z. B. auf Kursgewinne entfällt.

Die Ausschüttung wird am Tag der Zahlung vom Anteilspreis abgezogen. Der Gesamtertrag des Investmentanteils setzt sich demnach aus der Jahresausschüttung und dem möglichen Kursgewinn zusammen. Wird der Ertrag sogleich im Fonds wieder angelegt, gewährt die Gesellschaft einen Rabatt.

Neben Investmentfonds mit jährlicher Zinsausschüttung gibt es solche, bei denen der Ertrag im Fondsvermögen angesammelt wird, sog. Thesaurierungsfonds. Der Wert wächst dem Anteil zu, indem der Rücknahmepreis entsprechend angehoben wird.

Investmentanteile können Sie bei allen Kreditinstituten kaufen. Sie können sie auch direkt bei der Investmentgesellschaft anschaffen und verwalten lassen. Die Verwaltung bei dem der Fondsgesellschaft nahestehenden Kreditinstitut ist im allgemeinen kostenlos. Investmentzertifikate können Sie auch ratenweise erwerben. Hierzu wird ein sog. **Aufbaukonto** eingerichtet, auf dem Ihre monatliche Sparrate sofort zum Tageskurs in Anteile umgewandelt wird. Dadurch, daß bei niedrigeren Kursen mehr Anteile von der gleichen Summe gekauft werden, machen Sie sich die gerade für Investmentfonds typische → *Cost-Average-Methode* zunutze.

In gleicher Weise können Sie aus einem größeren Anlagebetrag einen sog. **Auszahlungsplan** vereinbaren. Dann wird Ihnen regelmäßig ein bestimmter Betrag als Rente zur Verfügung gestellt. Für diesen Betrag werden entsprechende Anteile verkauft. Der Rest bleibt weiter angelegt. Hierdurch erzielen Sie allerdings den umgekehrten Effekt wie bei der Cost-Average-Methode; Sie verkleinern Ihr Vermögen durch gelegentliche Verkäufe zu jeweils niedrigeren Kursen.

Investmentgesellschaften und ihre Fonds – jede Gesellschaft hat meist mehrere Fonds aufgelegt – unterliegen einem eigens hierfür geschaffenen Gesetz und sehr strengen Anlage-, Publizitäts- und Kontrollvorschriften. Kapitalanlagegesellschaften sind zudem Kreditinstitute unter der staatlichen Aufsicht des Bundesaufsichtsamtes für das Kreditwesen. Jedes Fondsvermögen ist nicht nur getrennt zu halten, sondern es ist auch durch eine eigens hierzu bestimmte **Depotbank** getrennt zu verwalten und von dieser zu kontrollieren. Der Anleger ist damit weitgehend geschützt.

Investmentgesellschaft → *Investmentfonds*

Jobber

ist der „Marktmacher", als Händler an der engl. Börse.

Junge Aktien → *Aktien*, → *Kapitalerhöhung*

Kapitalanlagegesellschaft → *Investmentfonds*

Kapitalerhöhung

Kapitalzuführung von außen; geschieht durch Ausgabe junger Aktien. Hierzu wird jedem Aktionär der AG ein → *Bezugsrecht* geboten. Auf dieses Bezugsrecht kann er entsprechend seiner Anzahl alter Aktien neue Aktien beziehen. Für die neuen Aktien zahlt er einen unter dem Börsenkurs der alten Aktien liegenden Preis. Entsprechend der Zahl neuer Aktien wächst das in der Bilanz ausgewiesene Grundkapital, und zwar für zwei neue Aktien um je 100 DM (jede neue Aktie à DM 50). Das in aller Regel zugleich kassierte Aufgeld wandert in die Rücklagen.

Die Kapitalerhöhung bringt dem Unternehmen also einen Geldzufluß. Allerdings entsteht damit auch die Verpflichtung, dieses zusätzliche Kapital ebenfalls mit einer angemessenen → *Dividende* zu bedienen.

Neben der regulären Kapitalerhöhung gibt es die **bedingte Kapitalerhöhung**. Sie bezieht sich auf den Umtausch von → *Wandelschuldverschreibungen* in Aktien, auf → *Belegschaftsaktien* oder auf den Zusammenschluß mit einem anderen Unternehmen. Ein **genehmigtes Kapital** kann vorsorglich beschlossen werden, um eine Kapitalerhöhung ohne weiteren Hauptversammlungsbeschluß bei Bedarf durchzuführen. Und schließlich kann eine **Kapitalerhöhung aus Gesellschaftsmitteln** stattfinden. Hierbei werden vorhandene Rücklagen in Kapital umgewandelt und darauf → *Zusatzaktien* ausgegeben. In diesem einen Fall zahlt der Aktionär nichts hinzu.

Jede Kapitalerhöhung muß von der → *Hauptversammlung* beschlossen werden. Hierzu bedarf es einer qualifizierten Mehrheit von 75% der anwesenden Stimmen.

Kapitalertragsteuer

ist eine Form der → *Einkommensteuer*; wird „an der Quelle" erhoben wie die → *Quellensteuer*. Sie beträgt 25%. Sie wird bei → *Dividenden* aus → *Aktien*, bei Erträgen aus → *Genußscheinen* und Wandelanleihen sowie bei Gewinnen aus GmbH-Anteilen erhoben.

Aus einer Dividende bekommen Sie also von der Bank nur 75% gutgeschrieben. Die Kapitalertragsteuer ist eine Vorauszahlung auf die Einkommensteuer. Die Vorauszahlung wird bei der Einkommensteuer angerechnet und gegebenenfalls durch das Finanzamt zurückgezahlt.

Niedrigere Einkommensbezieher können den Kapitalertragsteuerabzug vermeiden, indem sie sich vom Finanzamt eine → *NV-Bescheinigung* ausstellen lassen.

Kapitalmarkt

ist der gesamte Markt (Handel) für langfristiges Geld (Kapital). Der organisierte Kapitalmarkt ist die → *Börse*, den nicht organisierten Kapitalmarkt stellen alle finanziellen Handelsbeziehungen im Banken- und Industriebereich auch über die Grenzen hinweg dar. Gegenstand des Kapitalmarktes sind Kredite, Wertpapiere und sonstwie verbriefte Forderungen bzw. Verbindlichkeiten. Am Kapitalmarkt finanzieren sich Unternehmen und öffentliche Haushalte über → *Anleihen*, Schuldscheine, Konsortialkredite u. a. Geldgeber sind die Sparer und die → *institutionellen Anleger*.

Kapitalsammelstellen

sind Institutionen, bei denen laufend Geld zusammenfließt, wie Banken, Bausparkassen, Versicherungs- und Investmentgesellschaften.

Kapitalschnitt

Herabsetzung des Kapitals einer AG im Gegensatz zur → *Kapitalerhöhung*. Wird ebenfalls von der → *Hauptversammlung* beschlossen, wenn größere Verluste entstanden sind. Das Grundkapital wird zusammengelegt und zahlenmäßig verkleinert, beim Schnitt 1 : 1 z. B. auf die Hälfte. Der Aktionär besitzt statt zwei → *Aktien* dann nur noch eine Aktie. Rein rechnerisch verdoppelt sich dann der Kurs, nachdem er vorher entsprechend verfallen war. Ein Kapitalschnitt ist meist mit einer sofort anschließenden → *Kapitalerhöhung* verbunden. So werden der AG neue Mittel zugeführt, die sie durch den Kapitalschnitt allein nicht erhält.

Kassageschäft

ein sofort zu regulierendes Geschäft, im Gegensatz zum → *Termingeschäft*. Es sind auch solche Geschäfte, die zum → *Einheitskurs* an der → *Börse* abgewickelt werden; auch → *Optionsgeschäfte*.

Kassakurs → *Einheitskurs*

Kassenobligationen

sind Wertpapiere mit Laufzeiten bis zu vier Jahren mit festem Zinssatz. Sie werden von der öffentlichen Hand und einigen Sonderinstituten herausgegeben. Käufer sind meist Kreditinstitute. Ein Handel findet an der → *Börse* im → *Freiverkehr* statt.

Kaufoption → *Optionsgeschäfte*

KGV → *Price-Earnings-Ratio*

Kleinaktionär → *Aktiengesellschaft*

Körperschaftsteuergutschrift

Zusammen mit der → *Dividende* bekommt der Aktionär einen Betrag von 9/16 des Dividendensatzes gutgeschrieben. Dieser Betrag wird ihm sofort aber nur dann ausgeschüttet, wenn er eine → *NV-Bescheinigung* des Finanzamtes vorweisen kann. Ansonsten erhält er die Körperschaftsteuergutschrift zunächst nur auf dem Papier. Diesen Gutschriftsbeleg reicht er dann zusammen mit seiner Einkommensteuererklärung dem Finanzamt ein. Das Finanzamt vergütet den Betrag und verrechnet ihn mit der Steuerschuld des Steuerpflichtigen. Durch die Körperschaftsteuergutschrift wird eine Doppelbesteuerung des Unternehmensgewinns vermieden.

Kommissionsgeschäft → *Effektenkommissionsgeschäft*

Kommunalobligationen

festverzinsliche Wertpapiere der Hypothekenbanken, Landesbanken und Pfandbriefanstalten, gegen die langfristige Darlehen an öffentliche Haushalte gewährt werden. Sie gelten als sicher (mündelsicher), weil die Haftung der Gewährträger dahintersteht; s. auch → *Anleihen*.

Konditionen → *Spesen*

Konkurs

im Insolvenzfall eines zahlungsunfähigen Unternehmens durchgeführtes Verfahren zur Auflösung und Abwicklung einer Gesellschaft und gleichmäßigen Befriedigung der Gläubiger. Das Konkursverfahren wird eröffnet, wenn weniger als 35% der Verbindlichkeiten der Gesellschaft durch Vermögen gedeckt sind, und wenn der Konkurs nicht „mangels Masse" abgelehnt wird. Können mindestens 35% der Schulden befriedigt werden, dann kann ein **Vergleich** beantragt werden. Sind die Gläubiger damit nicht einverstanden, folgt der Anschlußkonkurs.

Im Konkurs einer → *Aktiengesellschaft* gehen die Aktionäre immer leer aus. Die Besitzer von → *Anleihen* haben dagegen geringe Hoffnung, einen kleinen Teil ihres Geldes zurückzubekommen.

Konsolidierung

Konsolidierung → *Konzern*

Konsortium

zur Übernahme und Plazierung von → *Anleihen* und → *Aktien* finden sich meist verschiedene Kreditinstitute zu einer BGB-Gesellschaft zusammen, weil die Übernahme durch ein einzelnes Institut mit zu hohem Kapitalaufwand und zu hohem Plazierungsrisiko verbunden wäre. So wie beim Emissions-Konsortium wirken auch beim Konsortialkredit mehrere Geldinstitute zusammen.

Kontensparen

Das ist die Geldanlage auf dem Bankkonto, im Gegensatz zum Wertpapiersparen. Hierfür kommen das → *Sparkonto* und das Festgeldkonto in Betracht. Im weiteren Sinn zählt auch das → *Bausparen* dazu.

Während das → *Festgeld* (Termingeld) von Anfang an mit einer festen Frist und einem festen Zinssatz versehen ist, wirkt die Spargeldanlage andersherum. Auf dem Sparkonto wird lediglich eine bestimmte Kündigungsfrist vereinbart. Die Anlage kann dann über Jahre laufen, ohne daß gekündigt wird. Vom Zeitpunkt der Kündigung an ist die Anlage erst dann verfügbar, wenn die Kündigungsfrist abgelaufen ist. Das Festgeld hingegen muß bei jeder Fälligkeit verlängert werden.

Auch ist der Zinssatz beim Sparkonto nicht fest. Er kann von der Bank jederzeit verändert werden. Auf dem Sparkonto kann neben dem Zins ein Bonus als Vergütung abgesprochen werden. Dieser ist in der Regel zeitlich befristet.

Für das Kontensparen gilt generell, daß der Zinssatz um so höher wird, je länger Sie sich mit Ihrer Anlage binden. Längere Festgeldfristen bringen höhere Zinsen. Ebenso wie längere Kündigungsfristen auf dem Sparkonto mit höheren Zinssätzen belohnt werden.

Auch → *Sparpläne* werden gewöhnlich über das Sparkonto abgewickelt. Auch hier gelten meist längere Kündigungsfristen, bis das Guthaben wieder frei wird.

Tip

Das Kontensparen ist nur in Grenzen und auf Zeit sinnvoll. Bei höheren Beträgen sollten Sie für eine Daueranlage auf das Wertpapiersparen umsteigen. Denn dort erzielen Sie in aller Regel bessere Zinsen.

Konto im Ausland → *Bankgeheimnis*

Kontokorrentkonto → *Girokonto*

Konvertibilität

auch Konvertierbarkeit, der unbeschränkte und von Genehmigungen freie Geldumtausch von einer Währung in die andere. Wir besitzen die volle Inländer- und die volle Ausländerkonvertibilität für die DM. Das bedeutet, wir können als Inländer soviel DM in andere Währungen tauschen und ins Ausland mitnehmen, wie wir wollen und umgekehrt. Ebenso können Ausländer unsere Währung unbeschränkt kaufen und verkaufen, aus- und einführen. Soweit nicht devisenrechtliche Vorschriften des Auslandes dagegenstehen.

So können Deutsche, sofern vom Ausland erlaubt, ausländische → *Aktien* und → *Anleihen* jeder Art kaufen und verkaufen.

Konzern

ist ein Zusammenschluß mehrerer Unternehmen; genauer gesagt: Mehrere Unternehmen bilden einen Konzern, wenn sie aneinander wesentliche Beteiligungen unterhalten und unter einheitlicher Leitung stehen. Die Muttergesellschaft hält die wesentlichen Kapitalanteile an der oder den Tochtergesellschaften und beherrscht diese.

Die Bilanzen der einzelnen Konzerngesellschaften sind zu „konsolidieren". Die Konsolidierung bedeutet die Zusammenfassung aller Vermögens- und Schuldposten aller Gesellschaften zu einer einzigen Konzernbilanz. Dabei werden die jeweiligen Beteiligungs- und Kapitalposten herausgenommen. Ebenso werden die sog. Innenumsätze (Lieferungen von einer Konzerngesellschaft an die andere) eliminiert. Bestandteil des Konzernabschlusses ist ein Erläuterungsteil und der Konzernlagebericht. Sie enthalten wichtige den Konzern betreffende Meldungen. Fast alle großen börsennotierten → *Aktiengesellschaften* sind aus mehreren Einzelunternehmen zusammengesetzt und bilden so einen Konzern.

Kündigung → *Anleihen*, → *DM-Auslandsanleihen*, → *Sparkonto*, → *Sparpläne*, → *Kontensparen*

Kulisse → *Berufshandel*

Kunstgegenstände → *Wertgegenstände*

Kunstsammlungen → *Wertgegenstände*

Kupon

ist der Zinsschein einer → *Anleihe* oder auch der Dividendenschein einer → *Aktie*. Mit dem Kupon löst der Anleger seine Zinsen ein. Werden die Wertpapiere im → *Depot* bei der Bank verwahrt, geschieht die Kuponeinlösung automatisch. Der Selbstverwahrer muß den Kupon von seinem Zinsscheinbogen (→ *Wertpapiere*) abtrennen und der Bank zur Gutschrift bzw. Auszahlung einreichen.

Kupons dienen bei → *Aktien* auch dem Nachweis eines → *Bezugsrechts*.

Während bei Aktien der Zeitpunkt, zu dem die Dividende gezahlt wird, je nach Hauptversammlungstermin verschieden ist, liegen die Kupontermine bei Anleihen fest. Die Zinsen werden entweder einmal oder zweimal im Jahr vergütet. Dementsprechend gibt es Anleihen mit Jahres- und Anleihen mit Halbjahreskupon. Häufige Zinszahlungstermine sind der 1. Januar oder der 1. April bzw. 1. 1. und 1. 7. (J/J) oder 1. 4. und 1. 10. (A/O). Die Zahlungstermine sind auf die Kupons aufgedruckt.

Kuponsteuer

ist eine Art Quellensteuer, die Ausländer auf → *festverzinsliche Wertpapiere* inländischer Schuldner bezahlen müssen. Der Abzug erfolgt direkt bei der Zinsgutschrift. Die Kuponsteuer gilt nicht für → *DM-Auslandsanleihen*.

Kurs

ist der Preis eines Wertpapiers. Wird ein Wertpapier nicht an der → *Börse* notiert, kann sich kein Kurs bilden. Der Kurs ist also ein Resultat der Börsennotiz. Kurse werden bei uns bei → *Anleihen* in Prozent vom Nominalwert, bei → *Aktien* in DM pro Stück notiert und in Kursblättern veröffentlicht.

Kursabschlag → *Dividende*, → *Bezugsrecht*, → *Investmentfonds*, → *ex BA*, → *ex BR*, → *ex Div*

Kursbildung

Kursfeststellung, die Art und Weise, wie ein → *Kurs* an der → *Börse* zustande kommt. In erster Linie ist die Kursbildung das Ergebnis von Angebot und Nachfrage in einem Wertpapier. Ist die Nachfrage größer als das Angebot, dann wird der Kurs heraufgesetzt. Überwiegt dagegen das Angebot in diesem Papier, muß der Kurs fallen.

Im amtlichen Handel (→ *amtlicher Markt*) und im → *Geregelten Markt* setzt der amtliche Makler (→ *Kursmakler*) Anfangs- und Schlußkurse sowie die weiteren variablen Kurse und → *Einheitskurse* fest. Die Aufsicht führt dabei die Maklerkammer oder der Börsenvorstand.

Im **variablen Handel** bei bestimmten Papieren werden Kurse laufend ermittelt und angeschrieben. Der Mindestabschluß beträgt hier 50 Aktien oder ein Vielfaches davon. Fortlaufende Notierungen gibt es aber nur bei den großen Publikumswerten.

Kurs-Gewinn-Verhältnis → *Price-Earnings-Ratio*

Kursindex → *Aktienindex*

Kurslimit → *Limit*

Kursmakler

amtlicher Makler an der → *Börse*, offizieller Vermittler von Wertpapiergeschäften im → *amtlichen* und im → *Geregelten Markt*. Der Kursmakler betreut ganz bestimmte Papiere, entweder → *Aktien* oder Rentenwerte. Er nimmt während der Börsenzeit hinter der Maklerschranke alle Aufträge in diesen Papieren entgegen und notiert sie in seinem Auftragsbuch (Skontro).

Aus Angebot und Nachfrage stellt der Kursmakler unter Aufsicht der Maklerkammer oder des Börsenvorstandes die amtlichen Kurse fest (→ *Kursbildung*) und gibt sie bekannt. Die Kurse erscheinen auf einer elektronischen Anzeigeta-

Kursmakler

fel im Börsensaal. Die Abschlüsse gehen in den Datenspeicher ein. Außerdem ermittelt der Kursmakler die in den einzelnen Papieren zustande gekommenen Umsätze.

Von den amtlichen Maklern sind die sog. *freien Makler* zu unterscheiden.

Für seine Tätigkeit erhält er eine Maklergebühr, Courtage genannt (→ *Spesen*).

Kurspflege

Sie kann sowohl bei → *Aktien* als auch bei → *Anleihen* stattfinden. Bei Aktien z. B. unmittelbar nach der Ausgabe, um größere Kursausschläge zu verhindern. Häufiger aber ist die Kurspflege bei festverzinslichen Wertpapieren festzustellen. Sie dient dazu, größere Kursschwankungen durch Ausgleich von Unterschieden zwischen Angebot und Nachfrage zu vermeiden. Zur Kurspflege werden die kurspflegenden Stellen tätig, die übersteigende Nachfrage durch Abgabe von Material decken oder überschießendes Angebot durch Kauf aus dem Markt nehmen.

Kursregulierung → *Berufshandel*

Kurssicherung → *Devisentermingeschäfte*

Kurstaxe → *Taxkurs*

Kurstendenz → *Börse*, → *Aktien*

Kurszusätze

In der Börsenordnung sind bestimmte Bezeichnungen vorgesehen, die an die → *Kurse* angehängt werden, um damit dem Leser zusätzliche Informationen zu geben. Die wichtigsten Kurszusätze hinter dem Kurs von z. B. 150 besagen:

150 b = „150 bezahlt", mit 150 konnten alle zu diesem Kurs vorliegenden Aufträge ausgeführt werden

150 bB	=	„150 bezahlt Brief", nur ein Teil der Verkaufsaufträge konnte mit 150 ausgeführt werden; Angebote, d. h. Verkaufswünsche überwogen
150 B	=	„150 Brief", zu 150 wurden Papiere nur zum Verkauf angeboten; es fanden sich aber keine Käufer
150 bG	=	„150 bezahlt Geld", nur ein Teil der Kaufaufträge konnte mit 150 ausgeführt werden; Nachfrage, d. h. Kaufwünsche überwogen
150 G	=	„150 Geld", zu 150 lagen nur Kaufaufträge vor; aber niemand wollte verkaufen
150 ex B	=	„150 ex Bezugsrecht", im Kurs von 150 ist das → *Bezugsrecht* nicht mehr enthalten
150 ex D	=	„150 ex Dividende", im Kurs von 150 ist die → *Dividende* für das abgelaufene Geschäftsjahr nicht mehr enthalten
150 bBr	=	„150 bezahlt Brief repartiert", zu 150 mußten die Verkaufsaufträge in kleinen Mengen zugeteilt werden; das Angebot konnte nur geringfügig untergebracht werden
150 bGr	=	„150 bezahlt Geld repartiert", zu 150 mußten Portionen zugeteilt werden; Nachfrage blieb weitgehend offen; es kam nicht genügend Material heraus
150 T	=	„150 Taxe", der Kurs wurde vom Makler auf 150 taxiert (= geschätzt); ein Umsatz kam nicht zustande
–	=	„gestrichen", eine Kursbildung war nicht möglich

„Kurzläufer"

Das sind → *Anleihen* mit kurzer Laufzeit, bis etwa drei bis vier Jahre. Kurzläufer sind immer dann zu empfehlen, wenn die Zinsen niedrig sind und zu steigen drohen, oder wenn man Geld nur kurzfristig anlegen kann.

„Langläufer"

→ *Anleihen* mit langer Laufzeit, etwa ab sieben bis acht Jahren. Sie sind immer dann zu empfehlen, wenn die Zinsen hoch sind und man sein Geld langfristig anlegen kann.

Laufende Notierung → *Amtlicher Markt*

Laufende Verzinsung → *Effektivzins*

Laufzeit von Wertpapieren → *Anleihen,* → *Effektivzins,* → *„Kurzläufer",* → *„Langläufer",* → *DM-Auslandsanleihen*

Lebensversicherung

Heute immer breiter genutzte Form der Altersvorsorge und der Kapitalbildung in Raten. Unter Anlageaspekten im wesentlichen in Ergänzung zur sonstigen Altersversorgung gesehen.

Zwei wesentliche Merkmale sind zu unterscheiden: Die Risiko-Lebensversicherung (Todesfall-Versicherung) zur Abdeckung des Todesfallrisikos z. B. bei der Kreditaufnahme und die Kapital-Lebensversicherung als Vermögensanlage mit Auszahlung im Erlebensfall und gleichzeitiger Absicherung des Todesfallrisikos (gemischte Lebensversicherung).

Über Zeiträume von mindestens 12 Jahren, häufiger aber noch über 20 bis 30 Jahre oder auf das 65. Lebensjahr hin ausgerichtet verpflichtet sich der Versicherte im Vertrag zur Leistung monatlicher Beiträge **(Prämien).** Die Höhe der Prämien richtet sich nach der Art des Versicherungsschutzes, nach der Höhe der Versicherungssumme, nach der Laufzeit der Versicherung und nach dem Eintrittsalter des Versicherten. Außerdem sind die Prämien von Versicherung zu Versicherung unterschiedlich. Wegen der Verschiedenheit der einzelnen Leistungen ist ein Vergleich der Leistungen der einzelnen Gesellschaften meist nicht möglich. Hinzu kommen unterschiedliche Vertriebs-, Kosten- und Ertragsstrukturen.

Bei Auszahlung im Todesfall sind die Erben bzw. der Bezugsberechtigte Nutznießer. Bei Auszahlung im Erlebensfall fließt die Ablaufleistung gewöhnlich dem Versicherten selbst zu.

Vorteile der Lebensversicherung liegen darin, daß die Versicherungsbeiträge im Rahmen der Vorsorgeaufwendungen in Grenzen steuerlich abzugsfähig sind. Auch wird die Versicherungssumme einschließlich der Verzinsungs- und Gewinnanteile nach Abzug von Quellensteuer steuerfrei ausgezahlt.

Die geleisteten Beiträge werden bei der Versicherungsgesellschaft in Risiko-, Verwaltungs- und Sparanteil aufgeteilt. Der Sparanteil, der anfangs niedriger ist und später steigt, wird von der Versicherungsgesellschaft verzinslich angelegt. Der Zinsertrag kann mit etwa 5% im Durchschnitt angesetzt werden.

Lebensversicherung

Der Wert einer Lebensversicherung steigt anfangs wenig, später schneller. Er kann in Form des sog. Rückkaufswertes bei der Gesellschaft abgefragt werden. Wegen des anfänglich weit unter den Einzahlungen liegenden Rückkaufswertes sollten Sie die vorzeitige Auflösung unter allen Umständen vermeiden. Die Kostenanteile einschließlich Vertreterprovision bekommen Sie in keinem Fall erstattet.

In der Lebensversicherung können unterschiedliche Risiken abgedeckt werden, neben Tod z. B. auch Unfalltod und Erwerbsunfähigkeit.

Sie können Ihre Lebensversicherung auch „dynamisieren", sie behält dann jeweils die Kaufkraft bei Vertragsabschluß. Die Inflationsrate wird durch Beitrags- und Versicherungssummensteigerung ausgeglichen.

Als Sonderform ist die → *fondsgebundene Lebensversicherung* anzusehen; Näheres siehe dort.

Lebensversicherungsverträge können im allgemeinen auch vom Arbeitgeber für seinen Arbeitnehmer abgeschlossen werden (**Direktversicherung**). Sie dienen dann z. B. als Ersatz oder Ergänzung der betrieblichen Altersversorgung. Bis zu 200 DM des monatlichen Einkommens kann dann der Arbeitgeber für den Arbeitnehmer mit 10% Pauschalversteuerung in die Lebensversicherung einzahlen.

Eine Lebensversicherung können Sie auch dazu benutzen, ein langfristiges Darlehen abzudecken. Zugleich mit der Aufnahme des Darlehens schließen Sie eine Lebensversicherung in gleicher oder ähnlicher Höhe ab. Statt der Tilgungen auf das Darlehen zahlen Sie in diese ein. Das Darlehen bleibt also bis zum Schluß in voller Höhe erhalten. Bei Fälligkeit der Lebensversicherung decken Sie das Darlehen mit der Auszahlungssumme ab.

Auf eine seit wenigstens einigen Jahren angesparte Lebensversicherung können Sie sich eine Vorauszahlung leisten lassen, ein sog. **Policendarlehen**. Die Versicherung läuft unverändert weiter. Zusätzlich zahlen Sie jetzt die Zinsen auf das Policendarlehen. Die Vorauszahlung entspricht in etwa dem Rückkaufswert. Sie ist jederzeit rückzahlbar. Der Versicherungsschutz wird von der Vorauszahlung nicht berührt.

Tip

Vor Abschluß einer Lebensversicherung sollten Sie stets mehrere Angebote miteinander vergleichen. Die Versicherungsgesellschaften sind sehr unterschiedlich leistungsfähig. In der Ablaufleistung nach z. B. 30 Jahren können Unterschiede in der Leistung bis zu 25% auflaufen. Prüfen Sie also genauestens das Verhältnis von Beitrag und Leistung, und lassen Sie sich ungefähre Angaben über die voraussichtliche Wertentwicklung machen. Wie hoch liegen die Abschluß- und Verwaltungskosten?

Lebensversicherung

So wie es Restschuldversicherungen zur Absicherung einer Darlehensrückzahlung (z. B. bei Bausparverträgen) gibt, so können Sie auch die Einzahlungen auf einen Ratensparvertrag versichern lassen. Sie stellen damit die Fortzahlung der Sparraten auf einen Sparvertrag mit der Bank für den Fall sicher, daß Ihnen etwas zustößt; Näheres → *Sparpläne*, auch → *Leibrente*.

Leibrente

Durch eine Versicherungseinrichtung oder durch Kaufvertrag kann man sich die Zahlung einer z. B. monatlichen Rente bedingen. Die Leibrente endet mit dem Tod des Begünstigten. Bisweilen werden z. B. Immobilien auf Leibrentenbasis verkauft. Alle Altersrenten sind an die Person gebundene Leibrenten. Hiervon ist die Zeitrente zu unterscheiden, die nur für einen bestimmten Zeitraum gezahlt wird.

Leibrenten können auch an zwei oder mehrere Personen gezahlt werden. Die Zahlung endet erst, wenn der letzte Begünstigte gestorben ist.

Der Wert der Leibrente wird aus dem zugrunde liegenden Kapital versicherungsmathematisch nach der Lebenserwartung des Empfängers berechnet. Je älter also der Leibrentenempfänger bei der Vereinbarung ist, um so höher ist seine Rente. Im übrigen hängt die Höhe der Leibrente von dem Barkapital ab.

Bei der Leibrente kommt es entscheidend auf die Zinsen an, die auf das zugrunde liegende Kapital berücksichtigt werden. Die Leibrente wird um so höher, je höher der zugrunde gelegte Zinssatz ist. Der umgekehrte Vorgang zur Verrentung eines Kapitals wäre die Kapitalisierung einer Rente.

Durch Einzahlung eines einmaligen Betrages können Sie mit einer Versicherungsgesellschaft eine Lebensversicherung abschließen. Sie erreichen mit der Einzahlung Ihres gesamten Vermögens in die Versicherung, daß Ihr Vermögen bei Ihrem Ableben auf Null steht, sofern Sie die gezahlte Leibrente voll aufzehren.

Libor

„London Interbank offered Rate", ein Londoner Geldmarktzins im Handel unter Banken (→ *Geldmarkt*). Er wird mehrmals täglich für verschiedene Laufzeiten ermittelt. Er richtet sich nach Angebot und Nachfrage und nach der Notenbankpolitik. Er ist Grundlage für die Ermittlung von Zinssätzen für → *Floating Rate Notes*.

In Frankfurt wird entsprechend ein „Fibor" festgestellt.

Limit

Kurslimit, das Setzen einer Kursgrenze bei einem Börsenauftrag (→ *Order*). Sie geben Ihrer Bank den Auftrag, nicht billigst zu kaufen, sondern Sie setzen einen Kurs fest, über den hinaus nicht gekauft werden darf. Sie vermeiden damit, zu teuer einzukaufen. Sie laufen allerdings auch Gefahr, nicht zum Zuge zu kommen, weil Ihnen der Kurs nach oben davonläuft.

Wenn ein Börsenkurs z. B. von 110 auf 120 gestiegen ist und Sie mit einem weiteren Anstieg rechnen, zugleich aber auch das Kursrisiko hoch einschätzen, dann limitieren Sie Ihre Kauforder z. B. auf 122. Liegt der Börsenkurs an diesem Tag dann bei 123, haben Sie die Aktie nicht bekommen. Erreicht der Kurs aber gerade 122 oder bleibt darunter, dann kaufen Sie zu dem amtlich ermittelten Preis (nicht zum Limitkurs).

Beim Verkauf verfahren Sie auf die gleiche Weise. Sie setzen ein Limit, um nicht zu billig abzugeben.

Die Angabe eines Limits empfiehlt sich immer dann, wenn der Markt in einem Wert eng ist und wenig Umsatz stattfindet, oder wenn Sie ein Papier nicht täglich beobachten wollen oder können. Der Limitauftrag wird dann an die Börse weitergegeben und dort täglich auf seine Ausführbarkeit hin überprüft. Hierfür zahlen Sie eine Limitgebühr. Ein Limitauftrag läuft wie jede andere Order in der Regel bis zum Monatsende (Ultimo).

Liquidität

das vorhandene Geld in flüssiger, möglichst barer Form. Eine Kapitalanlage ist um so illiquider, je schwerer es ist, sie in Bargeld umzuwandeln. Liquide Anlagen sind Kontoguthaben, vor allem wenn sie täglich verfügbar sind. Bei Wertpapieren nimmt die Liquidität schon ab. → *Immobilien* können als am wenigsten flüssig gelten.

Lokalwerte → *Aktien*

Lombardkredit → *Effektenlombardkredit*

Makler → *Kursmakler*

Maklergebühr → *Spesen*

Mantel → *Wertpapiere*

Medaillen → *Münzen*

Mehrheit → *Hauptversammlung*

Mehrstimmrechtsaktien → *Aktien*

Meinungskäufe → *Berufshandel*

Mietshäuser → *Immobilien*

Minderheitsaktionär

Ein Großaktionär mit einem Kapitalanteil an der → *Aktiengesellschaft* von über 50% (Mehrheitsaktionär) kann mit Stimmenmehrheit eine ganze Reihe von Beschlüssen in der → *Hauptversammlung* für sich entscheiden. Besitzt ein Aktionär weniger als 50%, aber mehr als 25% der Aktien, kann er mit seiner sog. Sperrminorität Beschlüsse verhindern, zu denen eine qualifizierte Mehrheit von drei Vierteln der Stimmen erforderlich ist. Damit nun aber auch andere Aktionäre nicht ganz „rechtlos" bleiben, hat das Aktiengesetz in einer Reihe von Fällen vorgesehen, daß Aktionäre, die zusammen 5% oder 10% des Grundkapitals, manchmal auch nur nominal 1 Mio. DM oder 2 Mio. DM auf sich vereinigen, bestimmte Beschlüsse fassen oder z. B. auch eine Hauptversammlung einberufen können. Unabhängig von der Größe des Aktienbesitzes kann ein Aktionär auf jeden Fall Anträge stellen und bestimmte Auskünfte von der Verwaltung verlangen.

Minusankündigung → *Börse*

Montanwerte → *Aktien*

Mündelsicherheit

ist wichtig für die Anlage von Geldern für bevormundete Personen (Mündelgelder) und für bestimmte Kapitalanlagen der Versicherungsgesellschaften in ihrem Deckungsstock (→ *deckungsstockfähig*). Die Mündelsicherheit ist ein Qualitätsmerkmal. Mündelsichere Anlagen gelten als besonders sicher. Hierzu zählen Anleihen von Bund, Ländern und Gemeinden, → *Pfandbriefe*, → *Kommunalobligationen*, erste Hypotheken, die Einlagen bei Sparkassen und – auf Antrag – bei Banken.

Münzen

zu Geldanlagezwecken kommen Gold-, Silber- und Platinmünzen in Frage. Medaillen sind hierfür gänzlich ungeeignet. Münzen tragen grundsätzlich eine Währungsbezeichnung, und sie sind in einer bestimmten Währungseinheit ausgeprägt. Medaillen verfügen über solche Merkmale nicht. Medaillen werden als einmalige Erinnerungsstücke mit hohem Aufgeld auf den Metallwert verkauft. Ein gängiger Markt zum Handel von Medaillen besteht nicht.

Dies ist bei Münzen anders. Zum einen können Münzen gesetzliche Zahlungsmittel sein, wie z. B. die deutschen Sonderprägungen von 5-DM-Stücken aus Silber und später aus minderwertigeren Metallen. Neben diesen Neuprägungen gibt es alte Sammlermünzen hauptsächlich aus Silber. Hierfür besteht ein breites Sammlerinteresse. Diese Münzen sind in Grenzen handelbar. Hier ist jedoch Sachverstand vonnöten, denn die Preise dieser alten Silbermünzen schwanken sehr stark je nach Erhaltungsgrad. Ihre Preisbildung ist vom Metallwert nahezu völlig unabhängig. Auch sollte das Sammelmotiv dahinterstehen. Zu reinen Anlagezwecken sind sie weniger zu empfehlen.

Von den Sammlermünzen unterscheidet man die reinen Anlegermünzen. Sie zeichnen sich nicht durch ihren Seltenheitsgrad aus, sondern ihr Wert wird vom Metallgewicht bestimmt. Ein eventuelles Aufgeld auf den reinen Metallwert beträgt im allgemeinen nur wenige Prozent. Es gibt sogar Goldmünzen ohne Aufgeld.

Klassische Anlegermünzen in → *Gold* sind der Maple Leaf, der amerikanische Eagle, der australische Nugget, die englische Britannia und der südafrikanische Krügerrand; dieser ist allerdings derzeit von den politischen Verhältnissen in Mitleidenschaft gezogen; mit ihm erlöst der Anleger derzeit nicht einmal den reinen Goldpreis (je kg). In reinem → *Platin* ist der Platin Noble ausgeprägt.

Münzen

Allen genannten Münzen ist ihr Gewicht von 1 Unze (= 31,1g) gemeinsam. Diese Münzen bestehen aus 999er Gold. Sie sind praktisch weltweit handelbar. Zwischen An- und Verkauf liegt eine Spanne von etwa 3%. Außerdem wird beim Kauf die Mehrwertsteuer von 14% erhoben. Nur bei numismatischen Münzen, deren Wert das 2½fache des Metallwerts übersteigt, gilt der halbe Steuersatz.

Tip

Anlegermünzen sollten Sie daher eher im Ausland kaufen, soweit dort keine Mehrwertsteuer berechnet wird. Goldmünzen können Sie auch ungegenständlich in Form von Zertifikaten erwerben; auch → *Edelmetallanlagen*, → *Silber*, → *Platin*.

Nachbörse → *Börse*

Namenspapiere

Mit dem Erwerb solcher Wertpapiere ist die Namensnennung verbunden. Namensaktien sind auf den Namen des Besitzers im Aktienbuch der AG eingetragen; sie gibt es heute praktisch nur noch bei Versicherungsgesellschaften.

Namensschuldverschreibungen werden im wesentlichen an Großabnehmer ausgestellt. Die regulären Wertpapiere des privaten Anlegers sind Inhaberpapiere.

Nennwert

auch Nominalwert genannt, ist der Wert, der auf dem Wertpapier aufgedruckt ist. Der Nennwert einer Aktie lautet bei uns gewöhnlich über 50 DM (= 1 Stück). Im Ausland sind aber auch nennwertlose → *Aktien* (bei uns nicht erlaubt) gebräuchlich.

→ *Anleihen* gibt es im Nennwert von 100 DM, von 1000 DM, von 5000 DM, von 10 000 DM und von 100 000 DM. Abweichungen vom Nennwert werden im → *Kurs* ausgedrückt. Er kann also einen anderen Preis haben.

Der Zins ist stets auf den Nennwert bezogen. Anleihen werden im allgemeinen zum Nennwert eingelöst, man sagt auch: zu pari. Dieser Wert wird dem Gläubiger geschuldet. Bei uns haben lediglich Investmentzertifikate keinen Nennwert.

Nennwertlose Aktien → Aktien

Nettodividende → Dividende

New York Stock Exchange (NYSE)

das ist die New Yorker Börse in der Wall Street, größte Aktienbörse der Welt. Von der NYSE gehen wesentliche Impulse für die Aktienkursentwicklung an den anderen großen Börsen der Welt aus. An der NYSE werden 1600 Aktiengesellschaften nur amtlich und nur zur Kasse notiert.

Nichtveranlagungs-Bescheinigung → NV-Bescheinigung

Nominalwert → Nennwert

Nominalzins → Effektivzins, → Anleihen, → Zins

Nonvaleur

Wertpapier ohne Marktwert; die Notierung an der Börse ist eingestellt. Ein späterer oder Liebhaberwert ist aber nicht ausgeschlossen.

Notes (engl.)

sind kurz- bis mittelfristige → Anleihen, z. B. → Floating Rate Notes.

Notierung, Notiz → *Kursbildung*

Nullkupon-Anleihen → *Zero-Bonds*

Nummernkonto → *Bankgeheimnis*

NV-Bescheinigung

Nicht-Veranlagungs-Bescheinigung, Freistellungs-Bescheinigung; eine Bescheinigung des Finanzamts, die vermögenlosen Kleinverdienern unter bestimmten Voraussetzungen ausgestellt werden kann, sofern diese nicht zur Einkommensteuer veranlagt werden. Die Bruttolohngrenze liegt beim einzelnen bei ca. 30 000 DM pro Jahr. Das zu versteuernde Einkommen darf 24 000 DM nicht überschreiten. Die NV-Bescheinigung wird im allgemeinen für drei Jahre erteilt.

Sie hat die Wirkung, daß die → *Dividenden* auf depotverwahrte → *Aktien* ohne Abzug der → *Kapitalertragsteuer* von 25% gutgeschrieben werden. Außerdem wird das Körperschaftsteuerguthaben (→ *Körperschaftsteuergutschrift*) vom Kreditinstitut sofort gutgeschrieben.

NYSE → *New York Stock Exchange*

Obligationen → *Anleihen*

Öffentliche Anleihen → *Anleihen*

Offene Immobilienfonds → *Immobilienfonds*

Optionsanleihen

→ *Anleihen* mit Optionsrecht. Das Recht kann im Umtausch in Aktien bestehen, oder auch im Eintausch in Anleihen, in Devisen oder in Gold. Mit der Optionsanleihe ist ein → *Optionsschein* verbunden, der dieses Umtauschrecht repräsentiert. Dieser Optionsschein kann von der Anleihe getrennt und für sich gehandelt werden. Getrennt handelbar sind also dann die Optionsanleihen mit dem Optionsschein, der Optionsschein und die Optionsanleihe ohne den Optionsschein.

Optionsanleihen haben wie andere Anleihen eine begrenzte Lebensdauer. Sie werden am Ende ihrer Laufzeit zum Nominalwert zurückgezahlt. Der Zinssatz liegt wegen des Optionsrechts gewöhnlich unter dem Anleihezinsniveau. Unter Renditegesichtspunkten ist nur die Optionsanleihe ohne Optionsschein interessant, denn sie ist billiger zu haben als die Optionsanleihe mit Optionsschein. Sie trägt aber die gleichen Zinsen.

Der Optionsschein hingegen eröffnet Aussichten auf Gewinne, die mit der Anleihe allein nicht möglich wären. Der Optionsschein selbst ist unverzinslich. Die Optionsanleihe mit dem Optionsschein hat im Kurs ein sog. Aufgeld. In den Schwankungen des Aufgeldes spiegelt sich die Gewinnchance. Daher notieren Optionsanleihen mit Optionsschein oft sehr weit über dem Nominalwert von 100%.

Optionsanleihen ohne Optionsschein dagegen notieren manchmal sehr weit unter 100%, wenn nämlich der Zinssatz sehr gering ist. Dies gibt dem Anleger die Möglichkeit, bei Einhaltung der Spekulationsfrist von sechs Monaten steuerfreie Kursgewinne zu realisieren (→ *Anleihen*, → *Einkommensteuer* auf Wertpapiere).

Neben den „einfachen" Optionsanleihen mit Tauschrecht in Aktien sind solche mit Zins- und Währungsswaps im Markt. So können Sie z. B. eine festverzinsliche Anleihe in eine variabel verzinsliche Anleihe tauschen oder unterschiedlich verzinsliche Anleihen aus verschiedenen Währungen. Eine Anleihe kann das Umtauschrecht in eine bestimmte fremde Währung (z. B. in Dollar) verbriefen. Und sogar in Gold kann eine Optionsanleihe gewechselt werden. Der Tauschpreis ist in den Anleihebedingungen festgelegt. Die Kurse schwanken also vor allem mit dem Wert, in den getauscht werden kann.

Viele Optionsanleihen wurden auch von ausländischen Adressen in DM begeben (auf denen bekanntlich keine → *Quellensteuer* lastet).

Optionsgeschäfte

Neben dem An- und Verkauf von Wertpapieren an der → *Börse*, dem reinen → *Kassageschäft*, gibt es einen Handel auf Termin. Hierunter sind alle Formen von → *Termingeschäften* zu verstehen. Unter die Termingeschäfte fällt auch der Optionshandel.

Option heißt: ein Recht bzw. **Anrecht** auf etwas. Es werden nicht primär die Papiere selbst gehandelt, sondern Rechte, Anrechte auf die Papiere – und zwar immer auf ein zukünftiges Datum bezogen. Optionsgeschäfte gibt es in → *Aktien* (nur große Gesellschaften) und in einigen → *Anleihen* (Bundesanleihen). Auch können bei uns Devisenoptionen gehandelt werden (→ *Devisentermingeschäfte*).

Der Aktienoptionshandel wickelt sich ebenfalls an der → *Börse* ab, im → *Freiverkehr*. Die Optionsregeln sind standardisiert. Mit dem Kauf einer Option erwerben Sie das Recht, eine Aktie kaufen oder verkaufen zu können. Ebenso können Sie ein solches Recht verkaufen.

Kaufoption (engl. „call"): Wenn Sie mit steigenden Kursen rechnen, können Sie entweder die Aktien sofort erwerben oder Sie kaufen statt dessen eine Kaufoption. Das spart erheblichen Geldeinsatz. Mit dem Kauf eines „calls" erwerben Sie das Recht, innerhalb der Optionsfrist eine bestimmte Anzahl Aktien (mindestens 50 Stück) zu einem heute festgesetzten Preis (Basispreis) zu übernehmen. Sie bezahlen jetzt nur den Optionspreis (= Optionsprämie) und erst später, wenn Sie die Aktien beziehen wollen, also die Option ausüben, bezahlen Sie die Aktien selbst.

Sie müssen aber die Aktien nicht unbedingt kaufen, Sie können die Option auch verfallen lassen. Dann hat Sie das Optionsgeschäft lediglich die Optionsprämie gekostet. Die bedeutet dann allerdings Verlust am Geschäft.

Der Basispreis kann je nach Laufzeit der Option und je nach der Höhe der Prämie variieren; er entspricht in etwa dem gegenwärtigen Börsenkurs. Mit dem Kauf der Kaufoption sichern Sie sich also den augenblicklichen Kurs für einen eventuellen späteren Kauf.

Die Optionsprämie hängt ebenfalls von der Laufzeit der Option ab – längere Laufzeit, höherer Optionspreis – und von der Markteinschätzung, also dem Angebot an solchen Kaufoptionen. Hierfür muß es nämlich auf der anderen Seite, der Verkäuferseite, einen sog. **Stillhalter** geben.

Es gibt vier Optionstermine im Jahr: 15. 1., 15. 4., 15. 7. und 15. 10. Die Basispreise sind je nach der Kurshöhe des Papiers nur in Intervallen von 5 DM, 10 DM, 20 DM, 50 DM und 100 DM zulässig. Je niedriger der Basispreis, also je günstiger Sie kaufen können, um so höher wird die Prämie, die von Ihnen verlangt wird.

Optionsgeschäfte

> Hierzu ein **Beispiel**:
>
> BASF-Aktien stehen auf 250. Sie rechnen für das nächste halbe Jahr mit steigenden Kursen. Sie kaufen im April eine Option auf den 15. 10. Beim Basispreis von 240 kostet Sie die Option 22 DM pro Aktie. Sie kaufen 50 Stück und bezahlen dafür 50 x 22 DM = 1100 DM + Spesen (50 x 0,80 DM), also 1140 DM. Damit ist die erste Phase des Optionsgeschäfts abgeschlossen.
>
> Die zweite Phase ist die Beobachtungsphase. Sinken nun die BASF-Aktien entgegen Ihren Erwartungen, dann entfällt die Ausübung der Option. Denn dann können Sie BASF-Aktien an der Börse billiger kaufen als über die Option. Bleiben die Aktien unverändert, dann bringt die Ausübung der Option ebenfalls nichts. Steigt aber BASF z. B. auf 290, dann üben Sie die Option aus.
>
> Die Rechnung sieht dann wie folgt aus: Sie warten den höchstmöglichen Kurs ab. Dann rufen Sie die vom Stillhalter bereitgehaltenen 50 BASF zum Kurs von 240 ab. Sie zahlen 12 000 DM + Spesen. Gleichzeitig verkaufen Sie die 50 BASF an der Börse zu 290; Erlös 14 500 DM - Spesen. Ihr Gewinn: 2500 DM (Abzüglich Spesen) ./. 1140 Optionskosten = 1360 DM (ohne An- und Verkaufsspesen).

Verkaufsoption (engl. „put"): Wenn Sie mit fallenden Kursen rechnen, dann werden Sie zunächst einmal vorhandene Bestände abstoßen. Wollen Sie dann an der → *Baisse* noch zusätzlich verdienen, dann kaufen Sie eine Verkaufsoption. Mit dem Kauf eines „puts" erwerben Sie das Recht, innerhalb der Optionsfrist eine bestimmte Anzahl Aktien zu einem heute festgesetzten Preis (Basispreis) einem Dritten (Stillhalter) anzudienen. Bei Abschluß des Optionsgeschäfts bezahlen Sie den Optionspreis.

> Hierzu ein **Beispiel**:
>
> BASF-Aktien stehen auf 250. Sie rechnen für die kommenden sechs Monate mit fallenden Kursen. Sie kaufen im April eine Verkaufsoption auf den 15. 10. Beim Basispreis von 260 kostet Sie die Option 28 DM. 50 Optionsrechte kosten Sie demnach 1400 DM + 40 DM Spesen = 1440 DM.
>
> Zweite Phase: Im Verlauf bis 15. 10. steigen BASF entgegen Ihren Erwartungen. Dann verzichten Sie auf die Ausübung der Option. Den Optionspreis von 1440 DM haben Sie dann verloren. Auch wenn die Aktien sich etwa auf dem Niveau von 250 halten, erscheinen der Verkauf zu diesem Preis und Eindeckung am Markt wenig sinnvoll. Nur wenn die Aktien erwartungsgemäß fallen, etwa auf 210, dann schlagen Sie zu. Sie kaufen 50 BASF an der Börse zu 210 DM und dienen die Aktien wie im Optionsvertrag vereinbart, Ihrem Kontrahenten zu 260 DM an.
>
> Ihre Rechnung sieht dann wie folgt aus. Der Kauf kostet Sie 10 500 DM (+ Spesen); zusammen mit der Optionsprämie haben Sie dann 11 940 DM (+ Spesen) ausgegeben. Sie erlösen aber 13 000 DM (abzüglich Spesen). So gewinnen Sie 1060 DM (ohne An- und Verkaufsspesen).

Nicht ganz so leicht ist es, den richtigen Zeitpunkt zur Ausübung der Option zu treffen. Es sollte aber wenigstens ein angemessener Kursgewinn abgewartet werden.

Der Effekt gegenüber dem Kauf der Aktien liegt darin, daß Sie beim Optionsgeschäft nur einen Bruchteil des sonst benötigten Kapitals einsetzen. Das ganze Geschäft kostet Sie nur die Optionsprämie. Zugleich aber begrenzen Sie auch Ihren Verlust auf eben diesen Optionspreis. Wie auch immer sich die Börsenkurse entwickeln, Ihr Verlust beschränkt sich auf die gezahlte Optionsprämie. Ihr Gewinn hingegen ist nicht limitiert. Beim echten → *Termingeschäft* können Sie mehr verlieren. Dies sollte man z. B. bei Währungsoptionen berücksichtigen, denn hier haben Sie die Wahl. Bei Wertpapieren ist jedoch ein Terminhandel in der Bundesrepublik noch nicht möglich.

Der Stillhalter ist in der umgekehrten Position. Er kann z. B. eine vorhandene Wertpapierposition zum Kauf anbieten. Er verkauft eine Kaufoption in der Hoffnung, der Kurs bleibe weitgehend unverändert. Stillhalter spekulieren also weder auf fallende noch auf steigende Kurse. Für seine Bereitschaft, sich von der Handlungsweise seines Kontrahenten abhängig zu machen, kassiert er die **Optionsprämie**.

Der Stillhalter in Wertpapieren muß seiner Bank den Bestand nachweisen und die Papiere sperren lassen.

Optionsgeschäfte in Anleihen

laufen im Prinzip in der gleichen Weise ab. Nur liegen hier andere Standards zugrunde. Die Optionstermine sind jeweils der 25. 1., 25. 4., 25. 7. und 25. 10. des Kalenderjahres. Die Kursintervalle beim Basispreis betragen jeweils 2 DM. Als Basispreis sind vom Börsenkurs aus gesehen immer nur die drei nächsten Intervalle nach unten und nach oben möglich. Der Optionspreis wird als Prozentsatz auf den Nominalwert bezogen. Der Mindestabschluß beträgt 100 000 DM.

Optionspreis → *Optionsgeschäfte*

Optionsrecht → *Optionsgeschäfte*

Optionsscheine (engl. warrants)

stehen mit den → *Optionsanleihen* zwar in Zusammenhang, folgen aber ganz eigenen Gesetzen. Sie haben mit der eigentlichen Optionsanleihe, mit der sie verbunden sind, außer dieser technischen Verbindung nichts gemeinsam.

Optionsscheine

Der Optionsschein läßt sich von der Anleihe lösen. Er wird von der Anleihe getrennt gehandelt. Sein Preis folgt dem Recht, das mit ihm zusammenhängt. Er ist unverzinslich. Sein Wert erlischt mit der Ausübung des Rechts.

Die meisten Optionsscheine verkörpern ein Umtauschrecht in **Aktien**. Dabei liegt ein fester Umtauschpreis zugrunde. Das bedeutet, daß sich der Kurs des Optionsscheins mit der Aktie verändert. Es gibt aber auch Optionsscheine, die zum Kauf von **Devisen**, hauptsächlich US-$, oder **Gold** zu einem in den Anleihebedingungen festgelegten Preis berechtigen. Ihre Kursentwicklung ist dann eng mit dem Schicksal dieser Währung oder des Goldes verknüpft.

Wegen dieser engen Verbindung zu mehr oder weniger spekulativen Anlagemedien müssen auch die Optionsscheine als spekulativ eingestuft werden. Die Kurse von Optionsscheinen unterliegen starken Schwankungen, denn außer dem reinen Umrechnungswert enthalten sie ein zum Teil beträchtliches **Aufgeld**. Das Aufgeld ist der Überpreis, also das, was über den reinen Tauschwert hinausgeht, sozusagen die Phantasie auf zusätzlichen Gewinn. Je mehr Phantasie in der Kursentwicklung des dem Optionsrecht zugrunde liegenden Gegenstandes liegt, um so kräftiger sind die Kursausschläge und um so höher der Aufpreis.

Man spricht in diesem Zusammenhang auch von der **Hebelwirkung** des Optionsscheines, denn hier setzen Sie in aller Regel weniger Kapital ein, als wenn Sie die Aktien, die eingetauscht werden können, direkt kaufen. Ein Optionsschein berechtigt z. B. zum Bezug mehrerer Aktien zu einem festen Preis. Der andere Faktor des sog. Leverage-Effekts ist das Verhältnis von Aktienkurs und Kurs des Optionsscheins. Ist der Aktienkurs z. B. dreimal so hoch, dann ist der Leverage-Faktor = 3. Die Hebelwirkung wird wie folgt errechnet:

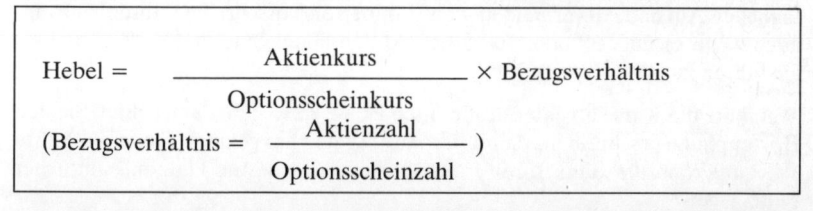

$$\text{Hebel} = \frac{\text{Aktienkurs}}{\text{Optionsscheinkurs}} \times \text{Bezugsverhältnis}$$

$$(\text{Bezugsverhältnis} = \frac{\text{Aktienzahl}}{\text{Optionsscheinzahl}})$$

Tip

Wenn Sie also wenig Geld einsetzen und auch ohne direkten Kauf an der Kursentwicklung bestimmter Papiere teilnehmen wollen, dann können Sie – außer Optionen (→ *Optionsgeschäfte*) – auch Optionsscheine kaufen. Im Gegensatz zum Handel mit Optionen ist aber das Verlustrisiko beim Optionsschein unbegrenzt.

Optionsscheine und → *Optionsanleihen* ohne den Optionsschein sind insofern als ausgesprochene Gegensätze zu betrachten.

Order

Börsenauftrag. Um Wertpapiere kaufen oder verkaufen zu können, müssen Sie sich eines Kreditinstituts bedienen. Dieser Bank erteilen Sie einen entsprechenden Auftrag – entweder mündlich oder schriftlich. Ein telefonischer Auftrag wird Ihnen sofort schriftlich bestätigt.

Die Order enthält:

- Stückzahl oder Nominalwert
- Bezeichnung des Papiers
- eventuelles Kurslimit (→ *Limit*)
- Gültigkeitsdauer der Order
- Ausführungsplatz, falls eine bestimmte Börse gewünscht wird
- Ihre Konto- und Depotnummer

Die Bank gibt Ihren Auftrag ihrem Wertpapierhändler. Der geht damit an die → *Börse* und übermittelt die Order dem Makler (→ *Kursmakler*).

Um Aufträge noch an demselben Börsentag ausführen zu können, benötigen die Kreditinstitute Ihre Weisung am Vormittag bis etwa eine Stunde vor Börsenbeginn, also bis 10.30 Uhr, manchmal auch bis 11 Uhr. Aufträge für den variablen Handel (→ *amtlicher Markt*) können meist auch noch später aufgegeben werden.

Aufträge ohne Kurslimit (→ *Limit*) werden beim Kauf „billigst", beim Verkauf „bestens" erteilt. Bei Papieren mit engem Markt und wenig Umsatz und bei großen Kursausschlägen sollten Sie limitieren.

Wollen Sie bei einem Auftrag im variablen Handel die Zufälligkeiten des täglichen Auf und Ab vermeiden, dann können Sie vorschreiben, Ihren Auftrag, auch wenn er über 50 oder 100 Stück Aktien lautet, nur zum → *Einheitskurs* ausführen zu lassen.

Wenn Sie die Kurse an einer bestimmten Börse verfolgen, dann sollten Sie den Börsenplatz vorschreiben, damit der Auftrag dorthin gelangt. Denn ohne Ihre Weisung kann die Bank Ihre Order an den nächstbesten Platz mit amtlicher Notiz legen.

Im allgemeinen gelten Börsenaufträge nicht nur für den einen Tag, an dem sie erteilt werden, sondern bis zum Ende des Kalendermonats (= **Ultimo**). Dies ist für Limitaufträge wichtig, denn die sollen ja gewöhnlich weiter gültig bleiben, bis das Limit erreicht wird. Sie können einen Börsenauftrag aber auch noch länger terminieren, z. B. bis zum Ultimo des nächsten Monats.

Paket

eine größere Menge → *Aktien*. Man spricht auch von Pakethandel, wenn Pakete umgesetzt werden.

Pari

ein Kurs von 100%; der Kurs entspricht dem → *Nennwert* eines Wertpapiers. Man sagt auch Parikurs.

Penny stocks (engl.)

„Pfennigaktien", in den USA Aktien, die kaum mehr als einen Dollar wert sind; offiziell bis fünf US-Dollar. Bei uns allgemein auch für wertlose Aktien verwendet.

PER → *Price-Earnings-Ratio*

Performance (engl.)

„Leistung", der Erfolg, der Ertrag einer Anlage; von Performance spricht man z. B. bei → *Investmentfonds*.

Pfandbriefe

auch Hypothekenpfandbriefe genannt, festverzinsliche Wertpapiere der Hypothekenbanken, Landesbanken und Pfandbriefanstalten (Grundkreditanstalten), gegen die langfristige Hypothekendarlehen (Realkredit) an Grundstückseigentümer ausgeliehen werden. Pfandbriefe gelten als sicher (mündelsicher), weil als Sicherheit die in Haft genommenen Grundstücke der Hypothekenschuldner dahinterstehen.

Schiffshypothekenbanken geben Schiffspfandbriefe aus. Ihnen liegen Schiffsbeleihungen zugrunde; s. auch → *Anleihen*.

Platin

wertvolles → *Edelmetall*, das wie auch das → *Gold* zu Anlagezwecken gehortet wird. Sein Preis liegt sogar noch über dem Goldpreis, nachdem sich die Werte vor Jahren einmal in etwa entsprachen. Wertbeständigkeit und Preisstabilität haben sich daraus ergeben, daß Platin vor allem für industrielle Zwecke immer mehr Bedeutung erlangt hat. Die Produktion kann aber nicht beliebig ausgeweitet werden. Hauptsächlich wird Platin aber zur Schmuckherstellung verwendet.

Platin erscheint unter verschiedenen Aspekten zu Anlagezwecken geeignet. Zum einen ist es wertbeständig, insbesondere bei der schleichenden Geldentwertung und in Krisenzeiten, zum anderen ist es durch sein hohes spezifisches Gewicht und seinen hohen Knappheitsgrad leicht transportabel (im Gegensatz zum → *Silber*). Seine Verwendbarkeit im Krisenfall dürfte jedoch eher eingeschränkt positiv zu beurteilen sein.

Platin existiert in **Barren** und **Münzen**. Die international gängigste Platinmünze als Anlegermünze ist der Platin-Noble. Ihn gibt es wie die kuranten Goldmünzen im Gewicht von einer Unze und als $1/10$ Unzen-Stück mit entsprechendem Aufgeld. Platinbarren sind verfügbar in Größen von 5 g, 10 g, 20 g, 50 g, 100 g und 1 kg. Beim Kauf werden 14% Mehrwertsteuer zusätzlich erhoben (im Inland).

Platin wird an den internationalen Rohstoffbörsen gehandelt, vor allem in London und New York. So werden täglich freie Börsenpreise ermittelt. Wichtig für die Preisbildung ist der Terminhandel. Das Preisgeschehen wird hier aber weniger vom Geldanleger bestimmt, als mehr vom Berufshandel und von der industriellen Nachfrage.

Hauptproduzent ist Südafrika (zu etwa 80%). Auch die Sowjetunion zählt zu den wichtigen Herstellerländern. Mehr als drei Viertel der Nachfrage kommen aus den USA und Japan. Platin wird besonders als Industrierohstoff verwendet, z. B. für Auto-Katalysatoren. Seine Nachfrage für Hortungszwecke hält sich in Grenzen. Rezessionen können die Nachfrage erheblich bremsen.

Platin ist vielfach den Bewegungen des Goldpreises gefolgt. Lange Zeit lag es mit dem Gold auf einer Stufe. Heute notiert Platin knapp 20% über dem Goldpreis.

Sie können es auch in Form von **Zertifikaten** oder von **Platinkonten** erwerben. Bestimmte Mindestmengen sind erforderlich. In Luxemburg ist die Auslieferung des Metalls in der Regel nicht möglich.

Plazierung

einer → *Emission*; das ist der Verkauf neu aufgelegter Wertpapiere an den Anleger. In der Regel übernimmt das Bankenkonsortium (→ *Konsortium*) eine → *Anleihe* insgesamt und plaziert sie dann beim Publikum. So wird die Anleihe also beim Anleger „untergebracht". Die Anleger ihrerseits zeichnen Teile der Emission (→ *Zeichnen*).

Prämiengeschäfte → *Termingeschäfte*

Prämiensparvertrag → *Sparpläne*

Price-Earnings-Ratio (PER) (engl.)

Kurs-Gewinn-Verhältnis; man vergleicht den Gewinn der AG mit dem Börsenkurs der Aktie. Und zwar errechnet man hierzu auf Umwegen den echten Gewinn pro Aktie – bei uns heute ganz überwiegend das → ›*DVFA-Ergebnis* – und setzt dieses Ergebnis zum Aktienkurs in Beziehung. Je höher also der Gewinn je Aktie im Vergleich zum aktuellen Kurs, um so niedriger der PER und um so größer das Kurspotential der Aktie für die Zukunft.

So werden auch die Gewinne je Aktie verschiedener Perioden ermittelt und sogar in die Zukunft projiziert. Verschiedene Aktien sind auf diese Weise mit ihren Kursaussichten vergleichbar.

Prospekthaftung

Eine der Voraussetzungen für die → *Zulassung von Wertpapieren* zur → *Börse* ist das Erstellen eines → *Börsenprospekts*. Sind die Angaben in diesem Prospekt unvollständig oder falsch, dann haften die Hersteller des Prospekts für eventuelle Schäden, die einem Anleger daraus entstehen, daß er sich auf die Richtigkeit der dort dargestellten Situation des Unternehmens verlassen hat. Dies gilt vor allem für negative Merkmale und für Hinweise auf mögliche Risiken, die für die Anlageentscheidung von wesentlicher Bedeutung sind.

In diesem Sinne haftet nicht nur der Emittent von → *Aktien* und der Schuldner von → *Anleihen*. Es haften auch die an der Erstellung des Prospekts beteiligten Kreditinstitute, die die Börseneinführung regelmäßig begleiten. Dies schützt den Anleger vor allem dann, wenn die emittierende Firma in → *Konkurs* gerät.

Prospekthaftung

Es hat in der Vergangenheit immer wieder Fälle gegeben, in denen Kreditinstitute aus der Prospekthaftung in Anspruch genommen wurden.

Die Prospekthaftung gilt sowohl für die Zulassung zum amtlichen Handel (→ *amtlicher Markt*) als auch zum → *Geregelten Markt*.

Eine Haftung der Ersteller von Prospekten wird auch dann begründet, wenn diese Prospekte Gegenstand der → *Anlageberatung* sind. Gerade auf diesem Gebiet gibt es heute ein breites Tätigkeitsfeld der Wirtschaftskriminalität. Da werden in Hochglanzaufmachung Tatsachen vorgespiegelt, die sich bei näherer Betrachtung als falsch oder unrealistisch entpuppen. Unabhängig von der Haftung wurden aus diesem Grund auch die Straftatbestände für solche Delikte verschärft (→ *Anlageberatung*).

Provisionen

im Wertpapiergeschäft, → *Spesen*

Prozentnotiz

Prozentnotierung, die Kursermittlung eines Wertpapiers in Prozent vom → *Nennwert*. Bei → *Anleihen* üblich.

Put → *Optionsgeschäfte*

Quellensteuer

ab 1989 auch in Deutschland eingeführter Steuerabzug auf Zinserträge aus Kontoguthaben und → *Anleihen*. Der Steuersatz beträgt derzeit 10%. Der Abzug erfolgt „an der Quelle", d. h. direkt durch das Kreditinstitut, das die Gutschrift vornimmt. Ausgenommen von der Quellensteuer sind Sparguthaben mit gesetzlicher Kündigungsfrist und Anleihen ausländischer Schuldner, also z. B. auch → *DM-Auslandsanleihen*.

Eine andere Form der Quellensteuer gibt es bei uns seit jeher, die → *Kapitalertragsteuer*. Sie wird auf → *Dividenden* von → *Aktien* u. ä. erhoben. Der Abzugssteuersatz beträgt hier 25%.

Quellensteuer wird aber auch im Ausland erhoben. Die Sätze sind dort sogar meist höher als bei uns. 25% bis 30% sind keine Seltenheit. Bevor Sie also → *ausländische Wertpapiere* kaufen, sollten Sie sich nach der Quellensteuerbelastung erkundigen. In den meisten Fällen bekommen Sie jedoch aufgrund von Doppelbesteuerungsabkommen die an der Quelle abgezogene Steuer bei Ihrer Einkommensteuerveranlagung im Inland angerechnet.

rat

„rationiert", zugeteilt; ein Zusatz beim → *Kurs* eines Wertpapiers, der besagt, daß die Nachfrage oder das Angebot nicht voll bedient werden konnte, also nur ein Teil der → *Order* zur Ausführung kam.

Ratensparvertrag → *Sparpläne*

Rating (engl.)

Einteilung von Wertpapieren nach Güteklassen. In den USA entwickeltes System der Einstufung, vor allem durch Standard & Poor's. Die selten vergebene höchste Klassifizierung ist „AAA" („triple A"), es folgen „AA", „A", „BBB", „BB", „B", „CCC", „CC" und „C" sowie ohne Bezeichnung. Zwischenstufen sind mit + oder − gekennzeichnet. Das Rating ist dem Sparer eine wertvolle Hilfe bei der Wertpapieranlage. Es bezieht sich im wesentlichen auf Gesellschaften; wichtig für die Anlegerschaft ist aber auch das Länder-Rating, d. h. die Klassifizierung der Länderbonität.

Realzins → *Zins*

Rendite → *Effektivzins*

Rentabilität

darunter versteht man den Gewinn eines Investments, der Erfolg im Verhältnis zum Einsatz; in der Bilanz der Jahresgewinn in Relation zum eingesetzten Kapital (Eigenkapitalrentabilität) oder in Relation zum Umsatz (Umsatzrentabilität). Auch → *Effektivzins*.

Rentenfonds → *Investmentfonds*

Rentenmarkt

der Markt für → *Anleihen* an der → *Börse*, ein Teil des → *Kapitalmarkts*. Unter den Rentenmarkt fallen nicht nur → *festverzinsliche Wertpapiere*, sondern auch variabel verzinsliche und Nullkupon-Anleihen, → *Optionsanleihen* und → *Wandelanleihen*, also alle langfristigen Anlagepapiere, die eine irgendwie geartete (Mindest-)Verzinsung abwerfen, eine „Rente", im Gegensatz zum → *Aktienmarkt*, dem Markt für Risikokapital, das nicht unbedingt verzinslich ist.

Der Rentenmarkt eines Landes wird durchweg von einem mehr oder weniger einheitlichen Zinsniveau beherrscht, das je nach Konjunktur, → *Inflation* und Geldversorgung Schwankungen ausgesetzt ist. Der deutsche Rentenmarkt hat sich in der Vergangenheit als außerordentlich ergiebig erwiesen. Eine Vielfalt verschiedener Anleihetypen steht hier zur Auswahl.

Renten-Optionen → *Optionsgeschäfte*

Rentenwerte → *festverzinsliche Wertpapiere*, → *Rentenmarkt*, → *Anleihen*

rep.

„repartiert", zugeteilt; ein Zusatz beim → *Kurs* eines Wertpapiers, der besagt, daß die Nachfrage oder das Angebot nicht voll bedient werden konnte, daß also nur ein Teil der → *Order* zur Ausführung kam.

Report → *Devisentermingeschäfte*

Research → *Aktienanalyse*

Rückkauf von Anleihen → *Anleihen*

Rücknahmepreis → *Investmentfonds*

Sachwertanlage

Geldanlage in Sachwerten; ein Sachwert verkörpert nicht allein einen Geldwert, wie Kontoguthaben und → *Anleihen*, sondern er besteht aus einer Substanz, die einen mehr oder weniger schwankenden Preis hat. Sachwerte, so sagt man, machen von der → *Inflation* unabhängig. Typische Sachwertanlagen sind → *Immobilien*, → *Edelmetalle*, → *Kunstgegenstände*, → *Edelsteine*, und – mit Einschränkungen – auch → *Aktien* und sonstige Beteiligungen an Unternehmen. Schließlich zählen dazu Gebrauchsgegenstände wie Hausrat, Fahrzeuge, Vieh und andere Güter.

Im allgemeinen kann man annehmen, daß Sachwerte bei Geldentwertungen im Preis steigen, denn schließlich sind steigende Preise ja der Ausdruck der → *Inflation*. Der Preissteigerung kann eine Entwertung z. B. durch Abnutzung und Veralterung entgegenstehen, z. B. bei Häusern oder Gebrauchsartikeln.

Aktien entgehen der Geldentwertung nur zum Teil. Denn einerseits repräsentieren den Wert der AG (und natürlich anderer Gesellschaften) auch reine Finanzwerte (Forderungen, Bankguthaben, Kassenbestände und Rechnungsabgrenzungsposten), und andererseits erleiden Firmen im abnutzbaren Anlagevermögen Substanzverlust, weil die Abschreibungen bei Preissteigerungen die Ersatzinvestitionen nicht decken können. Dennoch wird ein Börsenkurs ebenso stark von den Zukunftserwartungen geprägt; und diese tragen sehr weitgehend Sachwertcharakter. So dürften auch sog. Wachstumswerte (→ *Aktien*) im allgemeinen der Inflation entgehen.

Safe

Banksafe, Bankschließfach, Schrankfach, Tresorschließfach. Gemeint ist das hinter Stahl im Banktresor befindliche persönliche Fach eines Bankkunden.

Safe

Einen Safe können Sie bei der Bank gegen geringe Gebühr (ab etwa 50 DM pro Jahr) mieten, um dort Wertgegenstände zu verwahren. Die Gegenstände sind dort einigermaßen sicher aufbewahrt. Die Bank haftet für Verluste allerdings nicht unbegrenzt und nur bei Verschulden. Als zusätzliche Absicherung können Sie eine Versicherung abschließen.

Tip

Der Banksafe ist nur während der Schalterstunden der Bank zugänglich.

Sie können – und sollten – einem Dritten über Ihren Safe eine **Vollmacht** erteilen. Wichtig ist unter Umständen die Vollmacht über den Tod hinaus. Natürlich braucht der Bevollmächtigte einen Schlüssel, um Zugang zu haben.

Safes gibt es in unterschiedlichen Größen. Der Mietvertrag kann jederzeit aufgehoben werden.

Schaltergeschäft → *Tafelgeschäft*

Schiffspfandbriefe → *Pfandbriefe,* → *Anleihen*

Schlußkurs → *Börse*

Schmuck → *Wertgegenstände*

Schufa → *Bankgeheimnis*

Schuldbuchforderungen → *Anleihen*

Schuldverschreibungen

allgemeine Bezeichnung für die Urkunden von → *Anleihen* aller Art. Der Emittent schuldet die Rückzahlung bei Fälligkeit sowie den Zinsendienst. Meist gleichbedeutend mit Rentenwerten oder → *festverzinslichen Wertpapieren* gebraucht.

Es gibt Inhaber-Schuldverschreibungen, bei denen der Name des Gläubigers bzw. Anlegers nicht vermerkt wird. Dies ist die gängige börsennotierte Form der Schuldverschreibungen. Und es gibt Namens-Schuldverschreibungen. Sie werden vor allem von Großanlegern fest erworben und sind auf den Namen dieses Anlegers (z. B. einer Versicherung) ausgestellt. Der Begriff Teil-Schuldverschreibung sagt lediglich aus, daß das einzelne Wertpapier aus dieser Serie Teil einer Gesamtemission ist.

SEC → *Securities and Exchange Commission*

Securities and Exchange Commission (SEC)

das ist die amerikanische Aufsichtsbehörde über das Wertpapiergeschäft und den Börsenhandel. Überwacht die → *New York Stock Exchange*.

Shares (engl.) → *Aktien*

Sichteinlagen → *Einlagen*

Silber

ist ein → *Edelmetall*, das ebenso wie das → *Gold* zu Anlagezwecken gehortet wird. Es vollführt im großen ganzen ähnliche Preisbewegungen wie das Gold, ist in der Vergangenheit aber auch schon weit von der gegenwärtigen Gold-Silber-Relation von etwa 1 : 70 abgewichen. Lange Zeit galt z. B. ein Verhältnis von 1 : 50. Früher ist Silber im Vergleich zum Gold noch viel mehr wert gewesen. Es hat sich also insofern gegenüber dem Gold erheblich entwertet.

Silber hat gegenüber Gold und Platin als Anlagemedium einen entscheidenden Schönheitsfehler: Es ist zu schwer. Der Transport entsprechender Werte bringt im Gegensatz zu Gold und Platin Probleme mit sich. Zudem hat Silber in kleineren Stückelungen meist ein beträchtliches Aufgeld, so daß im Ernstfall nur noch Bruchteile des Geldeinsatzes (gleiche Preise unterstellt) realisiert werden können.

Silber existiert in **Barren** und in **Münzen**. Bei den Münzen ist zwischen Anlegermünzen und numismatischen oder Sammlermünzen zu unterscheiden.

Silber

Um numismatische Silbermünzen zu Anlage- oder Werterhaltungszwecken zu sammeln, ist erhebliche Sachkenntnis erforderlich.

Barrensilber ist gängig in den Größen von 100 g, 250 g, 500 g, 1 kg und 5 kg. Auf den Kaufpreis werden 14% Mehrwertsteuer berechnet. Das verteuert den Silbereinkauf erheblich.

Silbermünzen im Nennwert von 5 DM (einige mit 10 DM) als gesetzliches Zahlungsmittel hat die Bundesregierung nach dem Krieg seit den 50er Jahren laufend herausgebracht. Wenn auch die Preise zeitweise gestiegen waren, hat sich eine Anlage in diesen Münzen bisher nur bei den älteren Münzen mit niedriger Auflage ausgezahlt. Zudem bestehen im Handel erhebliche Spannen zwischen An- und Verkaufspreisen. Und auch der Erhaltungsgrad spielt eine Rolle. Seit einigen Jahren hat man beim Prägen neuer 5-DM-Stücke andere minderwertige Metalle beigemischt.

Silber wird für industrielle Zwecke (Fotoindustrie, Hauptverbraucherländer USA und Japan) und zur Schmuckherstellung verwendet. Zum einen wird es neu gewonnen (Mexiko, Peru, Kanada, USA), zum anderen existiert ein breiter Sekundärmarkt, auf dem zurückgewonnenes Altsilber angeboten wird.

Der Silberverbrauch kann – trotz anderslautender Prognosen – auch auf längere Sicht spielend aus dem vorhandenen Angebot gedeckt werden. Aus dieser Richtung ist ein nachhaltiger Preisanstieg nicht zu erwarten. Impulse könnten also allenfalls von der Spekulation ausgehen.

Die Preise haben in der Vergangenheit großen Schwankungen unterlegen. In der heißen Spekulationsphase 1979/80 erreichte der Silberpreis über 50 US-$ je Unze. Zur Zeit bewegt er sich zwischen 6 und 7 US-$ je Unze. Der Silberpreis hat immer wesentlich stärker geschwankt als der Goldpreis. Im ganzen ist eine Geldanlage in Silber als höchst spekulativ anzusehen. Eine amtliche Preisermittlung wie beim Gold gibt es bei Silber nicht. Silber wird aber an den Waren- und Rohstoffbörsen gehandelt.

Wertbeständigkeit kann dem Silber nicht nachgesagt werden. Immerhin spricht die Erfahrung dafür, daß es sich in Krisenzeiten und gegen Geldentwertung behaupten dürfte. In der Krise kommt dem Silber der Effekt der größeren Tauschfähigkeit zugute. Dennoch stecken in der Ungewißheit der Bestände, der Variabilität der Produktion, dem mehr oder weniger schwankenden Industriebedarf und nicht zuletzt in der Spekulationsgefahr gehörige Unsicherheitsfaktoren. So hat Silber in den letzten Jahren als Hortungsmittel erheblich an Bedeutung eingebüßt.

Silber können Sie auch in Form von **Silberzertifikaten** erwerben oder auf **Silberkonten** sparen. Bestimmte Mindestanlagemengen sind dabei erforderlich. In Luxemburg ist die Auslieferung des Silbers in der Regel nicht möglich.

Sondervermögen → *Investmentfonds*

Sparbriefe

von Banken und Sparkassen (Sparkassenbriefe) ausgegebene Anlagepapiere verschiedener Laufzeiten. Im weiteren Sinn sind hierunter auch Sparobligationen und Bank-Teilschuldverschreibungen zu verstehen. Es handelt sich um lieferbare Urkunden, die entweder auf den Namen des Sparers ausgestellt werden (Sparbriefe) oder als Inhaberpapiere ausgestattet sind. Die Anlage ist zwischen dem → *Kontensparen* und dem reinen Wertpapiersparen, z. B. in → *Anleihen* oder in → *Investmentfonds* angesiedelt.

Sparbriefe haben feste Zinsen für die gesamte Laufzeit. Die Zinsen können aber auch im Laufe der Jahre steigen wie z. B. bei den → *Bundesschatzbriefen*. Entweder werden die Zinsen jährlich vergütet, oder aber sie sind als → *abgezinste* oder als *aufgezinste Wertpapiere* ausgestaltet. Dann fließen die Zinsen erst bei der Rückzahlung am Ende der Laufzeit zu. Der Sparer zahlt dann einen um die Gesamtzinsgutschrift niedrigeren Anlagebetrag ein. Beim abgezinsten Sparbrief liegt der Einzahlungsbetrag dementsprechend unter 100%. Beim aufgezinsten Sparbrief zahlt der Anleger 100 DM oder 1000 DM ein und bekommt den Betrag einschließlich aller Zinsen zurück.

Sparbriefe können in der Regel während ihrer Laufzeit nicht verflüssigt werden. Der Betrag liegt fest. Ausnahmen gibt es bei den Sparobligationen und Teilschuldverschreibungen. Die Laufzeiten dieser Papiere reichen von einem bis zu zehn Jahren. Die klassische Laufzeit von Sparbriefen im engeren Sinne ist vier oder fünf Jahre. Sie werden nicht an der → *Börse* notiert. Sie unterliegen keinen Kursschwankungen.

Tip

Wenn Sie während der Laufzeit dringend Geld benötigen, streckt Ihnen die ausgebende Bank oder Sparkasse die Sparbriefsumme als Kredit vor. Allerdings zahlen Sie dann einen um mindestens 1% höheren als den vergüteten Zinssatz.

Die Zinssätze von Sparbriefen liegen zwischen den Zinsen für längerfristige Sparguthaben und den Zinsen für börsennotierte → *Anleihen*. Das deutsche Sparbriefvolumen erreicht insgesamt über 190 Mrd. DM, das ist über ein Viertel des Volumens an Spareinlagen.

Spareinlagen

die typische und beliebteste Form des → *Kontensparens* ist die Geldanlage auf dem Sparkonto. Weit über 700 Mrd. DM sind auf Sparkonten bei Kreditinstituten im Bundesgebiet angelegt. Das Sparvolumen ist immer weiter gewachsen, obwohl die Zinsen für Sparguthaben durchweg unter denen anderer Anlageformen liegen, z. B. der → *Sparbriefe*.

Über eine Spareinlage wird gewöhnlich ein Sparbuch ausgestellt. Darin wird das jeweilige Guthaben eingetragen. Das Sparbuch ist ein sog. Legitimations- bzw. **Ausweispapier**. Jeder Inhaber des Buches kann vom Konto abheben, also auch der Unberechtigte, solange die Bank nichts merkt. Das Buch ist aber nicht unbedingt Voraussetzung für eine Verfügung. Auch entscheidet nicht der Eintrag im Buch über das wirkliche Guthaben. Allein maßgeblich für den Kontostand ist der Buchungssaldo bei der Bank. Ebensowenig ist für die Übertragung und Verpfändung des Guthabens die Übergabe des Buches entscheidend.

Wegen seiner Legitimationsfunktion ist aber der Verlust des Sparbuchs vom Kontoinhaber sofort der Bank zu melden, damit das Konto gesperrt werden kann und niemand unberechtigt verfügt.

Das Sparkonto dient dem Sparen, also der Daueranlage. Das ist im Gesetz so festgeschrieben. Verfügungen können Sie praktisch nur durch Barabhebung oder Einzahlungen treffen. Allerdings sind auch unbare Gutschriften erlaubt, so z. B. Kupongutschriften vom Wertpapierdepot.

Verschiedene Anlageformen des Sparkontos sind durch unterschiedliche **Kündigungsfristen** der Guthaben gekennzeichnet. Da gibt es zunächst das Sparkonto mit gesetzlicher Kündigungsfrist. Hier beträgt die Kündigungsfrist drei Monate. Bis zu 2000 DM können Sie aber innerhalb von 30 Zinstagen (also 1 Monat) ohne vorherige Kündigung abheben. Heben Sie mehr ab, dann müssen Sie sog. **Vorschußzinsen** zahlen. Das sind Strafzinsen für die Zeit der vorzeitigen Verfügung.

Bei einer Verfügung von 10 000 DM in einer Summe zahlen Sie also auf 2000 DM keine Vorschußzinsen, auf weitere 2000 DM Vorschußzinsen für einen Monat, auf weitere 2000 DM Vorschußzinsen für zwei Monate, und auf 4000 DM Vorschußzinsen für drei Monate. Der Strafzins liegt um ¼ über dem vergüteten Habenzins.

Sodann gibt es vereinbarte Kündigungsfristen von sechs Monaten (nicht überall), von 12 Monaten, von 24 Monaten (nicht überall), von 30 Monaten (nicht überall) und von 48 Monaten. Vier Jahre ist die längste Kündigungsfrist bei Spareinlagen. Für jede Kategorie wird ein eigenes Konto eingerichtet.

Die Kündigungsfrist beim Sparkonto beginnt erst, wenn Sie kündigen. Richten Sie also ein Sparkonto mit vierjähriger Kündigungsfrist ein ohne zu kündigen, dann läuft das Guthaben über Jahre, ohne daß Sie der Verfügbarkeit des Guthabens näherkämen. Sie müssen also auch nach vier Jahren Laufzeit erst kündigen und dann noch weitere vier Jahre warten, bis Ihr Guthaben bereitsteht.

Bei der Kontoeröffnung müssen Sie eine **Kündigungssperrfrist** von sechs Monaten einhalten. Sie können bei Eröffnung des Sparkontos eine Kündigung also erst nach sechs Monaten aussprechen.

Andererseits können Sie, selbst wenn Sie nicht zu verfügen gedenken, auch eine längerfristig gedachte Spareinlage vorsorglich kündigen, ohne dann verfügen zu müssen. Mit einem Zinsverlust ist dies nicht verbunden. Die Anlage kann trotzdem weiterlaufen. Nur müssen Sie dann wieder neu kündigen, usw.

Beim Sparkonto mit vereinbarter Kündigungsfrist verhält es sich mit der vorzeitigen Verfügung wie beim Konto mit gesetzlicher Kündigungsfrist. Den Vorschußzins müssen Sie für die gesamte Zeit entrichten, die Sie zu früh verfügen. Für ein Sparkonto mit jährlicher Kündigungsfrist also für ein volles Jahr.

Der Vorschußzins selbst wird vom Habenzins am Jahresende oder bei Auflösung des Kontos abgezogen. Er tritt somit nicht gesondert in Erscheinung. Wenn Sie also auf die zu frühe Verfügung von der Bank nicht aufmerksam gemacht werden, dürften Sie den Strafzinsabzug ohne weiteres gar nicht merken.

Der **Zinssatz** der Spareinlage wird um so günstiger, je länger die Kündigungsdauer ist. Allerdings ist der Zins nicht fest, sondern veränderlich. Wenn die Marktlage es erfordert, kann die Bank ohne Ihre Zustimmung – und ohne Mitteilung an Sie – den Zinssatz anpassen, ohne daß Sie damit einen fristlosen Rückforderungsanspruch in die Hand bekämen (wie dies bei Krediten z. B. heute allgemein üblich ist). Die Beweglichkeit des Zinssatzes hat aber auch Vorteile. Der Zinsertrag des Sparkontos wächst bei steigendem Zinsniveau.

Bisweilen finden sich die Banken bereit, zusätzlich zum Zinssatz einen → *Bonus* zu vergüten. Dies ist aber nur in Zeiten knappen Geldes denkbar. Dann überbrückt der Bonus die Zinsdifferenz zum höheren Zins für → *Festgeld*. Der Bonus ist stets befristet. Seine Verlängerung muß von Fall zu Fall neu ausgehandelt werden.

Die Zinsen auf Sparkonten werden immer erst am Jahresende gutgeschrieben. Es sei denn, Sie lösen ein Konto während des Jahres auf. Diese Gutschriftsregelung gilt auch für einen eventuellen Bonus. Mit der Gutschrift wird ein zu belastender Strafzins verrechnet (s. oben).

Spareinlagen sind nur eingeschränkt zu empfehlen, bringen sie doch nur mäßige Erträge. Interessanter erscheinen da schon die → *Sparpläne*, die gleichfalls über das Sparkonto abgewickelt werden. Bei längeren Festlegungszeiten sind auch die → *Sparbriefe* die besserverzinsliche Alternative.

Sparkonto → *Spareinlagen*

Sparobligationen → *Sparbriefe*

Sparpläne

Bei praktisch allen Kreditinstituten finden Sie als Anleger heute mittel- und langfristige Sparprogramme in Form von Sparplänen und Ratensparverträgen. Die Bezeichnungen lauten Bonussparen, Pensions-Sparplan, Vorsorgeplan, Sparplan mit Versicherungsschutz, Prämiensparen usw. Sie sind hauptsächlich als zusätzliche **Altersvorsorge** gedacht und geeignet.

Es handelt sich hier um das typische Ratensparen. Das heißt, Sie legen monatlich einen festen Betrag – Mindestsparrate meist 50 DM oder 100 DM – auf ein Sparkonto. Mit dem Kreditinstitut treffen Sie eine Rahmenvereinbarung. Danach verpflichten Sie sich, die Sparrate über eine bestimmte Laufzeit zwischen 6 und 30 Jahren regelmäßig zu leisten.

Die kürzeren Sparverträge werden oft als **Raten-** oder **Prämiensparvertrag** bezeichnet. Sie sind an die Stelle des früheren staatlichen Prämiensparens getreten. Am Ende der Laufzeit von meist 7 Jahren wird dann zusätzlich zum Zins eine „Prämie" ausgeschüttet.

Die eigentlichen Sparpläne hingegen sind im allgemeinen noch wesentlich länger laufende Verträge. Bei vielen Programmen können Sie neben der Rate gleichzeitig oder statt der Rate einen Einmalbetrag einzahlen und/oder zwischendurch Sonderzahlungen leisten. Das Typische am Sparplan ist aber die Ratenzahlung. Allerdings dürfen Sie die Zahlungen nicht oder nur für kurze Zeit unterbrechen.

Auf Ihre Spareinlage erhalten Sie jährlich eine Grundverzinsung (Basiszins). Der Zins bewegt sich in der Größenordnung der Sätze für Spareinlagen mit vierjähriger Kündigungsfrist. Darüber hinaus zahlt die Bank auf die Summe aller geleisteten Einzahlungen am Ende des Vertrags einmalig einen sog. **Bonus**. Der Bonussatz ist je nach der Laufzeit der Anlage gestaffelt. Er reicht von überwiegend 2–4% bei acht Jahren Laufzeit bis 30% oder 40% nach 20 Jahren oder sogar 50% bis 100% nach 30 Jahren. Dies ergibt eine Gesamtverzinsung, die nahezu an das Zinsniveau des Rentenmarktes heranreicht.

Während der Bonus feststeht, kann sich der Grundzins je nach Marktlage ändern. In Niedrigzinsphasen besteht also Aussicht, die von den Kreditinstituten angegebenen Zinssätze noch zu übertreffen.

Ein Teil der Zinsen geht allerdings verloren, wenn Sie die regelmäßigen Einzahlungen unterbrechen oder den Sparvertrag vorzeitig auflösen. Dies gilt aber nicht in allen Fällen. Bei vielen Sparplänen besteht nach acht Jahren ein Kündigungsrecht. Die Kündigungsfrist beträgt dann maximal vier Jahre, so daß Sie auch beim Abschluß längerer Verträge spätestens nach 12 Jahren über Ihr Guthaben nebst Zinsen und Prämie verfügen können. Bei Einhaltung der vorgeschriebenen Kündigungsfristen geht Ihnen im allgemeinen auch nicht der für die gelaufene Zeit vorgesehene Bonus verloren. Verfügen Sie aber ohne Kündigungsfrist – sofern dies überhaupt vom Kreditinstitut zugelassen wird –, dann müssen Sie nicht nur mit dem Abzug von Vorschußzinsen, sondern auch mit dem Verlust des Bonus rechnen.

Fast alle Sparpläne können Sie heute auf Wunsch mit einem **Versicherungsschutz** ausstatten. Gegen relativ niedrige Versicherungsbeiträge läßt sich die im Vertrag eingegangene Einzahlungsverpflichtung gegen den Todesfall absichern. Die Prämien enden einige Jahre vor der Fälligkeit des Sparplanes.

Im Hinblick auf den Hauptzweck des Sparplanes, nämlich die Altersvorsorge, lassen sich mit der Bank sog. **Auszahlungspläne** vereinbaren. Sie erhalten nach Ablauf des Sparplans nicht die Summe auf einmal, sondern bekommen monatlich einen bestimmten Betrag, eine Rente, ausbezahlt. Das übrige Guthaben wird weiterverzinst.

Der Auszahlungsplan kann einmal lediglich die Zinsen zum Gegenstand haben; dann bleibt das Kapital weiter erhalten. Die Rentenzahlungen können aber auch die Substanz mit verzehren; dann enden die Auszahlungen, wenn das Kapital verbraucht ist (Zeitrente; → *Leibrente*). Da die Lebenserwartung hierbei nicht kalkulierbar ist, könnte in diesem Fall die Vereinbarung einer → *Leibrente* günstiger sein.

Von Auszahlungsplänen ist allerdings abzuraten, wenn es sich beim zugrunde liegenden Kapital um kursreagible Wertpapiere handelt. Dann bauen Sie die Substanz zu ungünstigen Durchschnittskursen ab (→ *Cost-Average-Methode*).

In der Regel wird die Sparrate, wie erwähnt, auf dem Sparkonto angelegt. Sie finden aber auch Sparpläne, die die Sparbeiträge zum Teil oder ab einer bestimmten aufgelaufenen Summe in Wertpapiere umwandeln. Ebenso gibt es Goldsparpläne (→ *Gold*).

Sparzulage → *Vermögensbildung*

Spekulation

ist gezieltes Kaufen und Verkaufen in der Hoffnung auf schnellen Gewinn. Verzinsung der Anlage spielt dabei keine Rolle.

Das Steuerrecht hat hier eine Frist geschaffen, innerhalb der ein realisierter Gewinn als Einkommen zu versteuern ist. Diese sog. **Spekulationsfrist** beträgt bei → *Aktien*, → *Wandelanleihen*, → *DM-Auslandsanleihen*, → *Optionsanleihen* und → *Genußscheinen* grundsätzlich sechs Monate, bei → *Immobilien* zwei Jahre. Lediglich bei → *Anleihen* inländischer Emittenten hat der Fiskus auf diese Frist verzichtet.

Bei der Ermittlung der Steuerpflicht bleiben Spekulationsgewinne unter 1000 DM pro Person im Jahr steuerfrei (Freigrenze). Ab 1000 DM muß der Gesamtgewinn der Steuer unterworfen werden. Kursverluste können gegen steuerpflichtige Kursgewinne nur dann verrechnet werden, wenn sie ebenfalls innerhalb der Spekulationsfrist realisiert wurden. Dies gilt nur bis zur Höhe der steuerpflichtigen Gewinne. Sie können also Spekulationsverluste nicht ausschließlich geltend machen.

Die Spekulation kann einen nützlichen Zweck dadurch erfüllen, daß sie die Börsenumsätze belebt und damit für den konservativen Anleger zusätzliche Geschäftsmöglichkeiten schafft, wie z. B. der → *Berufshandel* an der Börse. Allerdings verstärkt die Spekulation bisweilen auch den Börsentrend, die → *Hausse* wie die → *Baisse*.

Spekulationsfrist → *Spekulation*

Sperrminorität → *Minderheitsaktionär*

Spesen von Wertpapieren

Wertpapiere werden nur im steuerfreien Ersterwerb spesenfrei erworben. Spesenfrei ist auch die Anschaffung von bankeigenen → *Sparbriefen* sowie die Führung von Sparkonten und Festgeldkonten.

Ebenso erwerben und verwahren Sie ohne Gebühren → *Bundesschatzbriefe*, → *Finanzierungs-Schätze* und → *Bundesobligationen*, sofern Sie beim Kauf den Auftrag geben, die Papiere bei den hierfür vorgesehenen öffentlichen Stellen verwahren zu lassen.

Ansonsten müssen Sie für alle Wertpapierdispositionen bezahlen: Belastet werden hauptsächlich Effektenprovision und Maklercourtage, Buchungsgebühren und → *Börsenumsatzsteuer*, AKV-Gebühr und fremde Spesen für Auslandskäufe oder -verkäufe, sowie Depotgebühren und Einlösungsprovisionen. Des weiteren zahlen Sie Entgelte für die Kontoführung. Die gängigsten Sätze sind:

Spesen von Wertpapieren

	Aktien bei Kauf und Verkauf[1]	**Anleihen** bei Kauf und Verkauf[1]
Provision (der Bank)[2]	1%	0,5%
Maklercourtage[3]	0,1%	0,05%
Buchungsgebühr	3–10 DM	3–10 DM
Börsenumsatzsteuer	2,5‰	1‰

1 Die Prozentsätze beziehen sich jeweils auf den Kurswert der Wertpapierabrechnung.
2 Meist wird von den Kreditinstituten eine Mindestprovision von 10 DM bis 20 DM (oder mehr) gerechnet, bei ausländischen Werten 30 DM und mehr.
3 Die Courtage ist gestaffelt.

	Aktien-Investmentfonds	**Renten-Investmentfonds**
Provision (der Bank)[1]	2,5% bis 5%	3%
	Immobilien-Investmentfonds	
Provision (der Bank)[1]	5% bis 6%	

1 Die Bankprovision wird nur beim Kauf berechnet; sie ist im Kaufpreis enthalten.

Depotgebühren werden üblicherweise nur einmal im Jahr am Jahresende auf den dann vorhandenen Wertpapierbestand belastet und zwar meist:

	Inländische Aktien und Renten
Depotgebühren	1‰ bis 1,25‰
	Ausländische Aktien und Renten
Depotgebühren	5‰

Einlösungsprovisionen zahlen Sie bei der Fälligkeit und Rückzahlung von → *Anleihen* (0,25%) sowie bei der Schaltereinlösung fremder Kupons und von Dividendenscheinen (0,25%) sowie bei Währungskupons (0,5%), Minimum 5 DM bis 10 DM.

Tip

Bedenken Sie auch, daß beim Kauf von → *Anleihen* zu den Spesen die Stückzinsen belastet werden.

Spesen von Wertpapieren

Sofern Sie nennenswerte Effektenumsätze mit Ihrer Bank tätigen, mag es Ihnen in dem einen oder anderen Fall gelingen, die üblichen Provisionssätze und Depotgebühren zu verringern, günstigenfalls bis zur Hälfte der Normalentgelte.

Spezialwerte → *Aktien*

Stammaktien → *Aktien*

Standard & Poor's → *Aktienindex*

Standardwerte → *Aktien*

Stellagegeschäfte → *Termingeschäfte*

Steuerbegünstigte Kapitalanlagen

Hinter diesem hochtrabenden Begriff verbirgt sich in der Regel eine simple Steuerverschiebung durch sog. Verlustzuweisungen. Aus einem Bauherrenmodell zum Beispiel werden Ihnen hohe in der Herstellungsphase entstehende Verluste zugewiesen, die Sie bei Ihren steuerpflichtigen Einkünften kürzen können. Damit sparen Sie Steuern. Da die Verluste durchweg aber nur vorgezogen sind und später wegfallen, erhöhen sich später dann gewöhnlich – wenn alles gut geht – Ihre Einnahmen aus dieser Kapitalanlage. Ihre Steuerverpflichtung steigt, Sie haben dann lediglich eine Steuerstundung erreicht.

Die Verlustzuweisungen entstehen aus Geldbeschaffungskosten, Zinsen, Abschreibungen und sonstigen Werbungskosten. Sie fallen bei geringem Eigenkapitaleinsatz und hohen Fremdmitteln ins Gewicht.

Hierzu ein **Beispiel:**
20% **Eigenkapital**	= 50 000 DM
80% Fremdkapital	= 200 000 DM
Gesamtkosten	= 250 000 DM
davon	
Baukosten	= 220 000 DM
Werbungskosten	= 30 000 DM
Gesamtkosten	= 250 000 DM

Der Anteil der Werbungskosten am Eigenkapital beträgt drei Fünftel = 60%. 60% des eingesetzten Kapitals werden als Verlust zugewiesen und damit steuerlich wirksam.

Ähnliche Verlustzuweisungen sind bei geschlossenen → *Immobilienfonds* üblich.

Steuersparende Kapitalanlagen werden von mehr oder weniger bekannten Adressen immer wieder angeboten. Sehr häufig erscheint die Bauherrengemeinschaft mit einem Projekt im Inland oder im Ausland. Häufig sind die Informationen über das Angebot dürftig. Eine strenge Kalkulation ist oft nicht möglich. Auch fehlt es immer wieder an seriösen Beteiligten sowie an Garantien für die ordnungsgemäße Verwendung der zur Verfügung gestellten Mittel.

Immer wieder sind so arglose Anleger für höchst verheißungsvolle Projekte geködert worden. Traurige Tatsache ist, daß auf diese Weise deutsche Anleger im Laufe der Jahre Milliardenbeträge verspielt haben.

Auch sind die Steuerbehörden längst nicht in jedem Fall den kühnen Vorstellungen der Steuerakrobaten gefolgt. Allzu optimistische Steuersparrechnungen wurden so über den Haufen geworfen. Und schließlich entstanden statt Gewinnen Verluste. Erst recht sind im entfernten Ausland hohe Beträge in dunkle Kanäle geflossen und nie wieder aufgetaucht.

Tip

Grundsätzlich raten wir von jeder Art „steuersparender Anlagen" ab. Die einzige Ausnahme lassen wir für durch und durch seriöse → *Immobilienfonds* gelten, bei denen Großbanken, große Versicherungsgesellschaften oder andere bekannte Großinstitute dahinterstehen. Immer sollten Sie jedoch vor einer näheren Beschäftigung mit dem Angebot Ihre Hausbank befragen.

Steuerkurs → *Vermögensteuer*

Stillhalter → *Optionsgeschäfte*

Stimmrechte

der Aktionäre, → *Hauptversammlung*

Stocks (amerik.) → *Aktien*

Streubesitz

mindestens ein Teil der → *Aktien* verteilt sich auf viele kleine Positionen und Aktionäre.

Stücke, Stückelung

betrifft die einzelnen Wertpapiere und ihre Aufteilung; vor allem für → *Anleihen* gebraucht. Wenn es sich um die einzelnen Urkunden handelt, dann spricht man von einzelnen Stücken oder → *effektiven Stücken*. Die Stückelung ist die Aufgliederung der Anleihe in verschiedene Nominalwerte. Also Stücke à 100 DM, à 1000 DM, à 5000 DM oder à 10 000 DM. Jedes „Stück" verkörpert hier eine andere „Stückelung".

Stücknotiz, Stücknotierung

das ist die Kursermittlung eines Wertpapieres in DM pro Stück. Der DM-Kurs kann sich auf einen → *Nennwert* beziehen, wie bei → *Aktien* üblich. Er kann auch ohne Nennwertbezug ausgedrückt sein, wie z. B. bei → *Investmentfonds*.

Stückzinsen

Teil eines Zinskupons bei einer → *Anleihe*. Stückzinsen werden innerhalb der Zinstermine zwischen Käufer und Verkäufer verrechnet.

Kaufen Sie z. B. eine 6%ige Anleihe am 15. Februar mit dem Zinstermin 1. 4. gj., dann zahlen Sie außer den → *Spesen* für einen Nominalwert von 10 000 DM noch für 315 Tage 525 DM Stückzinsen. Denn mit dem Kauf erwerben Sie zugleich den nächsten → *Kupon* zum 1. 4. Sie erhalten in eineinhalb Monaten also 600 DM Zinsen gutgeschrieben. Da Sie das Papier dann aber nur sechs Wochen besessen haben, stehen Ihnen auch nur 75 DM Zinsen zu. Der Verkäufer, der gleichzeitig auf den nächsten Kupon zum 1. 4. verzichtet, erhält dann genau die von Ihnen bezahlten Stückzinsen von 525 DM in seiner Abrechnung vergütet.

Das Verrechnungssystem wird aber schon einen halben Monat vor der Zinsfälligkeit unterbrochen. Von da ab wird der Kupon bereits vom Papier getrennt. Wer also die Anleihe nach dem 15. 3. erwirbt, erhält z. B. am 20. 3. noch 10 Tage Zinsen gutgeschrieben, denn er bekommt den Kupon zum 1. 4. nicht mehr in die Hand.

Die → *Quellensteuer* verzichtet bei der Stückzinsverrechnung auf den 10%igen Abzug.

T   „Taxe", → *Taxkurs*

Tafelgeschäft

Schaltergeschäft, ein Bargeschäft in Wertpapieren. Sie geben das Geld über den Bankschalter und erhalten Zug um Zug die Wertpapiere in → *effektiven Stücken* ausgeliefert. Beim Tafelgeschäft bleibt der Käufer der Wertpapiere in den Akten anonym. Der Anleger, der die Wertpapiere dann nicht in das → *Depot* bei der Bank legt, übernimmt die Verwahrung selbst. Dies kann aus Kostengründen (Depotgebühren) geschehen.

Tagesgeld

täglich abrufbares Guthaben auf dem Konto bei der Bank; meist als Kredit. Hauptsächlich leihen sich Kreditinstitute untereinander Tagesgeld. Es gibt aber auch Banken, die Tagesgeld von Firmen und Privaten nehmen und über dem Kontokorrentzinssatz verzinsen. Dies ist aber nur bei größeren Beträgen üblich.

Talon   → *Wertpapiere*

Taxkurs

Kurstaxe; Kurs, zu dem kein Umsatz zustande kam. Als → *Kurszusatz* mit „T" (= „Taxe") gekennzeichnet.

Technische Analyse   → *Aktienanalyse*

Teilschuldverschreibung   → *Schuldverschreibungen*

Telefonverkehr

der bisherige ungeregelte → *Freiverkehr* an der → *Börse*. Hier werden alle die Wertpapiere gehandelt, die weder zum amtlichen Handel noch zum → *Geregelten Markt* zugelassen sind. Zulassungsvorschriften wie in den genannten Marktbereichen oder wie beim geregelten Freiverkehr sind hier nicht zu beachten. Der Telefonverkehr fällt nicht in die Verantwortlichkeit der Börsenorgane. Er unterliegt nicht den Vorschriften des Börsengesetzes.

Er findet entweder in einem abgeschlossenen Raum an der Börse selbst während der Börsenzeit statt oder am Telefon von der Bank aus. Die Kurse werden frei nach Angebot und Nachfrage festgestellt und in einer extra Kursliste veröffentlicht. Als Auftraggeber haben Sie keinen Anspruch auf Ausführung einer Order, wie dies etwa beim → *amtlichen Markt* der Fall ist.

Tendenz → *Börse*, → *Aktien*, → *Berufshandel*

Termineinlagen → *Festgeld*

Termingeschäfte (engl. futures)

Geschäftsabschlüsse in Wertpapieren und Waren, die nicht sofort beliefert und bezahlt werden, sondern erst zu einem späteren Zeitpunkt. Im Terminkontrakt werden aber der Zeitpunkt der Fälligkeit, die Menge und der Preis festgelegt. Wer sich das gegenwärtige Preisniveau für ein solches „Zukunftsgeschäft" sichern will, kauft oder verkauft per Termin.

Termingeschäfte sind möglich in Devisen (→ *Devisentermingeschäfte*), Wertpapieren, → *Edelmetallen* und anderen Waren (Rohstoffen). Sie werden über den Terminhandel unter Banken und an Terminbörsen abgewickelt.

Der reine Terminhandel in Wertpapieren (financial futures) ist bei uns noch nicht möglich. Wir handeln an unseren Börsen lediglich Optionen (→ *Optionsgeschäfte*), eine Sonderform des Termingeschäfts. Doch gibt es den Terminhandel in Devisen und in Waren.

Der Terminhandel dient vor allem der Absicherung von Kurs- und Preisrisiken. Wenn ein deutscher Unternehmer über einen längeren Zeitraum z. B. Kupfer benötigt und meint, der Preis würde steigen, dann kann er sich auf dem jetzigen Preisniveau auch spätere Kupferlieferungen sichern, indem er zum heutigen Terminkurs abschließt. Ein Baumwollproduzent, der die Preise fallen sieht, verkauft heute bereits seine künftige Ernte auf Termin und sichert sich damit die derzeitigen Preise.

Ein Terminhandel in Wertpapieren (financial futures, Finanzterminkontrakte) ist z. B. an der Schweizer Börse möglich. Sie können dort also etwa Nestlé-Aktien auf Termin kaufen, wenn Sie glauben, daß der Kurs von Nestlé steigt. Steigt der Kurs wirklich bis zur Fälligkeit Ihres Terminkontraktes, dann verkaufen Sie die bei Fälligkeit zu übernehmenden Aktien sofort an der Börse und verbuchen einen Gewinn. Fallen aber Nestlé-Aktien, dann geht Ihre Rechnung nicht auf. Abnehmen müssen Sie die Aktien nur beim Fixgeschäft. Wenn Sie zur Bezahlung kein Geld haben, dann müssen Sie die Aktien jetzt sofort verkaufen und einen Verlust realisieren, oder aber Sie übernehmen die Papiere und warten ab, bis die Kurse wieder steigen.

Der Vorteil beim Termingeschäft ist nun der, daß Sie auch jederzeit während der Laufzeit des Terminkontrakts das Geschäft „eindecken", also das dazugehörige Gegengeschäft abschließen können. Steigen also Nestlé-Aktien, dann können Sie jederzeit Ihre Position auf den gleichen Fälligkeitstermin verkaufen. Bei Fälligkeit gleicht dann der Terminverkauf den Terminkauf aus. Die Differenz geht zu Ihren Gunsten.

Der Unterschied zum → *Optionsgeschäft* liegt in drei Punkten: Beim Fix- oder Festgeschäft zahlen Sie keine Optionsprämie. Sie entrichten Ihre „Gebühren" im Terminkurs, sofern dieser unter dem Kassa-(=Tages-)Kurs liegt (Deport). Beim Termingeschäft steht Ihnen kein Wahlrecht zu, auszuüben oder nicht (außer beim Prämiengeschäft). Dafür aber haben Sie Gelegenheit, schon während der Laufzeit des Termingeschäfts den offenen Posten durch ein entsprechendes Gegengeschäft abzudecken und auszugleichen. Erfüllen sich also Ihre Erwartungen vorzeitig, dann decken Sie sich ein. Andererseits kann Ihnen bei gegenläufiger Tendenz der Preis in die falsche Richtung davonlaufen, bevor Sie durch ein Gegengeschäft ausgleichen. Damit erhöht sich Ihr Verlust unter Umständen beträchtlich. Beim Optionsgeschäft ist Ihr Verlust immer auf die Prämie begrenzt; s. auch → *Optionsgeschäfte*.

Termingeschäfte gibt es in verschiedenen Varianten, hauptsächlich als Fix- oder Prämiengeschäft und als Stellagegeschäft. Beim Prämiengeschäft kann der Käufer oder Verkäufer vom Geschäft zurücktreten (ähnlich wie beim Optionsgeschäft). Er zahlt dann eine sog. Vor- oder Rückprämie, ein sog. Reuegeld. Das Prämiengeschäft, das z. B. in der Schweiz üblich ist, kommt dem Optionshandel nahe. Beim Fixgeschäft besteht die Möglichkeit des Rücktritts nicht. Hier müssen Sie liefern oder abnehmen.

Beim Stellagegeschäft kann der Stellagekäufer entweder zum höheren Stellagekurs (Kurs über dem Terminkurs) kaufen oder aber zum unteren Stellagekurs (Kurs unter dem Terminkurs) verkaufen. Für dieses Wahlrecht zahlt er also den höheren Stellagekurs, bzw. er erlöst den niedrigeren Stellagekurs.

Tilgung → *Anleihen*

Timing (engl.)

den richtigen Zeitpunkt wählen, um einen Kauf oder Verkauf zu tätigen. Im Wertpapiergeschäft und an der → *Börse* ist das richtige Timing entscheidend für den Erfolg.

Todesfallmeldung → *Bankgeheimnis*

Trading (engl.)

Handeln; hier geht es um den schnellen Umschlag einer Wertpapierposition. Eine Tradingchance verspricht schnellen Gewinn.

Tranche (franz.)

Abschnitt, Teil einer Wertpapieremission.

Überzeichnen → *Zeichnen*

Underwriting → *Zeichnen*

Variabel verzinsliche Anleihen → *Floating Rate Notes*

Variable Notierung → *Börse*, → *amtlicher Markt*

Venture Capital (engl.)

Risikokapital, das anfangs meist ohne Zinsen bleibt, aber für spätere Zeiten gute Gewinne verspricht. Es wird in neue Projekte, Verfahren und Ideen investiert, die über die → *Börse* finanziert zu werden wenig Chancen haben. Der Investor übernimmt das volle unternehmerische Risiko. Um aber sein Geld nicht zu verlieren, wird das Risiko heute gestreut, indem sich Venture Capital-Gesellschaften an zahlreichen solchen innovativen Unternehmen beteiligen. Der Anleger erwirbt dann einen Anteil an der Venture Capital-Gesellschaft.

Venture Capital-Gesellschaften werden häufig von großen Konzernen organisiert. Und erst wenn das Risiko überschaubar erscheint, treten diese dann an das breite Publikum heran, um weiteres Kapital zu mobilisieren. Aus den USA kommend, hat sich diese Anlageform inzwischen auch bei uns durchgesetzt.

Bei Interesse wenden Sie sich entweder an eine renommierte Venture Capital-Gesellschaft oder – besser noch – zunächst an ein oder mehrere Kreditinstitute.

Vergleich → *Konkurs*

Verkaufsoption → *Optionsgeschäfte*

Verlosung → *Anleihen*

Verlustzuweisungen → *Abschreibungsobjekte*, → *steuerbegünstigte Kapitalanlagen*, → *Immobilienfonds*

Vermögensbildung

die Kapitalbildung in Arbeitnehmerhand; sie wird gesetzlich gefördert und soll dazu anregen, auch in den niedrigeren Einkommensschichten Ersparnisse zu bilden.

Vermögensbildung

Die Förderung gründet sich im wesentlichen auf drei Säulen: Die vermögenswirksame Leistung durch den Arbeitgeber, die Arbeitnehmer-Sparzulage und die Bausparprämien. Im weiteren Sinne sind noch zu nennen: Ausgabe und Lohnsteuerbegünstigung von → *Belegschaftsaktien*, die Steuerabzugsfähigkeit der Bausparbeiträge bei den Vorsorgeaufwendungen (→ *Bausparen*) und die Direktversicherung durch den Arbeitgeber mit 10%iger Pauschalversteuerung der Beiträge bis 200 DM pro Monat durch den Arbeitnehmer (→ *Lebensversicherung*).

Die Förderung ist nach oben begrenzt. Beim Bausparen, → *Kontensparen*, bei → *festverzinslichen Wertpapieren* und bei Lebensversicherungen sind bis 624 DM pro Jahr, bei Risikoanlagen bis 936 DM pro Jahr begünstigt.

Unter Risikoanlagen sind zu verstehen: → *Aktien* und → *Genußscheine*, das Beteiligungssparen, → *Wandelanleihen* und Gewinnschuldverschreibungen, Anteilscheine an Aktien-Investmentfonds, Genossenschaftsanteile, GmbH-Anteile, Anteile an stillen Gesellschaften (stille Beteiligung), Arbeitnehmer-Darlehen an den Arbeitgeber und Genußrechte (Genußrechtskapital) am arbeitgebenden Unternehmen, – alles Anlagen, bei denen der Anleger ein Ertrags- und ein Kursrisiko trägt bzw. ein unternehmerisches Wagnis eingeht. Unter Anlagen dieser Art sind auch Beteiligungen an → *Venture Capital-Unternehmen* zu verstehen (Anteilscheine an Beteiligungs-Sondervermögen).

Sparkassen und andere Kreditinstitute haben eigens für die Sparform mit Risikocharakter eine Art Gewinnschuldverschreibung geschaffen. Sie kann der Arbeitnehmer gefahrlos kaufen. Hier ist wenigstens das Kapital selbst in keiner Weise gefährdet, wenn auch der Zins schwanken kann (nach dem Sparkassengewinn). Im übrigen ist bei Darlehen an den Arbeitgeber, bei stillen Beteiligungen, bei GmbH-Anteilen und Genußrechten, kurz: bei allen Anteilen an Gesellschaften, die wegen ihrer fehlenden Größe nicht unbedingt über jeden Zweifel erhaben sind, Vorsicht geboten.

Tip

Uneingeschränkt zu empfehlen sind außer den genannten Gewinnschuldverschreibungen namhafter Institute nur noch → *Aktien*, Aktienfondsanteile, → *Genußscheine* und Wandelanleihen großer Publikumsgesellschaften. Sie können sich natürlich auch in ausländischen Aktienfonds engagieren. In jedem Fall sollten Sie vor Abschluß einer solchen ja sehr weitreichenden Vereinbarung Ihre Hausbank konsultieren.

Die Förderung im Rahmen der Vermögensbildung durch **Sparzulagen** ist an Einkommensgrenzen gebunden. Arbeitnehmer dürfen die Einkommensgrenzen von 24 000 DM bzw. 48 000 DM bei Verheirateten zuzüglich 1 800 DM für jedes Kind unter 16 Jahren nicht überschreiten. Dabei entscheidet nicht das Bruttoeinkommen, sondern das deutlich darunter liegende zu versteuernde

Einkommen. Das Bruttoeinkommen kann also höher sein; Daumenregel: rd. 30 000 DM bei Alleinstehenden.

Die Arbeitnehmer-Sparzulage ist gestaffelt. Sie beginnt bei 16% des zulagebegünstigten Sparbetrages. Dieser Satz ist anwendbar auf risikolose Vermögensanlagen bei Alleinstehenden. Er steigt in dieser Anlagenkategorie bis 26% bei Eheleuten mit mehr als zwei Kindern. Beim Bausparen liegen die Sparzulagesätze zwischen 23% und 33%. Die Inanspruchnahme der Sparzulage beim Bausparen schließt die Prämienbegünstigung aus. Bei Risikoanlagen, die jährlich bis zu 936 DM begünstigt sind, liegt der niedrigste Fördersatz bei 23%, der höchste bei 33% (bei mehr als zwei Kindern).

Die Anlage kann auch auf mehrere Sparformen aufgeteilt werden. Sie erhalten dann für jede Anlage den dafür gültigen Arbeitnehmer-Sparzulagesatz. Die vermögenswirksamen Leistungen unterliegen einer Sperrfrist von sechs Jahren bei Wertpapieren bzw. sieben Jahren beim Kontensparen.

Bei den **Bausparprämien** gelten die gleichen Einkommensvoraussetzungen wie bei der Arbeitnehmer-Sparzulage (Vorjahreseinkommensgrenzen von 24 000 DM bzw. 48 000 DM). Die Bindungsfrist wurde auf sieben Jahre festgesetzt.

Der maximal begünstigte Sparbetrag pro Jahr liegt hier bei 800 DM pro Person, Verheiratete also 1 600 DM. Die Wohnungsbauprämie beträgt 14% zuzüglich 2% je Kind. Die Bausparzulage soll auf 10% reduziert, dafür die Begünstigung auf 936 DM ausgedehnt werden. Die Veränderungen gelten nur für Neuverträge.

Für das Kontensparen und das Versicherungssparen sollen die vermögenswirksamen Leistungen ganz gestrichen werden. Es bleiben dann zulagebegünstigt nur noch Wertpapierverträge und Kapitalanlagen mit unternehmerischem Risiko. Auch hier sind die Neuregelungen nur auf Neuverträge anwendbar.

Vermögensteuer

ist die Steuer auf ein nennenswertes Vermögen. Die Steuer setzt erst ein, wenn das Vermögen einer einzelnen Person 70 000 DM überschreitet. Dieser Grundfreibetrag gilt auch für Ehepartner und Kinder. Kinder müssen aber zur „Veranlagungsgemeinschaft" gehören. Für eine Familie mit zwei in der Ausbildung befindlichen Kindern bis 26 Jahre sind dies also dann schon 280 000 DM.

Der Steuersatz beträgt bei Privatpersonen 0,5% vom Vermögen pro Jahr. Als Vermögen gelten die Vermögenswerte abzüglich aller Schulden; besteuert wird also nur das Nettovermögen. Nicht alle Vermögenswerte werden mit ihrem

Vermögenssteuer

vollen Wert angesetzt. Außerdem gibt es bei den einzelnen Vermögenskategorien Freibeträge, die abzugsfähig sind.

Die Ermittlung der Vermögenswerte, die sog. Hauptveranlagung, findet alle drei Jahre statt. Neuer Hauptveranlagungstermin ist der 1. 1. 1989.

Forderungen und Geldwerte sind grundsätzlich mit dem Nominalwert anzusetzen, Wertpapiere mit dem Kurswert, → *Lebensversicherungen* mit dem sog. Rückkaufswert. Bei Wertpapieren gelten sog. Steuerkurse zum Jahresende. Bei Aktien sind dies die Börsenkurse zum Jahresende. Bei Rentenwerten werden die jeweils gültigen Steuerkurse durch die Steuerbehörden bekanntgegeben. Für Grundvermögen gilt dagegen ein sog. Einheitswert. Dieser weicht vom Verkehrswert, Teilwert oder gemeinen Wert, erheblich ab. Dem Einheitswert liegen die Wertverhältnisse vom 1. 1. 1964 zugrunde zuzüglich eines Pauschalzuschlags von 40%. Damit beläuft sich der Einheitswert auf einen Bruchteil des Verkehrswertes: Als Faustregel: 25% bis 30% davon. Mit dem Grundvermögen bleiben Sie also noch sehr lange unter der Vermögenssteuerpflicht. Da kann Ihr Nettovermögen nach dem Tageswert die Grenze von 70 000 DM längst überschritten haben.

Eine entsprechende Form des Einheitswertes wird auch bei der Ermittlung des Betriebsvermögens eines Unternehmers und des land- und forstwirtschaftlichen Vermögens angesetzt. Für das sonstige Vermögen gilt der sog. gemeine Wert, eine Art Tages- oder Zeitwert.

Zum sonstigen Vermögen zählen insbesondere:

- Darlehens- und andere Forderungen,
- Bankguthaben und Bargeld,
- Aktien u. ä.,
- der Barwert von Renten und Nießbrauchrechten,
- Edelmetalle, Edelsteine, Münzen,
- Schmuck und Luxusgegenstände,
- Wert- und Kunstgegenstände jeder Art und Sammlungen.

An Freibeträgen können Sie berücksichtigen

- 10 000 DM bei Kapitalvermögen
- 10 000 DM bei Lebensversicherungen,
- 1 000 DM bei Bankguthaben und Bargeld.

Hinzu kommen Altersfreibeträge bei Vollendung des 60. (10 000 DM) bzw. des 65. Lebensjahres (50 000 DM). Solange Kunstsammlungen 20 000 DM, Schmuck und Luxusgegenstände 10 000 DM und Edelmetalle, Edelsteine usw. 2 000 DM nicht übersteigen, bleiben auch diese Vermögenswerte unbeachtlich. Werte darüber sind dann allerdings voll einzubeziehen (sog. Freigrenzen).

Vermögensverwaltung

gewerbsmäßige Betreuung von Wertpapier- und artverwandten Kapitalvermögen. Wenn Sie über nennenswertes Bankguthaben oder Wertpapiervermögen verfügen, dann können Sie dessen Anlage und Verwaltung ganz in die Hände eines Kreditinstituts, eines Brokers oder eines bewährten Vermögensverwalters legen. Vermögensverwaltung ist sowohl im Inland wie im Ausland üblich. Als Mindestanlage werden aber durchweg 300 000 DM bis 500 000 DM verlangt.

Über die Vermögensverwaltung wird ein Vertrag geschlossen. Hierin wird festgelegt, was im einzelnen Gegenstand der Verwaltung sein, wie angelegt werden soll und was die Verwaltung den Treugeber kostet. Der Vertrag sollte jederzeit kündbar sein.

Kennzeichnend für die Vermögensverwaltung ist, daß der Treuhänder sämtliche Dispositionen in eigener Regie trifft, der Vollmachtgeber aber weiterhin als Eigentümer das gesamte Ertrags- und Verlustrisiko trägt. Eine Verantwortung – außer der üblichen Sorgfaltspflicht – übernimmt der Bevollmächtigte also nicht.

Das beauftragte Kreditinstitut kauft und verkauft, nimmt → *Bezugsrechte* und → *Kapitalerhöhungen* wahr und legt freiwerdende Beträge nach eigenem Gutdünken neu an. Es kann → *Termin-* und → *Optionsgeschäfte* abschließen und Kredite aufnehmen. Bestimmte, z. B. risikoreiche Geschäfte wie etwa Warenterminkontrakte, können Sie natürlich vertraglich ausschließen.

Tip

Der Vermögensverwalter kann am Gewinn des → *Depots* beteiligt sein. Dies sollten Sie bei privaten Vermögensverwaltern sehr wohl überlegen. Denn mit einer angemessenen Erfolgsbeteiligung schaffen Sie zusätzliche Anreize, in Ihrem Interesse tätig zu werden.

Vermögenswirksame Leistungen → *Vermögensbildung*

Versorgungswerte → *Aktien*

Verwahrung von Wertpapieren → *Depot*

Vinkulierte Namensaktien → *Namenspapiere*

Volksaktien → *Aktien*

Vollmachtsstimmrecht → *Depotstimmrecht*

Vorbörse → *Börse*

Vorschußzinsen → *Spareinlagen*, → *Sparpläne*

„Vorzüge" → *Aktien*

Vorzugsaktien → *Aktien*

Vorzugsdividende → *Aktien*

Wachstumswerte → *Aktien*

Währungsanleihen

→ *Anleihen* in einer anderen Währung als DM, im Gegensatz zu DM-Inlands- und → *DM-Auslandsanleihen*. Sie werden im Ausland aufgelegt, notiert und gehandelt, z. B. am → *Euromarkt*. Die häufigste Währung ist dabei der US-Dollar.

Gängig sind auch Anleihen in Kanadischen Dollar, englischen Pfund, Schweizer Franken, japanischen Yen, Dänenkronen, holländischen Gulden, australischen und neuseeländischen Dollar und in → *ECU*.

Die Zinssätze solcher Anleihen liegen zum Teil beträchtlich über denen von DM-Anleihen. Einige wenige Währungen verzinsen sich niedriger, so z. B. derzeit Schweizer Franken- und Yen-Anleihen.

Doch darf die höhere Rendite nicht darüber hinwegtäuschen, daß Währungsanleihen zum Teil erhebliche Kursrisiken in sich bergen. Währungskursverluste von 3% bis 5% oder mehr können den Zinsvorteil gegenüber der D-Mark schnell aufwiegen. Schließen Sie dagegen jedoch ein → *Devisentermingeschäft* ab, dann geht Ihnen durch die Kurssicherung in der Regel der Zinsvorsprung wieder verloren. Die Deports auf die Terminkurse sind ja gerade Ausdruck des Zinsunterschiedes zweier Währungen.

Dennoch kann Ihnen die Geldanlage in Währungsanleihen zusammen mit dem richtigen → *Timing* Ertragsvorteile bringen. Besonders dann, wenn Sie in einer Hochzinsperiode einsteigen und dann später Kursgewinne bei den Papieren realisieren können.

Bei Währungsanleihen sollten Sie vorsichtig disponieren und mit Kurslimiten arbeiten. Denn eine Kurspflege findet bei diesen Anleihen praktisch nicht statt. Auch können die Umsätze niedrig und die Kurse zufallsbedingt sein.

Tip

Sollten Sie Währungsanleihen wegen der hohen Depotgebühren (→ *Spesen*) selbst verwahren wollen, dann müssen Sie besonders zwei Dinge beachten: 1. Bei Währungsanleihen sind Kündigungsmöglichkeiten nicht unüblich. 2. Kupons werden nicht über den Schalter, also anonym, sondern nur im Inkassoweg, d. h. mit Vermerk Ihrer Adresse von der Bank eingelöst.

Währungsrisiko → *ausländische Wertpapiere*

Wandelanleihen

festverzinsliche → *Anleihen*, versehen mit einem Umtauschrecht in → *Aktien* derselben AG. Sie erwerben mit der Wandelanleihe also eine in der Regel unter dem Rentenmarktniveau verzinsliche Schuldverschreibung, die erhebliche zusätzliche Kursphantasie dadurch erhält, daß Sie in einem festen Verhältnis Aktien damit eintauschen können.

Beim Umtausch muß dann gewöhnlich ein bestimmter Betrag hinzugezahlt werden. Sie haben die Wahl, das Wandelrecht auszuüben oder nicht. Üben Sie es nicht aus, dann erhalten Sie bei Fälligkeit der Wandelanleihe den Nennwert der Anleihe zurück. Machen Sie vom Wandelrecht Gebrauch, dann erlischt die Wandelanleihe. Zur Schaffung des nötigen Spielraums für die Ausgabe neuer Aktien, die für die Umtauschwilligen bereitgehalten werden müssen, muß die → *Hauptversammlung* eine sog. bedingte → *Kapitalerhöhung* beschließen.

Der Kurs von Wandelanleihen steht und fällt mit dem Kurs der Aktie, in die getauscht werden kann. Zusammen mit der Verzinsung erwerben Sie also ein Risikopapier, an dem Sie durch Kursgewinne verdienen, bei entsprechend

Wandelanleihen

teurem Einkauf aber durch Kursverfall der Aktie auch verlieren können. Allerdings wird der Kursverfall durch die Verzinslichkeit der Wandelanleihen und durch den garantierten nominellen Rückzahlungsbetrag nach unten begrenzt. Die Wandelanleihe ist als Anlagepapier zwischen → *Aktien* und → *Anleihen* anzusiedeln.

Warentermingeschäfte → *Termingeschäfte*

Warrants (engl.)   Optionsschein oder → *Bezugsrecht*

Wartezeit → *Bausparen*

Wertgegenstände

gemeint sind hier hauptsächlich Kunstgegenstände und Sammlungen, nicht dagegen → *Edelmetalle* oder → *Edelsteine*. Bei Kunst und seinen Randerscheinungen wird oft gefragt, ob hiermit Wertbeständigkeit und Wertsteigerung verbunden ist. Den ideellen Wert kann man dabei aber keineswegs ausklammern.

Einzelne Kunstgegenstände, alte Gemälde, Skulpturen, archäologische Objekte, alte Handschriften, Bücher, historische Wertpapiere, Möbel und andere Antiquitäten oder aber moderne Kunst im weitesten Sinn können einen dauernden Wert dadurch verkörpern, daß die Gegenstände einmalig und allgemein begehrt sind oder sonstwie Liebhaberobjekte darstellen. Kunstgegenstände, Bilder, archäologische Funde und Bücher können von historischem, kunsthistorischem oder anderem wissenschaftlichen Interesse sein. Sie sind dann zwar meist schon teuer zu bezahlen, vor allem wenn sie sich bereits einen Namen gemacht haben. Aber die Erfahrung lehrt, daß gerade die besten und teuersten Stücke – wegen ihrer Einmaligkeit – häufig die größten Wertsteigerungen aufzuweisen haben. Während zweitklassige Produkte zwar preiswert sind, dies aber auch immer bleiben. Bei der Moderne, nicht entdeckten Sammlergebieten oder nicht in Mode befindlichen Sachen können Sie zwar sehr günstig kaufen, haben aber keinerlei Gewähr dafür, daß Sie die Gegenstände je wieder loswerden, geschweige denn daran verdienen.

Sammlungen können ihren besonderen Sammler- oder Liebhaberwert dadurch erhalten, daß sie besonders reichhaltig und komplett sind. Die Sammlung kann dann wesentlich mehr wert sein als die Summe der Einzelstücke.

Zwei Merkmale sollte berücksichtigen, wer Kunst- und Wertgegenstände als Kapitalanlage – oder auch nur nebenbei als Kapitalanlage – betrachtet. Sachverstand und persönliche Liebhaberei – von Sammlertrieb und -leidenschaft ganz zu schweigen – sind der Wertbeständigkeit außerordentlich förderlich. Zumal hier der ideelle Wert hinzutritt. Jemand, der von den Dingen gar nichts versteht, wird im allgemeinen wenig Glück mit solchen Anlageversuchen haben.

Dies gilt ganz besonders auch für moderne Kunst. Hierzu gehören Fingerspitzengefühl und ein geschulter, untrüglicher Geschmack, der Blick und das Gespür für das Kommende, das für den Zeitgeist Typische. Wer sich hier nicht auskennt, sollte die Finger davon lassen.

Das andere wesentliche Merkmal ist die mit keiner anderen Geldanlage vergleichbare, unkalkulierbar große Spanne zwischen „Geld" und „Brief". Hier können Sie ohne weiteres mit 100% und mehr Unterschied zwischen An- und Verkauf kalkulieren. Ähnliches gilt für Schmuck (s. unten). Für die meisten Kunstgegenstände gibt es keinen transparenten, wenn überhaupt einen Markt. Auktionen geben da nur einen vagen Anhaltspunkt. Selbst bei laufenden Wertsteigerungen solcher Objekte dauert es unter Umständen Jahrzehnte, bis Sie beim Verkauf wieder Ihren Einstandspreis hereinholen.

Ein weiterer Gesichtspunkt ist die Unverzinslichkeit der Anlage. Man kann hier allein den immateriellen Nutzen der Freude und Erbauung dagegenstellen. Wiegt dieser Nutzen den Zinsverzicht auf?

Noch ein Wort zum **Schmuck**: Abgesehen davon, daß alle Schmuckgegenstände ganz weitgehend dem persönlichen Geschmack des Betrachters ausgesetzt sind, kann sich hier die Interessenlage schnell wandeln. Was übrig bleibt, ist der „Substanzwert". Was das bedeutet, macht sich kaum jemand klar. Vom reinen Silber- oder Goldwert sind wegen des niedrigen Reinheitsgrades zunächst das „Übergewicht" und sodann mindestens die Schmelzkosten abzuziehen. Im Schmuck verarbeitete Edelsteine sind in aller Regel von geringem Einzelwert, z. B. Brillanten. Ebenso wie man beim Kauf von Schmuck die Schmiede- und Handarbeit sowie den künstlerischen Entwurf bezahlt, so müssen Sie beim Versilbern nochmals erhebliche Kosten abziehen. Schmuck ist im allgemeinen die schlechteste Kapitalanlage schlechthin. Ausgenommen hiervon sind lediglich ganz seltene Einzelstücke oder Gegenstände, die in den Bereich „Kunst" fallen, z. B. solche von archäologischem oder historischem Wert; s. auch → *Münzen*.

Wertrechtsanleihen → *Anleihen*

Wertpapieranalyse → *Aktienanalyse*

Wertpapiere

früher als „Effekten" bezeichnet; in Urkunden verbriefte Forderungen und Rechte (Anteilsrechte). Landläufig werden darunter → *Aktien*, → *Anleihen* und Anteile an → *Investmentfonds* verstanden, volkstümlich auch → *Sparbriefe*, Gold- und Silberzertifikate und Sparbücher. Doch gehören zu den Wertpapieren schließlich auch Banknoten, Briefmarken, Wechsel, Schuldscheine, Versicherungspolicen, Kfz-Briefe, Darlehensverträge und andere einen Kapitalwert verbriefende Papiere.

Eine Wertpapierurkunde im engeren Sinne besteht in gedruckter Form üblicherweise aus Mantel und Bogen. Der Mantel ist die eigentliche, den Wert bezeichnende Urkunde. Auf ihm steht unter anderem der → *Nennwert*, die Währung und der Emittent.

Der Bogen besteht aus lauter kleinen Abschnitten, die den Zins- oder Dividendenanspruch verkörpern. Der einzelne → *Kupon* der → *Anleihe* enthält neben dem Schuldner den Wert und das Datum. Der Dividendenschein der → *Aktie* bezeichnet neben der Nummer die ausgebende Aktiengesellschaft. Am Ende des Bogens befindet sich der Talon, d. i. der Erneuerungsschein, der zum Bezug eines neuen Bogens berechtigt, wenn alle Zins- und Dividendenscheine verbraucht sind.

Bei Wertrechtsanleihen (→ *Anleihen*) werden keine Urkunden ausgedruckt. Wertpapiere sind im einzelnen also nicht existent. Dementsprechend können also auch keine Urkunden ausgehändigt und keine Zinsscheine getrennt werden. → *Tafelgeschäfte* und anonyme Anlage sind damit ausgeschlossen; s. auch → *festverzinsliche Wertpapiere*, → *Anleihen*, → *Aktien*.

Wertpapierverwahrung → *Depot*

Wohneigentum → *Immobilien*

Zeichnen, Zeichnung

ist die verbindliche Übernahme eines bestimmten Betrages einer neu aufgelegten Wertpapieremission zu Original-Zeichnungsbedingungen.

Übersteigt die Nachfrage das Zeichnungsangebot, dann spricht man vom „Überzeichnen" der Anleihe.

Eine → *Emission* wird im internationalen Bereich häufig im Wege des Underwritings angeboten. Dies bedeutet, daß sich die Zeichner (underwriter) – meist Banken – verpflichten, Teile der Emission zunächst selbst zu übernehmen, um sie dann an den Kapitalanleger weiterzuverkaufen.

Zero-Bonds

Nullkupon-Anleihen, auch „Zeros" genannt; eine spezielle Form der → *Anleihe*, bei der keine Zinsen ausbezahlt werden. → *Kupons* sind also keine vorhanden. So gibt es bei → *effektiven Stücken* auch nur den Mantel, keinen Zinsscheinbogen (→ *Wertpapiere*). Die Zinsen werden angesammelt und am Schluß bei Fälligkeit der Anleihe auf einmal im Rückzahlungsbetrag vergütet.

Es gibt abgezinste Papiere, bei denen (meist) weniger als der → *Nennwert* eingezahlt wird. Und es gibt aufgezinste Papiere, die zum Nennwert ausgegeben und zu einem Preis, der (meist) über dem Nennwert liegt, eingelöst werden.

Bei der Emission werden zugleich der Ausgabepreis und der Rückzahlungspreis festgelegt. Das Verhältnis beider Preise richtet sich nach der Laufzeit der Nullkupon-Anleihe und dem Zinsniveau zum Emissionszeitpunkt. Die zu vergütenden Zinsen entsprechen also dem Markt. Der Unterschied zwischen Ausgabepreis und Rückzahlungskurs ist der Gesamtzinsertrag.

Durch die Zinsansammlung ist mit der Anlage ein **Zinseszinseffekt** verbunden. Das heißt, die jährlichen Zinsen werden gleichsam immer wieder mit angelegt und bringen wieder Zinsen, und zwar in Höhe der Verzinsung des Zero-Bonds.

Wenn Sie also auf eine jährliche Zinsausschüttung verzichten können oder gar wollen (s. unten), dann ersparen Sie sich mit Zeros das Problem der Wiederanlage der sonst bei → *Anleihen* üblichen regelmäßigen Ausschüttungen. Der Zins wächst dem Wert des Zeros laufend zu.

Da Zeros börsennotiert und handelbar sind, bildet sich je nach Marktzins ein höherer oder niedrigerer Kurs, der die Zinsen enthält, die bereits angesammelt worden sind.

Ein Zero kann also z. B. zum Nominalwert von 100 DM ausgegeben und nach 7 Jahren zu 150 zurückbezahlt werden (aufgezinst). Oder aber der Ausgabepreis beträgt 66,67 DM, und der Rückzahlungskurs ist 100 DM, also der Nominalwert (abgezinst). Das Zinsniveau liegt bei Ausgabe dann etwa bei 6%.

Steigt nun das Zinsniveau während der Laufzeit, dann sinkt, wie jede andere Anleihe auch, der Kurs. Und dies um so mehr, je länger die Restlaufzeit ist. Fällt der Zins, dann steigt umgekehrt der Kurs.

Zero-Bonds

Durch die „Unverzinslichkeit" fallen und steigen die Kurse von Zeros wesentlich stärker als die Kurse normal verzinslicher Anleihen. Dies ergibt sich im wesentlichen aus dem Zinseszins- bzw. Zinsansammlungseffekt. „Alle" Zinsen werden jetzt „auf einmal" auf den neuen „Barwert" gebracht. In Nullkupon-Anleihen steckt also ein vergleichsweise größeres **Kursrisiko**.

Zeros sind grundsätzlich unkündbar. Sie können sich damit also gute Zinsen auf lange Zeit sichern. Sie sind in verschiedenen Währungen erhältlich, vor allem in US-Dollar und auch in ECU; der Markt in DM ist nicht sehr ergiebig. Bei uns werden Zeros hauptsächlich von Kreditinstituten in DM emittiert. Durch den Börsenhandel können Sie Zeros jederzeit kaufen und verkaufen. Die Spannen zwischen Ankaufs- und Verkaufskurs liegen zum Teil höher als bei normal verzinslichen Anleihen.

Die Zinsansammlung hat auch steuerliche Konsequenzen. Die Erträge von Zeros sind erst bei Fälligkeit bzw. beim Verkauf zu versteuern. Dies eröffnet steuerliche Gestaltungsmöglichkeiten. Sie können damit Erträge in Jahre niedriger Einkommensteuerprogression verlagern.

Verdient haben Sie beim Verkauf oder bei der Einlösung die Differenz zwischen Kauf- und Verkaufspreis. Dies ist aber nicht notwendigerweise der Betrag, den Sie der Steuer zu unterwerfen haben. Der steuerpflichtige Zinsertrag wird vielmehr aus der Emissionsrendite errechnet. Kursgewinne und Kursverluste sollen dabei außer acht bleiben. So kann es passieren, daß Sie einen Zero bei steigenden Zinsen kaufen und somit Kurseinbußen erleiden, bei einem späteren Verkauf unter oder zum Einstandspreis aber trotzdem Ertragsanteile versteuern müssen. Entscheidend ist die Zeit, die Sie die Papiere besessen haben. Der Abzug von → *Quellensteuer* ist bei der Zwischenveräußerung nicht vorgesehen.

Zertifikate → *Investmentfonds*, → *Immobilienfonds*

Ziehung → *Anleihen*

Zins

Der Ertrag einer Kapitalanlage, meist in Prozent pro Jahr ausgedrückt. Man unterscheidet hauptsächlich Nominalzins, → *Effektivzins*, Realzins und laufende Verzinsung. Der Nominalzins ist der auf den → *Nennwert* einer → *Anleihe* vergütete feste Zins von z. B. 6%. Von ihm unterscheidet sich die laufende Verzinsung dadurch, daß ein Käufer für die Anleihe z. B. nur 90 DM bezahlt und hierauf seine 6% Zinsen erhält; sein Kapital verzinst sich also nicht mit 6%, sondern mit 6,67% (6 : 90).

Der Effektivzins berücksichtigt außerdem die Tatsache, daß dem Anleihebesitzer im Laufe der Zeit noch ein Kursgewinn von 10 Punkten (100 − 90) zuwächst. Dieser Kursgewinn ist auf die Laufzeit bis zur Einlösung der Anleihe zu 100% zu verteilen.

Der Realzins schließlich drückt den Zins aus, der nach Abzug der Inflationsrate „real", d. h. in Form von Kaufkraft übrig bleibt. Beispiel: Rendite: 7%; Inflationsrate: 2%; Realzins dann 5%.

Zinsschein → *Kupon*

Zulassung

zur Börse. Bevor ein Wertpapier an der → *Börse* zum amtlichen Handel, zum → *Geregelten Markt* oder zum → *Freiverkehr* zugelassen wird, muß es ein mehr oder weniger strenges, gesetzlich vorgeschriebenes Zulassungsverfahren durchlaufen.

Die strengsten Bestimmungen herrschen beim → *amtlichen Markt*. Hierzu muß bei der Zulassungsstelle der gewünschten Börse ein Antrag gestellt werden, dem umfangreiche Unterlagen beizufügen sind. Auch ist ein → *Börsenprospekt* zu veröffentlichen. Die Angaben müssen detailliert sein und dem Anleger ein vollständiges Bild von der Güte des Unternehmens vermitteln. Die Zulassungsstelle prüft die Unterlagen und erteilt die Genehmigung.

An der Zulassung zum amtlichen Handel ist stets auch ein Kreditinstitut maßgeblich beteiligt, das die Richtigkeit und Vollständigkeit der Angaben gleichsam mit gewährleistet (→ *Prospekthaftung*). So ist sichergestellt, daß nur erstklassig beurteilte Gesellschaften die Zulassung erhalten.

Beim → *Geregelten Markt* sind die Zugangsbedingungen bewußt etwas weniger streng gehalten, um auch jüngeren und nicht so großen Firmen einen quasi-amtlichen Börsenhandel zu ermöglichen.

Lediglich im → *Freiverkehr* gehandelte Papiere durchlaufen einen in den Anforderungen wesentlich reduzierten Weg. Aber auch hier entscheidet ein besonderer Börsenausschuß auf der Grundlage eines entsprechenden Antrags.

Eine einmal erteilte Zulassung kann jederzeit wieder zurückgezogen werden, wenn Zweifel an der Zuverlässigkeit des Emittenten aufkommen.

Zusatzaktien

auch Berichtigungsaktien oder „Gratisaktien" genannt; → *Kapitalerhöhung* aus Gesellschaftsmitteln. Das heißt, der Aktionär zahlt nicht, wie bei der regulären Kapitalaufstockung, zusätzliches Geld ein, um junge → *Aktien* zu übernehmen, sondern er erhält neue Aktien umsonst. „Umsonst" heißt aber nicht, daß der Aktionär etwas geschenkt bekäme. In dem Verhältnis, wie er junge Aktien dazubekommt, verringert sich der Wert der Aktien.

Werden „Gratisaktien" z. B. im Verhältnis 10 : 1 ausgegeben, dann ermäßigt sich der Kurs der Aktien von z. B. 330 auf 300. Die Aktie notiert dann „300 ex BA". 11 Aktien sind hinterher so viel wert wie vorher 10 Aktien (10 x 330 = 11 x 300). Entsprechend ist vom Aktionär auch nichts zu versteuern. In der Bilanz werden gleichzeitig Rücklagen in Grundkapital umgewandelt. Zusatzaktien sind auch ein Mittel, um „schwere" Aktien leichter, d. h. billiger zu machen.

Berichtigungsaktien sind meist jedoch trotzdem ein Vorteil für die Aktienbesitzer. Denn zum einen steigt gewöhnlich der Kurs „gratisaktienverdächtiger" Papiere vorher. Und zum anderen wird die → *Dividende* künftig auf 11 statt auf 10 Aktien gezahlt.

Zuteilung

Wenn die Nachfrage nach einem Börsen- oder Emissionspapier nicht voll gedeckt werden kann, dann muß zugeteilt bzw. rationiert (repartiert) werden. Bei der → *Emission* spricht man dann auch von „Überzeichnen" (→ *Zeichnen*).

Zwischenschein

auch Interimsschein, Bescheinigung über den Erwerb eines Wertpapiers, bevor Aktien- oder Anleiheurkunden ausgedruckt sind.

3 Gesamtstichwortverzeichnis

Aktien 14, 17, 21, 24, 38, 60f., 76f., 102f., 158, 162, 167, 174
Anlageziele 10ff.
Anleihen 15f., 23f., 46ff., 60, 77, 79, 94f., 137, 140, 156, 166f.

Bausparen 15, 51ff., 163
Belegschaftsaktien 17, 32, 162
Bundesobligationen 16, 66
Bundesschatzbriefe 13f., 25, 43, 67, 88

DM-Auslandsanleihen 16, 24, 42f., 77f., 89, 166f.

Edelmetallkonto 82, 102, 138

Festgeld 13, 21, 93f., 116
Fibor 95, 98
Finanzierungs-Schätze 13f., 25, 88, 95
Floating Rate Notes 16f., 44, 95f., 98

Genußscheine 14, 99, 162
Gold 20f., 25, 101ff.

Immobilien 18f., 22, 26, 105ff.
Immobilienfonds 19, 21, 24, 26, 89, 106ff., 110
Investmentzertifikate 17, 21f., 24, 88f., 110

Kommissionsgeschäft 84
Kommunalobligationen 16, 115
Konto 13, 116f.
Kontokorrent 13
Kurzläufer 13f., 121

Langläufer 121
Lebensversicherung 19, 21, 25f., 122ff.
Lombardkredit 84f.

Mehrwertsteuer 81
Münzen 81, 101f., 127f., 138, 145f.

Nullkupon-Anleihen 16, 25, 42ff., 88, 71

Optionsanleihen 16, 24, 44, 131
Optionsscheine 14, 131, 134f.

Palladium 81
Pfandbriefe 16, 137
Platin 81, 138

Silber 145f.
Sparbriefe 15, 24, 88, 147
Sparguthaben 14, 116, 148f.
Sparpläne 15, 24, 150f.
Spekulation 22f., 25, 57, 151f.
Steuern 22ff., 64, 88, 113, 118, 140f., 154f., 163f.
Stillhalter 155

Termingeld 13, 21, 93, 116

Venture Capital 22, 161
Vermögensverwaltung 18, 165

Zero-Bonds 16, 25, 43, 88, 171f.
Zins 85f., 172f.

19. Mai 1990

07. JUL. 1990
04. SEP. 1991
27. SEP. 1991
13. FEB. 1993

01. AUG. 1990
07. NOV. 1991
20. Nov. 1993
29. AUG 1990
23. JAN. 1992
15. SEP. 1990
27. FEB. 1992
29. FEB. 1992
24. OKT. 1990
26. MRZ 1992
15. NOV. 1990
12. MAI 1992
13. DEZ. 1990
25. Juli 1992

17. Jan. 1991
21. AUG. 1992
12. Sep. 1992
21. FEB. 1991
24. OKT. 1992
02. APR. 1991
20. NOV. 1992

05. JUL. 1991
21. MAI 1993
18. DEZ. 1992
07. AUG 1991
15. Sep. 1993
12. DEZ. 1991

29. MRZ 1904